城市轨道交通操作岗位系列培训教材

Ventilation and Air Conditioning,
Water supply and Drainage,
Low Voltage Power Distribution

城市轨道交通
通风空调、给排水、低压配电检修工

主　编　陈昌进
副主编　任艳江　魏荣耀
主　审　郭　志　黄建林

人民交通出版社股份有限公司
北京

内 容 提 要

本书为城市轨道交通操作岗位培训教材，基于城市轨道交通通风空调、给排水、低压配电检修岗位的培训要求，结合设备维护保养的实践经验编写而成。全书介绍了城市轨道交通通风空调系统、给排水系统和低压配电系统的构成以及设备维护，通风空调、给排水、低压配电设备通用维修工具及仪器仪表，常见故障处理，系统实验平台搭建和常见故障案例分析等内容。

本书在编写上力求通俗易懂，图文并茂，在讲清基本概念的基础上强调工程实际应用。为了便于读者理解和复习，在每章开始都附有岗位应知应会板块，以供学习时参考。

本书可作为城市轨道交通通风空调、给排水、低压配电检修岗位的培训教材，也可供职业院校城市轨道交通相关专业学生学习使用。

图书在版编目（CIP）数据

城市轨道交通通风空调、给排水、低压配电检修工/陈昌进主编.— 北京：人民交通出版社股份有限公司，2016.12（2025.2重印）
城市轨道交通操作岗位系列培训教材
ISBN 978-7-114-13381-7

Ⅰ.①城… Ⅱ.①陈… Ⅲ.①城市铁路—轨道交通—通风设备—检修—岗位培训—教材 ②城市铁路—轨道交通—给排水系统—检修—岗位培训—教材 ③城市铁路—轨道交通—低电配电—配电线路—检修—岗位培训—教材
Ⅳ.①U239.5

中国版本图书馆CIP数据核字（2016）第240814号

城市轨道交通操作岗位系列培训教材

书　　名：	城市轨道交通通风空调、给排水、低压配电检修工
著 作 者：	陈昌进
责任编辑：	吴燕伶　张江成
出版发行：	人民交通出版社股份有限公司
地　　址：	（100011）北京市朝阳区安定门外外馆斜街3号
网　　址：	http://www.ccpcl.com.cn
销售电话：	（010）85285857
总 经 销：	人民交通出版社股份有限公司发行部
经　　销：	各地新华书店
印　　刷：	北京虎彩文化传播有限公司
开　　本：	787×1092　1/16
印　　张：	19.75
字　　数：	428千
版　　次：	2016年12月　第1版
印　　次：	2025年2月　第7次印刷
书　　号：	ISBN 978-7-114-13381-7
定　　价：	49.00元

（有印刷、装订质量问题的图书，由本公司负责调换）

丛书编委会

名誉顾问
  李学伟

总 主 编
  张　洲

副总主编
  夏景辉　王晓睿

参编单位及编委

  郑州市轨道交通有限公司
  赵运臣　王元厚　刘宏泰　田华军　郝晓平　汪国利
  王世伟　王建光　赵　晗　王转建　李江涛　陈昌进
  代欢欢　杨　辉　陈　琦

  西南交通大学
  吴　刚　陈　东　张强锋　王顺利　杨德友

  大连交通大学
  陈少华　冯庆胜　刘思华　李东辉　周　博　宇善良
  高志欣　贾禹琪　温树东

  石家庄铁道大学
  黄守刚

  上海地铁维护保障有限公司
  郭　志　黄建林　张华英　朱　妍

  郑州铁路职业技术学院
  戴明宏　李学武　张惠敏　卢桂云　潘卫彬　牛红霞
  穆中华　张君霞　袁　媛

PREFACE 序

著述成书有三境：一曰立言传世，使命使然；二曰命运多舛，才情使然；三曰追名逐利，私欲使然。予携众编写此系列丛书，一不求"立言"传不朽，二不恣意弄才情，三不沽名钓私誉。唯一所求，以利工作。

郑州发展轨道交通八年有余，开通运营两条线46.6公里，各系统、设施设备运行均优于国家标准，服务优质，社会口碑良好。有此成效，技术、设备等外部客观条件固然重要，但是最核心、最关键的仍是人这一生产要素。然而，从全国轨道交通发展形势来看，未来五年人才"瓶颈"日益凸显。目前，全国已有44个城市轨道交通建设规划获得批复，规划总里程约7000多公里，这比先前50年的发展总和还多。"十三五"期间，城市轨道交通发展将处于飞跃发展时期，相关专业技术人才将面临"断崖"处境。社会人才储备、专业院校输出将无法满足几何级增长的轨道交通行业发展需求。

至2020年末，郑州市轨道交通要运营10条以上线路，总里程突破300公里，人才需求规模达16000人之多。环视国内其他城市同期建设力度，不出此左右。振奋之余更是紧迫，紧迫之中夹杂些许担心。思忖良久，唯立足自身，"引智"和"造才"双管齐下，方可破解人才困局，得轨道交通发展始终，以出行之便、生活之利飨商都社会各界，助力国家中心城市和国际商都建设。

郑州市轨道交通通过校园招聘和订单班组建，自我培养各类专业技术人员逾3000人。订单班组建五年来，以高职高专院校的理论教学为辅，以参与轨道交通设计、建设和各专业各系统设备生产供应单位的专家实践教学为主，通过不断创新、总结、归纳，逐渐形成了成熟的培养体系和教学内容，所培养学生大都已成为郑州市轨道交通运营一线骨干力量。公司以生产实践经验为依托，充分发挥有关合作院校的师资力量，同时在设备制造商、安装商和设施设备维修维保商的技术支持下，编写了本套城市轨道交通操作岗位系列培训教材，希望以此建立起一套符合郑州市轨道交通运营实际且符合轨道交通行业发展水平的教材体系，为河南乃至全国轨道交通人才培养略尽绵薄之力。

教材编写过程中,得到了西南交通大学、大连交通大学、石家庄铁道大学、上海地铁维护保障有限公司、郑州铁路职业技术学院以及人民交通出版社股份有限公司的大力支持,在此一并表示感谢。

以羽扣钟,既有总结之意,也有求证之心,还请业内人士不吝赐教。

是为序。

张 洲

2016 年 10 月 21 日

FOREWORD 前言

我国城市轨道交通从 20 世纪 60 年代修建北京地铁开始,经历了 40 余年的发展,取得了很大的成绩。特别是从 20 世纪 90 年代以来,我国城镇人口迅速增长,城市规模不断扩大,机动车保有量快速增加,城市交通堵塞日益严重,城市环境不断恶化,发展城市轨道交通已成为我国大中城市发展公共交通和缓解交通拥堵的必然选择。近年来,国内各大城市轨道交通建设快速发展,运营维修队伍在逐步壮大,为满足城市轨道交通运营的需求,需提高维修人员的业务水平,使其尽快达到上岗要求,确保城市轨道交通运营安全。因此,编写一本适合岗位培训的教材,通过内、外结合的业务培训,不断提高运营维护人员的理论知识和业务技能水平,对提高轨道交通运营服务质量,具有十分重要的意义。

城市轨道交通系统包括地铁系统、轻轨系统、磁悬浮系统等,其中地铁系统涉及的通风空调、给排水、低压配电设备种类多。因此,本教材内容以介绍地铁系统内的通风空调、给排水、低压配电设备为主,不涉及轻轨、磁悬浮等其他系统,本教材城市轨道交通系统特指地铁系统。

本教材完整阐述了城市轨道交通通风空调系统、给排水系统、低压配电系统的基础知识和设备维护实训知识,将理论与实际操作相结合,重点培养运营维护人员的具体操作应用能力。

本教材按照由理论到实践的思路编写,主要介绍了城市轨道交通通风空调系统、给排水系统、低压配电系统的含义,各子系统或设备基础理论知识,各子系统或设备日常和定期维护相关内容和要求,以及常见故障处理方法等。

本书由陈昌进担任主编,任艳江、魏荣耀担任副主编,郭志、黄建林担任主审。其中,第一章、第二章、第八章、第九章、第十五章、第十六章、第二十一章由赵晗编写,第三章、第六章、第十章由任艳江编写,第十二章、第二十章由魏荣耀编写,第四章、第五章由田兆编写,第十一章、第十三章由孙康萌编写,第十七章、第十八章由左春辉编写,第七章由段亚敏编写,第十四章由段成立编写,第十九章由王多编写,陈昌进负责统稿。郭志、黄建林来自上海地铁维护保障有限公司，其余人员来自郑州市轨道交通有限公司。

  由于编写人员技术水平和实践经验的局限性，错误与不足之处在所难免，敬请广大读者不吝赐教，提出宝贵意见。

  本书编写过程中，得到西南交通大学、大连交通大学、石家庄铁道大学、上海地铁维护保障有限公司、郑州铁路职业技术学院以及人民交通出版社股份有限公司的大力支持，在此表示诚挚的感谢！

作 者
2016 年 6 月

INTRODUCTION 学习指导

一 岗位职责

根据生产要求,城市轨道交通通风空调、给排水、低压配电检修岗位组织对通风空调、给排水和低压配电设备的安全生产;对辖区内的设备进行日常巡检;负责及配合辖区内设备的维修保养工作;发生设备故障,积极组织抢修并认真参加分析,落实预防措施;负责有计划进行并完成通风空调、给排水和低压配电设备维修;申报材料及参加抢修演练;为行车、机电设备正常运行提供强有力的保障。

1. 安全职责

(1)对相应的生产工作负直接责任,做好生产第一现场的安全把控工作。

(2)保证安全生产的各项规章制度的贯彻执行。

(3)组织学习并落实公司的各项安全管理规定和安全操作规程。

(4)负责所辖范围内特种设备的安全管理工作,确保特种作业、特种设备操作人员持证上岗。

(5)参加公司组织的各项培训工作,努力提高业务技能水平,增强安全意识。

(6)定期开展自查工作,落实隐患整改,保证生产设备、安全装备、消防设施、救援器材和急救用具等处于完好状态,并能够正确使用。

(7)及时反映生产过程中存在的各类问题,及时找到解决途径,以确保安全生产,保障人身、设备安全。

(8)负责对通风空调、给排水和低压配电设备的巡视、维修维护以及应急抢险工作。

2. 工作职责

(1)对使用的机器、设备及作业环境,要经常进行检查,发现不安全因素,要采取改进措施。遵章守纪,反对违章作业。

(2)完成值班工作任务,接报生产调度故障台账并及时回复进展和结果,配合班组收集、建立各类台账,年度绩效评优,执行班组各项规章制度及设备检修流程等工作;定期参加班组生产例会、故障分析会、民主生活会、安全及业务技能培训。

（3）根据工班的月度、周、日生产计划,对设备进行日常维护、检修、保养工作,配合工班长、副工班长定期抽查委外单位设备的检修质量。

（4）参与设备缺点整改、整治,及时跟踪处理设备故障,配合设备故障抢修,重点设备故障调查分析,提交各类生产报单、报表工作。

（5）积极参与班组建设,定期参加班组组织的各种会议。

（6）参与新线通风空调、给排水、低压配电设备的施工、安装、调试、联调、验收等工作,核算设备台账。

（7）配合设备的技改、工程整改,参与设备更换、设备改造等工作。

（8）参与新线建设工作,及时提报工程问题,并配合上级管理部门督促承包商进行整改。

二 课程学习方法及重难点

在具有一定相关专业基础的条件下,首先要熟悉通风空调、给排水、低压配电系统的组成,以及各种设备及其作用,其次需要掌握通风空调、给排水、低压配电系统各种运行方式,最后能看懂基本的图纸等。这为后续介绍的设备维护和故障处理打下了一定的理论基础。学习完基础知识篇的内容后,再看实务篇的相关知识,就会对设备有更进一步的认识。

本书基础知识篇的学习难点是掌握通风空调、给排水、低压配电系统的基础知识原理,各子系统的工作原理、分类、相关规定等；实务篇的学习难点是常见的故障处理和分析。这些内容要通过反复学习,并结合日常的工作,才能做到完全掌握。

三 岗位晋升路径

根据人员情况,定期对满足职级要求（工作年限、职称、学历、绩效考评）的人员,按照一定比例进行晋级。员工晋升通道划分：

1. 技术类职级序列

由低到高依次为：技术员、助理工程师、工程师、主管工程师。

2. 操作类职级序列

由低到高依次为：初级工、中级工、高级工、技师、高级技师。

CONTENTS 目 录

第一部分 通 风 空 调

第一篇 基础知识篇

第一章 城市轨道交通通风空调系统概述……… 4
- 第一节 通风空调系统概述……… 4
- 第二节 城市轨道交通通风空调系统要求、设计原则及噪声控制标准……… 6
- 第三节 城市轨道交通通风空调系统组成及功能……… 7
- 第四节 城市轨道交通通风空调系统的制式……… 8

第二章 城市轨道交通通风空调系统组成及工作原理……… 10
- 第一节 区间隧道通风系统组成及工作原理……… 10
- 第二节 车站隧道通风系统组成及工作原理……… 16
- 第三节 车站通风空调系统组成及工作原理……… 18
- 第四节 车站防排烟系统组成及工作原理……… 25
- 第五节 车站空调水系统组成及工作原理……… 26

第二篇 实务篇

第三章 通风空调设备维护……… 38
- 第一节 通风空调系统设备巡检……… 38
- 第二节 通风空调设备检修管理……… 40
- 第三节 通风空调设备检修作业流程……… 42
- 第四节 通风空调系统设备维护……… 43

第四章 通风空调设备常见故障及处理方法……… 71

	第五章　通风空调通用维修工具及仪器仪表的使用 ……… 75
	第一节　常用维修工具…………………………………………75
	第二节　专用维修工具…………………………………………81
	第六章　通风空调系统风管试验平台搭建………………………86
	第一节　镀锌铁皮风管制作安装………………………………86
	第二节　风管严密度试验平台搭建……………………………89
	第七章　通风空调部分故障维修与处置…………………………92
	第一节　某车站风机电机轴承故障维修与处置………………92
	第二节　某站冷水机组油位开关故障维修与处置……………93
	第三节　某站水泵机械密封故障维修与处置…………………95

第二部分　给排水与水消防

第一篇　基础知识篇

	第八章　城市轨道交通给排水系统概述……………………100
	第一节　给排水系统概述……………………………………100
	第二节　城市轨道交通给排水系统主要技术标准……………107
	第三节　城市轨道交通给排水系统功能及其实现……………108
	第九章　城市轨道交通给排水系统设备………………………111
	第一节　控制设备……………………………………………112
	第二节　水泵设备……………………………………………114
	第三节　管道设备……………………………………………120
	第四节　阀门设备……………………………………………125
	第五节　室外给排水设备……………………………………129
	第六节　保温设备……………………………………………130

第二篇　实务篇

	第十章　城市轨道交通给排水系统操作与维护……………134
	第一节　超声波液位计调试…………………………………134
	第二节　机械密封安装与拆卸………………………………136
	第三节　管道维护与安装……………………………………137
	第四节　阀门拆卸与组装……………………………………139

　　　　第五节　给排水系统检修内容……………………………………140

第十一章　给排水通用维修工具及仪器仪表的使用……153

　　　　第一节　常用维修工具……………………………………………153
　　　　第二节　专用维修工具……………………………………………155

第十二章　水泵控制柜液位仪测试平台……………………160

　　　　第一节　水泵控制柜液位仪测试目的……………………………160
　　　　第二节　水泵控制柜液位仪实操项目……………………………161

第十三章　给排水设备常见故障与分析……………………162

　　　　第一节　水泵常见故障与分析……………………………………162
　　　　第二节　管道常见故障与分析……………………………………164
　　　　第三节　密闭污水提升装置常见故障与分析……………………165

第十四章　城市轨道交通给排水系统应急措施……………166

　　　　第一节　车站给排水系统应急措施………………………………166
　　　　第二节　区间给排水系统应急措施………………………………168

第三部分　低压配电

第一篇　基础知识篇

第十五章　城市轨道交通低压配电系统概述………………172

　　　　第一节　低压配电系统概述………………………………………172
　　　　第二节　城市轨道交通低压配电系统主要技术标准……………172
　　　　第三节　城市轨道交通低压配电系统功能及其实现……………173
　　　　第四节　城市轨道交通低压配电系统的节能技术与保护………175

第十六章　城市轨道交通低压配电系统设备………………178

　　　　第一节　环控电控柜设备…………………………………………178
　　　　第二节　EPS应急电源设备………………………………………198
　　　　第三节　车站低压配电系统设备…………………………………208
　　　　第四节　车站低压照明设备………………………………………211

第二篇 实务篇

第十七章 低压配电设备维护 ……218
第一节 低压配电设备巡检流程及方法 ……218
第二节 环控电控柜设备维护 ……219
第三节 EPS 应急电源设备维护 ……238
第四节 动力、照明配电箱设备维护 ……253

第十八章 低压配电系统设备故障处理 ……257
第一节 低压配电系统常见设备故障及处理方法 ……257
第二节 低压配电一般设备故障及处理方法 ……271

第十九章 低压配电系统通用维修工器具及仪器仪表的使用 ……277
第一节 通用维修工具 ……277
第二节 常用仪器、仪表 ……282

第二十章 实操平台搭建 ……291
第一节 实操平台介绍 ……291
第二节 实操项目 ……293

第二十一章 低压配电设备部分故障分析及处理 ……295
第一节 EPS 不能正常投入故障 ……295
第二节 车站 AFC 配电箱双电源不能自动互投故障 ……296
第三节 车站 EPS 双电源装置输出缺相故障 ……297

附录一 通风空调检修工考核大纲 ……298
附录二 给排水检修工考核大纲 ……299
附录三 低压配电检修工考核大纲 ……300
参考文献 ……301

第一部分 通风空调

第一篇 基础知识篇

第一章　城市轨道交通通风空调系统概述

> **岗位应知应会**
>
> 1. 了解城市轨道交通通风空调技术的发展背景,以及在城市轨道交通行业的应用。
> 2. 了解城市轨道交通通风空调系统的技术特点。
> 3. 熟知城市轨道交通通风空调系统的技术标准、功能实现以及地下车站通风空调制式。
>
> **重难点**
>
> 重点:地下车站通风空调系统的组成。
> 难点:城市轨道交通地铁隧道、车站室内参数及设计原则。

第一节　通风空调系统概述

一、通风空调技术

通风是为了改善生产和生活条件,采用自然或机械的方法,对某一空间进行换气,以形成安全、卫生等适宜空气的技术。换句话说,通风是利用室外空气(成为新鲜空气或新风)来置换建筑物内的空气(或称室内空气)以改善室内空气品质。通风的主要功能有:提供人呼吸所需要的氧气,稀释室内污染物或气味,排除室内生产过程中产生的污染物,除去室内多余的热量(称余热)或湿量(称余湿),提供室内燃烧设备燃烧所需要的空气。建筑中的通风系统,可能只能完成其中的一项或者几项任务。其中,利用通风除去室内余热和余湿的功能是有限的,它受室外空气状态的限制。

空气调节是使某一房间或空间内的空气温度、湿度、洁净度和空气流动速度(俗称"四度")等参数达到给定要求的技术,简称空调。空调可以对建筑热湿环境、空气品质进行全面的控制,它包含了通风的部分功能。有些特殊场合还需要对空气的压力、气味、噪声等进行控制。

通风与空气调节技术是控制建筑热湿环境和室内空气品质的技术,同时也包括对系统本身所产生噪声的控制。通风与空气调节虽然都是对建筑环境的控制技术,但是它们所控制的对象和作用有所不同。

二、通风空调行业发展对环境的影响分析

21世纪,中国的通风空调行业市场发展潜力很大,预示着行业的发展前景远大。但是,现代空调也面临两大主要问题,即能源问题和环境问题。通风空调是不可再生能源(石油、煤炭、燃气)的消耗大户,因此通风空调的发展也意味着不可再生资源的消耗将增长。不可再生能源的消耗同时也污染了环境。煤炭燃烧会产生烟尘、SO_2、NO_2等,它们都对大气造成污染。其中,CO_2是温室气体,会导致地球变暖,改变地球的生态环境。此外,空调冷源使用的一些制冷剂,对地球平流层(距离地球20~25km)内的臭氧层有所破坏,这也是当前的全球环境问题之一。除室外环境问题外,还有室内环境,即室内空气品质问题。现代建筑的密封性越来越好,使室内污染物无法排除,带来了"病态建筑物综合症"。另外,室内各种装饰材料中的甲醛、石棉、玻璃纤维、氡等污染了空气;水源和空调系统本身也会产生尘埃、微生物等,室内污染物的含量往往会超过了人所能承受的范围。从事通风空调行业研究、工程设计、系统管理、设备开发的人士,都应该有可持续发展观,提高节能和环保意识,促进行业健康发展。

三、城市轨道交通通风空调特点

城市轨道交通线路是一座狭长的地下线路,除各出入口与大气相通以外,可以认为城市轨道交通基本上是与大气隔绝的。由于列车运行、设备运转和乘客等会散发出大量的热量,若不及时排除,车站内部的空气温度就会升高,同时,车站周围土中的温湿度通过围护结构的渗透量也较大,若不加以排除,站内空气温湿度会增大,这些都会使乘客无法忍受。

国外城市轨道交通通风空调系统是随着工程建设而不断发展的,从最初完全采用自然通风到后来设置机械通风,再发展到空调降温,基本上与地面建筑设备技术同步前行。国内城市轨道交通行业从1969年北京地铁一期工程的通风系统开始,经过上海、广州等城市的工程建设和运营,通风空调系统不断完善,并在工程实践中学习和借鉴了欧洲国家和美国的技术和经验。目前,城市轨道交通通风空调系统已经能够满足功能需求,技术比较成熟和可靠。

郑州市轨道交通通风空调系统充分借鉴了其他城市既有线的优秀设计,在通风换气、降温除湿以及防排烟功能的实现,均选择了成熟且通用的设计理念,在此基础上又进行了不断的探索和改进。众所周知,通风空调系统在地下车站属用电大户,所以采取一定的节能措施是很有必要的。郑州市轨道交通2号线采用了变频调速技术,在营造舒适乘车环境的同时,兼顾节能运行。

第二节　城市轨道交通通风空调系统要求、设计原则及噪声控制标准

一、基本要求

(1)当列车正常运行时,应保证城市轨道交通内部空气环境在规定范围内。
(2)当列车阻塞在区间隧道时,应保证阻塞处的有效通风功能。
(3)当列车在区间隧道发生火灾事故时,应具备防灾排烟、通风功能。
(4)当车站发生火灾事故时,应具备防灾排烟、通风功能。

二、城市轨道交通隧道、车站室内设计原则

(1)列车车厢设置空调,车站设置屏蔽门时,城市轨道交通隧道夏季的最高温度不得高于40℃。
(2)当地下车站采用空调系统时,站厅层的空气计算温度比空调室外计算干球温度低2~3℃,且不应超过30℃。
(3)站台层的空气计算温度比站厅层的空气计算温度低1~2℃。
(4)当采用空调系统时,每个乘客每小时需供应的新鲜空气量不应少于12.6m^3,且系统的新风量不应少于总送风量的10%。
(5)地下车站管理用房及设备用房内,每个工作人员每小时需供应的新鲜空气量不应少于30m^3,且新风不应少于总送风量的10%。
(6)站厅温度为30℃;站台温度为28℃;站厅、站台的相对湿度为59.5%~64%。管理及设备用房的温度为25~36℃;相对湿度为45%~65%。
(7)各车站公共区防烟分区划分按2000m^2控制,公共区、设备区按同一时间只有一处发生火灾的设计标准设计。
(8)站台火灾时保证楼梯口形成向下不小于1.5m/s风速的气流。

三、对噪声控制的标准

(1)城市轨道交通通风空调系统设备传至站厅、站台的噪声,不得超过70dB(A)。
(2)车站管理用房及设备用房的通风空调,应有消声和减振措施。
(3)通风空调设备传至各房间内的噪声,不得超过60dB(A)。
(4)通风空调机房内的噪声,不得超过90dB(A)。

第三节　城市轨道交通通风空调系统组成及功能

通风空调系统是指在车站站厅、站台、隧道、设备及管理用房等所处的环境进行空气处理的系统,是城市轨道交通通风空调系统的简称,用以调节指定区域内的空气温度、湿度,并控制二氧化碳、粉尘等有害物质的浓度,为乘客和工作人员创造一个舒适的环境,来满足人体健康及相关设备正常运行的要求。地下车站各设备布置以及区域划分如图1-1所示。

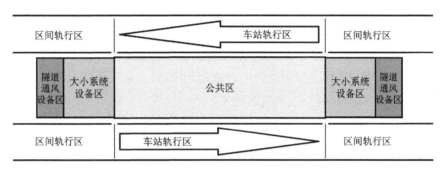

图1-1　地下车站各设备布置以及区域划分

一、地下车站区域划分

1. 公共区

公共区为乘客所处的区域,包括站厅层(地下负一层)和站台层(地下负二层)。办公用房与设备用房多位于站厅层两端。

2. 车站轨行区

车站轨行区指位于车站内(列车停靠)的隧道部分,通常用屏蔽门与站台区隔开。

3. 区间轨行区

区间轨行区指两个车站之间的连通隧道,通常为上下行分开的双孔隧道。

二、地下车站通风空调系统组成

地下车站通风空调系统由车站通风空调及防排烟系统和隧道通风系统组成。其中车站通风空调及防排烟系统,包括公共区通风空调及防排烟系统、设备及管理房通风空调及防排烟系统和空调循环水系统,分别简称通风空调大系统、通风空调小系统和空调水系统。隧道通风系统,包括区间隧道通风系统和车站隧道通风系统。

地下车站通风空调系统的组成,如图1-2所示。

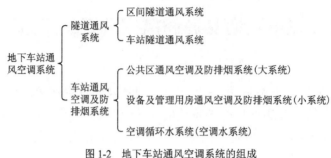

图 1-2 地下车站通风空调系统的组成

三、通风空调系统功能

通风空调系统主要功能：调节指定区域内的空气温度、湿度，并控制二氧化碳、粉尘等有害物质的浓度，为乘客和工作人员创造一个舒适的环境，来满足人体健康及相关设备正常运行的要求，火灾时排除烟气，利于人员疏散逃生。

第四节　城市轨道交通通风空调系统的制式

根据城市轨道交通隧道通风换气的形式以及隧道与车站站台层的分隔关系，城市轨道交通通风空调系统一般划分为三种制式，即开式系统、闭式系统和屏蔽门系统。

一、开式系统

隧道内部与外界大气相通，仅考虑活塞通风或机械通风，它是利用活塞风井、车站出入口及两端峒口与室外空气相通，进行通风换气的方式，如北京市轨道交通 1 号线。

二、闭式系统

闭式系统使地铁内部基本上与外界大气隔断，仅供给满足乘客所需的新鲜空气量；车站一般采用空调系统，而区间隧道的冷却是借助于列车运行的"活塞效应"携带一部分车站空调冷风来实现，如广州市轨道交通 1 号线、上海市轨道交通 2 号线等。

三、屏蔽门系统

在车站的站台与行车隧道间安装屏蔽门，将区间与车站分隔开，车站安装空调系统，区间隧道采用通风系统（机械通风或活塞通风，或两者兼用）。

安装屏蔽门后，车站成为单一的建筑物，它不受区间隧道行车时活塞风的影响。车站的空调冷负荷，只需计算车站本身设备、乘客、广告、照明等发热体的散热，及区间隧道与车站间通过屏蔽门的传热和屏蔽门开启时的对流换热来确定。此时，设计的屏蔽门系统车站空调冷负荷仅为闭式系统的22%～28%，且由于车站与行车隧道相隔，减少了运行噪声对车站的干扰，不仅使车站环境较安静、舒适，也使旅客更为安全。如郑州市轨道交通1、2号线等均采用屏蔽门系统。

屏蔽门系统制式由于其所处车站为独立的制冷、除湿区，因此具有安全、节能和美观等优点，也是将来新建城市轨道交通线路通风空调系统的发展趋势。

第二章 城市轨道交通通风空调系统组成及工作原理

> **岗位应知应会**
>
> 1. 了解城市轨道交通通风空调系统组成及设备分类。
> 2. 熟知区间隧道通风系统组成及设备功能。
> 3. 熟知车站通风空调及防排烟系统及设备功能。
>
> **重难点**
>
> 重点：地下车站通风空调系统的组成、工作原理及运行模式。
> 难点：区间列车火灾模式运行原理。

第一节 区间隧道通风系统组成及工作原理

一、区间隧道通风系统组成

区间隧道通风系统（TVF）：区间隧道活塞通风与机械通风、排烟系统。如图 2-1 所示，由活塞风道、排风道、正反转隧道通风机、组合风阀等构成。

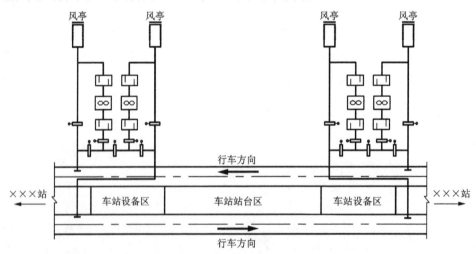

图 2-1 区间隧道通风系统图

（一）活塞通风

当列车的正面与隧道断面面积之比（称为阻塞比）大于 0.4 时，由于列车在隧道中高速行驶，如同活塞作用，使列车正面的空气受压，形成正压，列车后面的空气稀薄，形成负压，由此产生空气流动。这种原理通风，称之为活塞通风。

活塞风量的大小与列车在隧道内的阻塞比、列车行驶速度、列车行驶空气阻力系数、空气流经隧道的阻力等因素有关。

利用活塞风来冷却隧道，需要与外界有效交换空气，因此对于全部应用活塞风来冷却隧道的系统来说，应计算活塞风井的间距及风井断面的尺寸，使有效换气量达到设计要求。

实验表明，当风井间距小于 300m、风道的长度在 25m 以内、风道面积大于 $10m^2$ 时，有效换气量较大，在隧道顶上设风口效果更好。但由于设置许多活塞风井对大多数城市来说都是很难实现的，因此"全活塞通风系统"只在早期城市轨道交通中有应用，现在建设的城市轨道交通多设置活塞通风与机械通风的联合通风系统。郑州市轨道交通 1、2 号线均采用活塞通风与机械通风联合系统。

（二）机械通风

当活塞式通风不能满足城市轨道交通除余热与余湿的换气要求时，要设置机械通风系统。

根据城市轨道交通系统的实际情况，可在车站与区间隧道分别设置独立的通风系统。

车站通风一般为横向的送排风系统，区间隧道一般为纵向的送排风系统。这些系统应同时具备排烟功能。区间隧道较长时，宜在区间隧道中部设中间风井。对于当地气温不高、运量不大的城市轨道交通系统，可设置车站与区间连成一起的纵向通风系统，一般在区间隧道中部设中间风井，例如郑州市轨道交通 1 号线"会—黄区间风井"和轨道交通 2 号线"站—南区间风井"。

二、区间隧道通风系统的运行模式

（一）正常模式

早间运行：早间运营前，隧道风机进行纵向推挽式机械通风（相邻车站两端隧道风机一排一送），使隧道内充盈新鲜空气。

正常运行：隧道风机停止，打开旁通风阀，利用列车的活塞作用进行通风换气，排除隧道余热余湿，如图 2-2 所示。

夜间运行：夜间收车后，隧道风机进行纵向推挽式机械通风，完毕后，打开所有风阀，隧道内充盈新鲜空气。

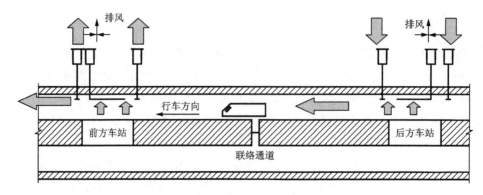

图 2-2　正常运行模式示意图

(二) 阻塞模式

当列车故障或前方车站不允许进站,隧道风机按行车方向通风,保障人员及列车空调器的安全,如图 2-3 所示。

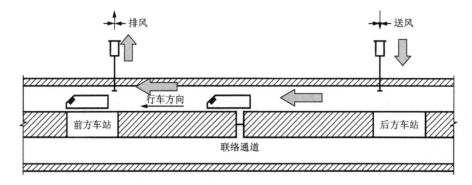

图 2-3　阻塞运行模式示意图

(三) 火灾事故模式

根据列车着火点(车头、中部或车尾)、停车位置不同的火灾情况,启动相应的火灾控制模式。

控制原则:隧道风机的风向应迎着逃生人群,尽量防止烟雾蔓延。

列车在区间隧道内着火时,应尽可能将列车驶至车站,让乘客撤离。此时由该车站两端的专用排烟风机排烟,并按站台着火的模式运行。一旦列车不能驶至车站,出现下列 2 种情况时,要采取不同的运行方式。

1. 列车头部着火

列车头部着火时,列车因故停留在单线区间隧道内时,乘客不可能从列车的侧向撤出,只能由尾部安全门进入隧道向出站方向的车站撤离。此时由列车进站方向的隧道风机排烟,由出站方向的隧道风机送风引导乘客迎着新风撤离,如图 2-4 所示。

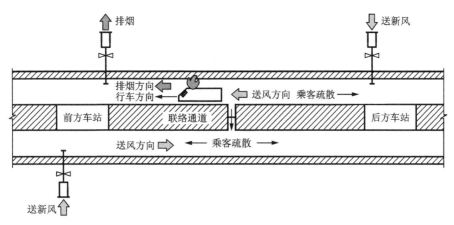

图 2-4 车头火灾运行模式示意图

2. 列车尾部着火

列车尾部着火时,乘客的撤离方向与排烟的运行模式恰好与列车头部着火时相反,如图 2-5 所示。

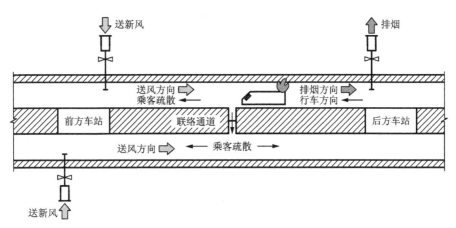

图 2-5 车尾火灾运行模式示意图

三、主要区间隧道通风设备及设施

(一)隧道风机

1. 隧道风机的主要用途

隧道风机均为可逆转式的轴流式风机,用于早、晚时段及列车阻塞、火灾时通风和排烟,根据运行模式的要求为隧道排风或向隧道内送风,即实现风机的正转或反转。隧道风机外形如图 2-6 所示。

图 2-6　隧道风机

2. 隧道风机的性能

隧道风机整机正反转具有基本相等的性能，正反风的性能偏差不大于 3%。隧道风机能在不大于 $4I_e$ 启动电流情况下 14s 内启动到额定转速，在 60s 内能完成从正转到反转（正转额定转速—关—反转启动—反转额定转速）的切换。能保证排除 250℃ 烟气时，将维持正常的体积流量不变。

设计使用年限少于 20 年，第一次大修前的安全运转时间超过 30000h。

3. 隧道风机的组成

(1) 风机外壳：风机机壳采用 Q235A 普通优质钢板焊接而成，进行热镀锌处理，热镀锌层平均厚度不低于 75μm。

(2) 风机导叶：静态安装，并应保证最大的效能和最小的体积。

(3) 风机的安装支架：在确保风机整机强度的前提下，使其达到重量轻和安装方便的要求。

(4) 减振器：风机底座采用阻尼复合弹簧减振器，减振器所配套的螺栓、螺母、垫圈均采用优质不锈钢制作，可确保减振效率大于 96%。将减振器就地安装于基础上，其接触面要求平整干净，确保运行中平衡精度达到要求。

郑州市轨道交通 1 号线采用 90kW、110kW 级隧道风机，2 号线隧道风机采用 90kW 级隧道风机，设备性能和维护保养方式区别不大，均采用软启动。由于风机设置在地下机房内，要求风机结构紧凑，且风机整体设计考虑风机的拆卸维修。郑州市轨道交通隧道风机均采用电机与叶轮直联传动，风机无前后导叶、扩压装置和整流罩，缩短了轴向尺寸，只由主体风筒、叶轮（含叶轮和轮毂）、电机、底座等组成。风机整体采用螺栓紧固，结构简单紧凑，拆卸、安装维修方便，运行可靠，连接风机的软接管、基础固定螺栓均可灵活拆卸。

（二）射流风机

1. 射流风机主要用途

射流风机一般设置在区间隧道顶部或侧壁，用于调节区间内某一段压力、通风量及辅助排烟,主要用于折返线、存车线、出入线等特殊位置组织气流。射流风机外形如图 2-7 所示。

2. 射流风机的性能

双向射流风机整机正反转具有完全相同的性能,能在 10s 内启动到额定转速,在 60s 内能完成从正转到反转(正转启动—正转额定转速—关—反转启动—反转额定转速)的切换,在 250℃时能连续有效工作 1h。

3. 射流风机的组成

(1)消声器:消声风筒的配置长度一般为射流风机直径的 2 倍。

(2)叶轮:叶片可以实现静止角度调节,叶片采用高强度铝合金材料钢模压力铸造,叶片与轮毂通过螺栓连接。

(3)机壳:机壳进行热镀锌处理,热镀锌层平均厚度不低于 75μm。

(4)电机:电机为风冷鼠笼式、全封闭湿热型的标准产品,采用全压启动,IP55 防护等级,绝缘等级为 H 级,配备内置温度感应器。

郑州市轨道交通 1、2 号线均采用 22kW 级射流风机。由于风机设置在地下区间内,风机结构紧凑,风机均采用电机与叶轮直联传动,风机无前后导叶,缩短了轴向尺寸,只由主体风筒、叶轮(含叶轮和轮毂)、2D 消声器、电机、底座等组成,且整体考虑了风机的拆卸维修,连接风机的软接管、基础固定螺栓均可灵活拆卸。

(三)组合风阀

1. 组合风阀主要用途

组合风阀用于区间隧道通风系统、车站隧道通风系统,调节送风或排风量,控制方式为电动,组合风阀外形如图 2-8 所示。

图 2-7 射流风机

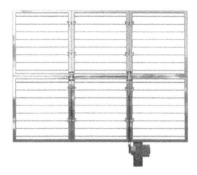

图 2-8 组合风阀

2. 组合风阀组成

组合风阀由底框、单体风阀、传动机构、执行器等组成。

3. 电动执行机构特点

组合风阀的电动执行机构具有远距离电动控制和现场手动控制功能、延时报警功能,并设置机械和电气两种限位装置和接线盒。

郑州市轨道交通1、2号线组合风阀所有部件外表面涂有防火涂料,该涂料耐火要求为280℃条件下连续有效工作1h。站内隧道通风系统耐高温风阀及其电动执行机构(包括润滑油脂)耐高温280℃,可持续运行大于1h。接线盒防护等级为不低于IP54。

(四)站外风亭

站外风亭一般有高风亭和低矮风亭两种形式。标准车站有双活塞风亭、排风亭和新风亭。站外风亭是地下车站换气的主要途径。

第二节 车站隧道通风系统组成及工作原理

一、车站隧道通风系统组成

车站隧道通风系统(TEF)包括站台下部、车行道上部排热、辅助排烟系统,简称车站排热排烟系统。机房一般设置在车站的两端,风井与车站排风井合用,包括轨顶排风道、站台下排风道。车站隧道通风系统如图2-9所示。

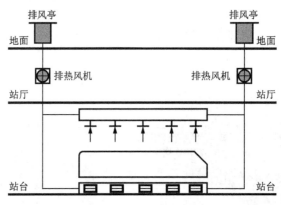

图2-9 车站隧道通风系统

二、车站隧道通风系统的运行模式

(一)正常模式

排热风机开启后,列车车载空调冷凝器散发的热量通过轨顶风道排至站外风亭,列车停站刹车产生的热量通过轨底风道排至站外风亭。

（二）火灾模式

站台候车区发生火灾，开启排热风机，通过打开两端屏蔽门，辅助站台通风空调大系统排除烟气。

三、主要车站隧道通风设备及设施

（一）TEF 排热风机

1. TEF 排热风机主要用途

TEF 排热风机为单向轴流风机，设于车站两端，主要用于排除列车停站时产生的热量及辅助排烟，TEF 排热风机外形如图 2-10 所示。

2. TEF 排热风机性能

TEF 排热风机性能与隧道风机基本相同，主要构成与隧道风机基本相同。

郑州市轨道交通 1 号线采用 55kW 以上级排热风机，2 号线统一采用 37kW 级排热风机，均为变频启动。电机采用 ABB 自动润滑形式，选用高温润滑脂润滑；轴承选用 NSK 品牌产品。轴承更换周期大于 75000h，第一次维护在累计运行时间超过 10000h 后进行。

（二）结构片式消声器

设置于土建结构风道内呈片式安装的消声器称为结构片式消声器。消声器设置在风机前、后端金属壳内的称为金属外壳消声器。片式消声器是允许气流通过，却又能阻止或减小声音传播的一种器件，是消除空气动力性噪声的重要措施。消声器能够阻挡声波的传播，允许气流通过，是控制噪声的有效工具。结构片式消声器外形，如图 2-11 所示。

图 2-10　TEF 排热风机

图 2-11　结构片式消声器

郑州市轨道交通片式消声器采用现场组装结构形式，吸声片与结构片之间采用可拆卸和可重新装配的紧固件装配方式，消声片内部骨架采用角钢制成 500mm×500mm 大小的单元格，玻璃棉采用超细玻璃棉压实填充，并且采用平铺玻璃布及孔板的护面形式，长期运行不会出现吸声材料沉降的现象，框架及构件采用热镀锌作防腐处理。在经过两年的使用时间,郑州市轨道交通 1 号线部分消声器存在导流尖脱落、结构片固定松动等问题,因此结构片式消声器不具备免维护性,在日常维护时不应忽视对片式消声器的保养。

第三节 车站通风空调系统组成及工作原理

一、车站通风空调系统介绍

车站通风空调及防排烟系统,由公共区通风空调及防排烟系统(简称"大系统"),设备、管理用房通风空调及防排烟系统和空调循环水系统组成。这三者分别简称通风空调大系统(全空气中央空调系统)、通风空调小系统和空调水系统。全空气中央空调系统如图 2-12 所示。

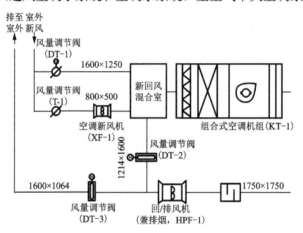

图 2-12 全空气中央空调系统示意图(尺寸单位:mm)

通风空调大系统——公共区通风空调系统。其采用一次回风的定风量空调系统,由风亭、组合式空调机组、新风机、回排风机、电动风阀、防火阀、风道、消声器等组成,主要作用是对站厅、站台进行通风和空气调节,火灾时排除烟气。

通风空调小系统——设备及管理用房通风空调系统。其由空调箱、送/排风机、各类风阀、防火阀及管道等部件组成,对设备机房、管理用房进行通风和空气调节,火灾时排除烟气。

通风空调大、小系统运行原理:新风从送新风亭引入车站,经过新风机加压后送入组合式空调机组或空调柜中进行热湿处理后,通过送风管道送入站厅、站台公共区和设备区各设备管理用房;回风经回排风机、回排风管,一部分由排风井排至室外,一部分进入混风室与新风回合后送入组合式空调机组或空调柜内,进行处理再利用。车站发生火灾时,送风系统停止,排烟风机将烟气经排烟风管(与回排风共用管道)排至站外。通风空调大系统工作原理如图 2-13 所示。

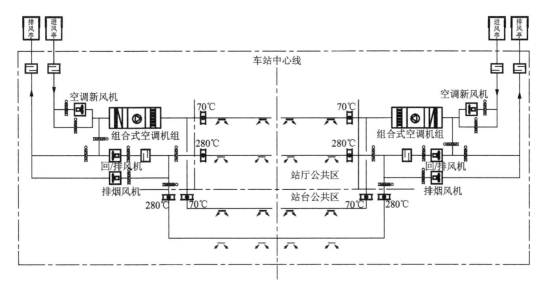

图 2-13 通风空调大系统工作原理示意图

二、车站通风空调系统的运行模式

（一）小新风运行模式

当空调季节,室外新风焓值大于回风混合点焓值时,采用空调小新风运行模式。小新风运行模式特点：降温除湿,保证最小新风量,部分回风循环,实现减耗。

（二）全新风运行模式

当室外新风焓值小于回风混合点焓值,且干球温度大于空调送风点温度时,采用空调全新风模式运行。全新风运行模式特点：降温除湿,全新风,无回风循环。

（三）全通风运行模式

当室外新风温度小于空调送风点温度时,系统转入全通风模式运行。全通风运行模式特点：全新风通风,冷水系统停止。

三、车站主要通风空调设备及设施

（一）空气处理器

1. 空气处理器的作用

将室内的回风和室外新风进行混合后,再通过集中的空气处理装置（组合式空调机组、空调箱等）进行降温、除湿处理，再通过主风道和各个支管风道送入公共区或每个所需的设备管理房间，以保证末端用户对温度、湿度、洁净度及气流速度的要求。组合式空调机组外形，如图2-14所示。

图2-14　组合式空调机组

2. 空气处理器的组成

空气处理器包括组合式空调机组、空调柜（立式、卧式、吊顶）、风机盘管等。下面介绍相对复杂的组合式空调机组的构造及其功能段。

（1）组合式空调机组的构造：由各种空气处理功能段组装而成的不带冷、热源的一种空气处理设备，这种机组能应用于风管阻力大于或等于100Pa的空调系统。

（2）组合式空调机组的功能段：对空气进行一种或几种空气处理功能的单元体。机组的功能段包括：空气混合、均流、过滤、除尘、冷却、送风、消声等功能。组合式空调机组各功能段如图2-15所示。

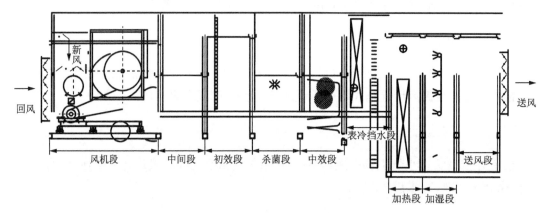

图2-15　组合式空调机组各功能段示意图

3. 风机段

风机段由电机、离心风机、皮带、减振器、压力腔、软连接、支架等组成。离心风机外形，如图2-16所示。

叶轮旋转产生的离心力使空气获得动能，然后经蜗壳和蜗壳出口扩散段，将部分动能转化为静压，这样，风机出口的空气就是具有一定静压的空气流。

4. 初效过滤段

初效过滤段主要用于空调系统的新风过滤,截留大气中大粒径微粒,过滤对象是粒径在 5μm 以上的悬浮性微粒和粒径在 10μm 以上的沉降性微粒以及各种异物,防止其进入通风空调系统。初效过滤段一般设置在送风系统的负压段,以保护空调箱内其他配件,并延长它们的使用寿命。板式过滤网外形如图 2-17 所示。

图 2-16　离心风机　　　　　图 2-17　板式过滤网

（1）过滤器的原理：空气中的尘埃粒子或随气流做惯性运动,或做无规则运动,当运动中的粒子受到障碍时,粒子与障碍物表面间的引力,使它被粘住。

（2）对初效过滤器的要求：郑州市轨道交通 1、2 号线均采用板式铝合金初效过滤器,过滤器材料为阻燃型。初效过滤器采用卡扣或滑槽安装,便于拆卸清洗,可确保安装的密封性。

5. 表冷段

表冷段采用紫铜管穿铝翅片构成的冷水盘管,换热效率高,有二排、四排、六排或八排管排的表冷盘管。采用 ϕ12.7mm 优质紫铜管,壁厚合理,在确保换热性能前提下提高防腐性能。表冷器如图 2-18 所示。

盘管工作压力为 1.2MPa,设计压力为 1.6MPa,试验压力为工作压力的 1.5 倍,可确保盘管耐压密封性能。

（二）风机（用于大、小系统）

车站大、小系统风机,均采用轴流式风机,空气从轴向流入,轴向流出。其在地下工程施工通风中得到广泛应用。

1. 轴流式风机的基本组成

轴流式风机由集风器、叶轮、电机、导叶和风筒四部分组成。集风器的作用是减少入口气流的阻力损失。叶轮的作用是叶轮旋转时叶片冲击空气,使空气获得一定的速度和风压。导叶的作用是通过扭转从叶轮流出的旋转气流,使一部分偏转气流的动能转化为静压能,同时可减少因气流旋转而引起的阻力损失。轴流式风机的外形如图 2-19 所示。

2. 轴流式风机的原理

轴流式风机叶片的旋转使空气受到冲击力,从而使空气获得一定的速度和风压,并由导叶将部分动能转变为静压能,从而使风机出口具有一定的风速和风压。

(三)风管(用于通风空调大、小系统)

郑州市轨道交通复合风管采用"工"形插条加密封胶连接,镀锌铁皮风管采用法兰加橡胶密封垫连接。

彩钢风管是用彩钢复合夹芯板为板材加工制作而成的风管。其中,彩钢复合夹芯板是以保温材料为芯材,其中一面是复合抑菌涂层的铝箔,另一面是复合各种色彩的彩钢板制成的复合夹芯板。保温材料通常有聚氨酯、酚醛树脂或 XPS 挤塑板等材质。复合风管外形如图 2-20 所示。

图 2-18 表冷器　　　图 2-19 轴流式风机　　　图 2-20 复合风管

镀锌钢板风管是以镀锌钢板为主要原材料,经过咬口、机械加工成型,具有现场制作方便可设计性的特点,是传统的通风、空调用管道。

常见风管图例见表 2-1。

常见风管图例　　　　　　　　　　　　表 2-1

风管类型	图　例
异径风管	
柔性风管	
三通	

续上表

风管类型	图 例
弯头	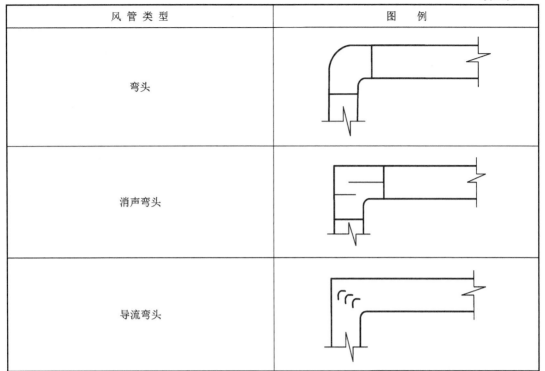
消声弯头	
导流弯头	

（四）各类风口（用于通风空调大、小系统）

风口是用于送风和回风的空气分配设备。送风口将制冷或者加热后的空气送到室内，而回风口则将室内污浊的空气吸回，形成整个空气循环，在保证制冷采暖效果的同时，也保证了室内空气的制冷及舒适度。各类风口如图 2-21 所示。

常见风口图例见表 2-2。

图 2-21　各类风口

常见风口图例　　　　　　　　　　　表 2-2

风口类型	图 例
送风口	
回风口	

续上表

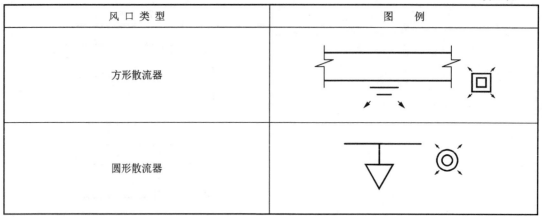

风口类型	图 例
方形散流器	
圆形散流器	

(五)多联变频空调系统

多联变频空调系统,通常用于地上车站通风空调小系统以及某些重要电气设备房,如通信设备机房内。

多联变频空调系统是"变频一拖多变冷媒流量中央空调系统"的简称,由一台室外机和若干台室内机组成一个冷媒循环系统,是变制冷剂流量空调系统的一种形式,是一种制冷剂式空调系统,它以制冷剂为输送介质。

1. 工作原理

多联变频空调系统由控制系统采集室内舒适性参数、室外环境参数和制冷系统运行状况的状态参数,根据系统运行优化和人体舒适性准则,通过变频等手段调节压缩机输气量,并控制空调系统的风扇、膨胀阀等可控部件,以保证室内环境的舒适性,并使空调系统在最佳工作状态下稳定工作。

2. 系统特点

多联变频空调系统具有节能、舒适、运转平稳等优点,而且各区域可独立调节,能满足不同区域不同空调负荷的需求。但该系统控制复杂,对管材材质、制造工艺、现场焊接等方面要求非常高,且其初投资比较高。

郑州市轨道交通车辆段特殊电气机房,如通信设备机房内设置了多联变频空调系统。多联变频空调系统如图 2-22 所示。

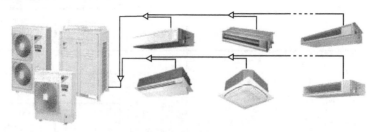

图 2-22 多联变频空调系统示意图

第四节　车站防排烟系统组成及工作原理

一、车站防排烟系统介绍

防排烟大系统——公共区防排烟系统,由风亭、排烟风机、防火阀、风道等组成,主要作用是公共区发生火灾时排除烟气,以保证乘客安全疏散。

防排烟小系统——设备及管理用房防排烟系统,其由排烟风机、加压送风机、防火阀及管道等部件组成,发生火灾时通过设备机房、管理用房进行防排烟。

二、车站防排烟系统的运行模式

(一)站厅发生火灾运行模式

停止车站空调水系统,关闭站厅、站台送风及站台回风管路上的防火阀,开启车站两端排烟风机管路上的防火阀,开启排烟风机排除站厅层烟雾,新风从各入口自然补入,人员逆风疏散。

(二)站台发生火灾运行模式

关闭站台送风防火阀及站厅回风防火阀,开启排烟风机排除站台层烟雾,同时开启站台屏蔽门两端各一扇滑动门,开启排热风机辅助排烟,保证楼梯口 1.5m/s 的风速,人员逆风疏散。

(三)一般设备管理用房发生火灾运行模式

车站空调水系统和通风空调大系统立即停止,通风空调小系统转入到设定的火灾模式运行,启动发生火灾的那端的内走道排烟及车控室、楼梯间的加压送风系统。

(四)气体灭火房间发生火灾运行模式

关闭着火房间相应的防烟防火阀,喷洒灭火气体进行灭火。灭火完成后,防烟防火阀电动复位,进行直流式通风运行,排除火灾后的房间残余气体。

三、车站主要防排烟设备

(一)排烟风机

排烟风机构造同用于通风空调大、小系统的风机。

(二)防火阀

1.防烟防火阀

防烟防火阀安装在通风空调系统的送、回风管路上,平时呈开启状态,火灾发生时当管道内气体温度达到70℃时,易熔片熔断,阀门在扭簧力作用下自动关闭,在一定时间内能满足耐火稳定性和耐火完整性要求,起隔烟阻火作用。阀门关闭时,输出关闭信号。

2.排烟防火阀

排烟防火阀安装在排烟系统管路上,平时一般呈关闭状态,火灾发生时手动或电动开启,起排烟作用。当排烟管道内烟气温度达到280℃时关闭,在一定时间内可满足耐火稳定性和耐火完整性要求,起排烟防火作用,防火阀外形如图2-23所示。

图2-23 排烟防火阀

第五节 车站空调水系统组成及工作原理

一、车站空调水系统介绍

(一)车站空调水系统组成

空调水系统,分为制冷循环系统、冷冻水系统和冷却水系统。三大系统主要由冷水机组、冷冻水泵、冷却水泵、冷却塔、分集水器、水处理仪、膨胀水箱、各类水阀、水管道等设备部件组成,为空调系统提供7°/12°C冷冻水,受群控智能柜控制。

(二)车站空调水系统工作原理

1.制冷循环系统

制冷循环系统,采用蒸汽压缩式制冷循环,由压缩机、冷凝器、节流机构与蒸发器四大基本部件组成。

制冷循环系统工作原理:来自蒸发器的低温低压制冷剂蒸气被压缩机吸入,经压缩后变为高温高压过热制冷剂蒸汽,进入冷凝器,经空气(风冷式)或水(水冷式)冷却后放出热量,并冷凝成为高压常温制冷剂液体。制冷剂液体流经节流装置节流降压,压力降低,部分制冷剂液体气化,成为低温低压的气液混合制冷剂湿蒸汽,然后进入蒸发器。在蒸发器内,低温低压的液态制冷剂从被冷却对象中吸热汽化,实现制冷。汽化后的低温低压制冷剂蒸汽再次被压缩机吸入。如此反复循环,达到持续制冷目的,制冷循环系统工作原理如图2-24所示。

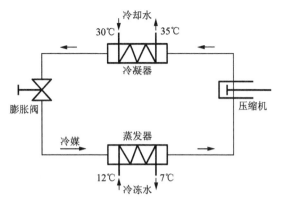

图 2-24 制冷循环系统原理图

2. 冷冻水系统

冷冻水流经冷水机组蒸发器温度降低,流经空气处理机温度升高,冷冻水的补充由膨胀水箱来完成。

3. 冷却水系统

冷却水流经冷水机组冷凝器时温度升高,流经冷却塔时温度下降,冷却水的补充由冷却塔浮球阀控制完成。

空调水系统工作原理如图 2-25 所示。

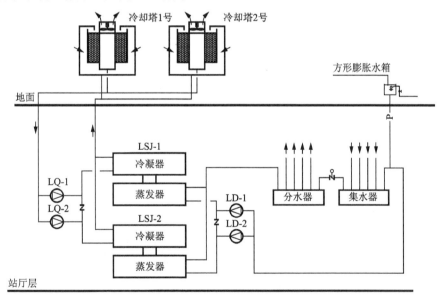

图 2-25 空调水系统工作原理

二、PID 控制节能运行模式

通过"冷源群控系统",对冷站的冷水机组及其全部下位辅机(包括冷冻水泵、冷却水泵、冷却塔、电动蝶阀、电子水处理仪等）的集中监视与控制,可实现冷源系统的一键开机、顺序启停、加载、减载、联动、保护、生成运行报表等功能,并可监视冷水系统参数,如冷冻水、冷却水温度等,从而实现水系统节能运行。

（一）控制功能的实现

1. 点控与群控

基于实时负荷需求的自动控制系统,实现对冷水机组、冷却塔、冷冻水泵、冷却水泵、电动阀门等的设备启动、停机控制及状态、信号的监视,以及各设备之间的联动、连锁保护,实现对冷源系统的"一键启停"功能,并实现无人值守。同时能点对点对单台设备进行启停操作,以及运行参数的设定。

2. 节能运行

直接采集冷冻水供水温度、回水温度、流量,冷冻水供回水压差,冷却水供水温度、回水温度,流量传感器实时参数,按时间预设和程序预设控制冷源系统设备的启动、停止,使系统安全可靠运行,并保持运行费用最低,系统节能率不低于20%。

（二）节能控制

1. 冷冻水变流量运行控制

冷源群控系统应能根据空调负荷的变化动态调整冷水流量,保持冷冻水系统始终处于经济运行状态。

2. 冷却水变流量运行控制

冷源群控系统能动态调整冷却水流量,使制冷主机能耗和冷却水输送能耗之和最低,保持制冷系统始终处于经济运行状态。

3. 冷量动态分配控制

冷源群控系统具有冷量动态分配控制功能,能够通过对冷水各个环路负荷的实时检测,动态分配和控制各个环路的冷水流量,使各个环路实现冷量供需平衡和空调效果均衡。

（三）控制模式

冷源群控系统应提供"远程控制"和"就地控制"两种控制模式。

1. 远程控制

在远程控制模式下,至少应提供远程自动控制、远程手动控制、第三方控制等控制功能,具体控制功能如下:

（1）远程自动控制

冷源群控系统提供运用现代控制技术（如模糊控制）构建的控制模型,对空调水系统进行节能控制,以实现中央空调系统的高效节能运行。控制模型可根据城市轨道交通空调负荷变化特性,实现对空调系统负荷的动态跟踪和实时在线控制,使空调风量、冷冻水、冷却水,跟随车站负荷的变化而进行动态调节,使系统具有高度的应变能力。通过对变负荷工况下被控动态过程特征的识别,自适应地调整空调系统的运行参数,以获得最佳的控制效果,从而使能量供给与能量需求相匹配,并最大限度地降低车站空调系统的总能耗。

(2)远程手动控制

由操作人员按照自身的运行经验或管理要求,在群控系统工作站对空调冷源系统进行控制,包括启停控制和运行控制(运行参数调节),以实现特殊需求或管理节能。

(3)第三方控制

冷源群控系统提供符合国际标准通信协议的软件接口,实现与综合监控系统之间的通信。在综合监控的 BAS 工作站(人机界面)能对空调冷源系统实现一键启停操作。

2. 就地控制

就地控制模式应提供以下两种控制功能:

(1)分布式控制

当冷源群控系统的上位机或通信发生故障时,冷源群控系统自动转入"分布式控制"运行模式:水系统智能控制柜中的智能控制单元,应用内置控制算法独立控制设备运行。

(2)手动控制

操作人员可在空调水系统智能控制柜上进行操作,根据自身的经验控制设备的运行。

三、主要空调水系统设备

(一)冷水机组

城市轨道交通地下车站制冷机多采用双螺杆式冷水机组。双螺杆式冷水机组主要部件有:双螺杆压缩机、蒸发器、冷凝器、节流装置、外置油分离器和控制系统。冷水机组外形,如图 2-26 所示。

1. 双螺杆压缩机

(1)制冷压缩机在空调水系统中的作用

为了能连续不断地制冷,需要将压缩机已汽化的低压蒸汽从蒸发器中吸出,并对其做功,压缩成为高压的过热蒸汽,再排入冷凝器中(提高压力是为了使制冷剂蒸汽容易在常温下放出热量而冷凝成液体)。在冷凝器中利用冷却水将高压的过热蒸汽冷凝成为液体并带走热量,制冷剂液体又从冷凝器底部排出,如此周而复始,实现连续制冷。

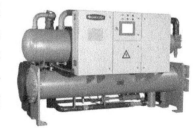

图 2-26 冷水机组

概括地说,这种制冷方法是使制冷剂在低温低压的条件下汽化而吸取周围介质的热量,并在常温高压的条件下冷凝液化而放出热量由冷却水(或空气)带走。欲使制冷剂实现这样的热量转移,必须提供与蒸发温度和液化温度相对应的低压和高压条件,而这一条件正是由压缩机创造的。因此,在蒸汽压缩式制冷循环中,因为有了压缩机,制冷机才能将低温物体的热量不断地转移给常温介质,从而达到制冷的目的。

(2)双螺杆冷水机组工作原理

阴、阳螺杆的齿槽与机壳内壁构成双螺杆冷水机组的基元容积。螺杆转动时,基元容积的位置及大小随之改变,使基元容积连续重复地进行"吸气—压缩—排气"工作过程,双螺杆结构如图2-27所示。

(3)螺杆式制冷压缩机的运行调节

螺杆式制冷压缩机均带有能量调节机构,可使冷量在25%～100%之间无级调节。能量调节通过两螺杆转子间的底部滑阀和轴向移动控制机构实现。滑阀打开后,转子底部有一间隙与吸气口相通,使基元容积的吸气量减少,排气也减少,制冷量减少,调节滑阀间隙,就能控制制冷量。滑阀关闭后,基元容积的吸气量达100%,制冷量达100%。

2. 满液壳管式蒸发器和壳管式冷凝器

满液壳管式蒸发器,由壳管、铜管管束、管板和挡液板组成。它的壳管内走制冷剂循环,铜管管束内走冷冻水循环,从剖面图上看,就好像是筒体里有大半筒制冷剂,而走水的铜管管束浸泡在制冷剂里。壳管式换热器外形如图2-28所示。

图2-27 双螺杆

图2-28 壳管式换热器

壳管式冷凝器与满液式蒸发器类似,壳管内走制冷剂循环,铜管管束内走冷冻水循环,从剖面图上看,就好像是筒体里铜管管束全部浸泡在制冷剂里。

壳管式换热器的特点:

(1)换热效率高。

(2)管程流速高,不易有污垢产生。

(3)可靠性高(换热设计、适应性等)。

3. 节流装置

制冷系统中的节流装置与压缩机、冷凝器、蒸发器并称为制冷系统的"四大件",是制冷系统中必不可少的元件之一,起着节流降压和调节制冷剂流量的作用。它直接控制着蒸发器制冷剂的流量和蒸发器出口的过热度。

节流装置的主要作用如下:

(1)节流作用。高温高压的液态制冷剂经过膨胀阀的节流孔节流后,成为低温、低压的气液混合的制冷剂湿蒸汽,为制冷剂的蒸发创造条件。

（2）控制制冷剂的流量。进入蒸发器的液态制冷剂,经过蒸发器后,制冷剂由液态蒸发为气态,吸收热量。膨胀阀控制制冷剂的流量,保证蒸发器的出口完全为气态制冷剂。制冷剂流量控制的原因:若流量过大,出口含有液态制冷剂,可能进入压缩机产生液击;若制冷剂流量过小,提前蒸发完毕,会造成制冷不足。

现代空调节流机构已普遍采用电子膨胀阀,它具有控制精度高、自动化程度高的特点。电子膨胀阀,主要由阀体、阀针、步进电机组成。通过步进电机的转动,驱动针阀旋转来改变针阀的位置,实现制冷剂通路的增大、减小、开启、关闭,以控制制冷剂的流量。开启间隙越小,制冷剂流量越小;开启间隙越大,制冷剂流量越大。电子膨胀阀外形,如图2-29所示。

（二）空调水泵

1. 空调水泵形式及构造

郑州市轨道交通空调水系统水泵采用单级、单吸清水离心泵,该泵由泵体、叶轮、轴、轴承、联轴器、机械密封和电机部分等构成。离心泵外形如图2-30所示。

图2-29　电子膨胀阀　　　　　　　　图2-30　离心泵

2. 离心泵工作原理

一般离心泵启动前泵壳内要灌满液体,当电机带动泵轴和叶轮旋转时,液体一方面随叶轮作圆周运动,一方面在离心力的作用下自叶轮中心向外周抛出,液体从叶轮获得了压力和速度。当液体流经蜗壳到排液口时,部分速度能将变为静压力能;在液体自叶轮抛出时,叶轮中心部分造成低压区,与吸入液面的压力形成压力差,于是液体不断地被吸入,并以一定的压力排出。

3. 空调水泵配置标准

标准站（区别于换乘站）均设置2台冷却水泵并联运作,且互为备用;2台冷冻水泵并联运作,且互为备用。冷冻水泵、冷却水泵均为单级、单吸清水离心泵。

冷冻水泵输送水温为7~12℃,闭式循环;冷却水泵输送水温为32~37℃,开式循环。

郑州市轨道交通1号线采用直联式离心泵,2号线采用带联轴器离心泵。

(三)冷却塔

1. 冷却塔设备构造

郑州市轨道交通冷却塔采用方形横流冷却塔,由风机、电机、减速器、塔体、散水盘、接水盘、填料、进出水管和支架等组成。方形横流冷却塔外形如图 2-31 所示。

风机为低转速空间扭曲前倾式铝合金中小型冷却塔专用风机。一般特点是:叶宽、大弦长、叶片空间扭曲,具有较高的压力系数和流量系数,在较低转速的前提下,可达到较高的风量、风压,并且可以达到降低噪声的要求。

电机:电机具有高效节能特点,起动转矩大,噪声低,振动小,外壳防护等级为 IP55 级。

填料:梯形波填料,填料不易变形,耐高温,抗老化,且阻燃性能好,风阻系数小。安装方便,易清洗。

图 2-31 方形横流冷却塔

2. 冷却塔工作原理

冷却塔工作原理:冷水机组冷凝器出来的冷却水(一般为37℃),送至冷却塔喷水口,经过布水器,流过冷却塔内部的填料层,与室外空气进行热湿交换(一般降温至32℃);然后在集水盘中汇集,通过水管及冷却水泵的增压,进入冷水机组内部,对从机组压缩机出来的制冷剂进行冷却降温;然后重复上述循环。冷却塔工作原理如图 2-32 所示。

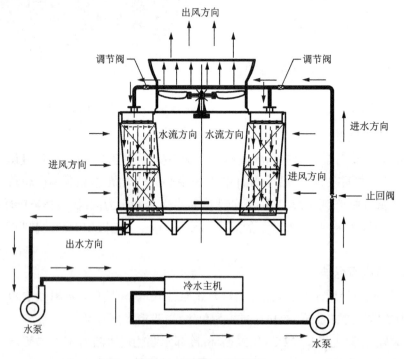

图 2-32 冷却塔工作原理图

郑州市轨道交通1号线采用单风机方形横流冷却塔，2号线采用双风机方形横流冷却塔。

（四）水处理设备

郑州市轨道交通2号线采用全流量、多滤元智能电子水处理仪，由多滤单元、电导率仪、反冲洗单元、智能控制柜、投药装置和自动投药泵等组成。水处理仪外形，如图2-33所示。

水处理仪采用"物化结合"的方式，具备防垢除垢，缓蚀防腐，杀菌灭藻，超净过滤，自动排污，自动控制水质的水处理功能，确保系统水质在要求范围内，具有在每年温度较高季节，控制因菌藻类生长而造成的水质恶化及系统设备腐蚀的功能。

（五）分、集水器

分水器是将一路进水分散为几路输出的设备；集水器是将多路进水汇集起来，在一路输出的设备。分、集水器外形，如图2-34所示。

图2-33　水处理仪　　　　　　　　图2-34　分、集水器

分、集水器由主管、分路支管、排污口、排气口、压力表、温度计等组成，外表面做防腐或保温处理。分、集水器的筒体上根据需要连接多个进出水管，可将各路水汇集或将一路水分流，筒体上装有压力表或温度计，便于观察筒体内水流状态，筒体的下端部装有排污口。分、集水器一方面将主干管的水按需要进行流量分配，保证各区域分支环路的流量满足负荷需要，同时还要将各分支回路的水流汇集，并且输入回水主干管中，实现循环运行。

（六）各类水阀

1. 蝶阀

蝶阀是一种结构简单的调节阀，多用于低压管道，在管道上主要起切断和节流作用。蝶阀启闭件是一个圆盘形的蝶板，在阀体内绕其自身的轴线旋转，从而达到启闭或调节的目的。郑州市轨道交通空调水系统管道常见的蝶阀有涡轮、对夹手动蝶阀和电动蝶阀。涡轮手柄蝶阀外形,如图 2-35 所示。

2. 截止阀

截止阀是依靠阀杠压力,使阀瓣密封面与阀座密封面紧密贴合,阻止介质流通。截止阀的流向,一律采用自上而下,所以安装时有方向性。截止阀开启高度不大,制造容易,维修方便,不仅适用于中低压管道,而且适用于高压管道。截止阀外形,如图 2-36 所示。

3. 闸阀

闸阀也叫闸板阀。闸板的运动方向与流体方向相垂直,闸阀只能作全开和全关。转动手轮,通过手轮与阀杆的螺纹的进、退,提升或下降与阀杆连接的阀板,从而达到开启和关闭的作用。闸阀通道两侧是对称的,介质可向两侧任意方向流动,易于安装。闸阀外形,如图 2-37 所示。

图 2-35 涡轮手柄蝶阀

图 2-36 截止阀

图 2-37 闸阀

4. 球阀

球阀的启闭件(球体)由阀杆带动,并绕球阀轴线做旋转运动。球阀可用于流体的调节与控制,它只需要旋转 90°及很小的转动力矩就能关闭严密。空调水系统中多用作泄水、试水阀。球阀外形,如图 2-38 所示。

5. 动态流量平衡阀

动态流量平衡阀根据系统工况变动而自动变化阻力系数,在一定的压差范围内,可以有效控制通过的流量,使流量保持一个常值。当阀门前后的压差增大时,通过阀门的自动关小的动作,能够保持流量不增大;反之,当压差减小时,阀门自动开大,流量仍照保持恒定。其功能是:当系统内有些末端设备,如风机盘管机组、新风机组等的调节阀,随着空调负荷的变化进行调节而导致管网中压力发生改变时,使其他末端设备的流量保持不变,仍然与设计值相一致。动态流量平衡阀外形,如图 2-39 所示。

6. 压差旁通阀

压差旁通阀是一种用于空调系统供、回水之间,以平衡压差的阀门。该阀门可提高空调水系统的利用率,保持压差的精确互定值,并可最大限度地降低系统的噪声,及减小过大压差对设备造成的损坏。压差旁通阀外形,如图 2-40 所示。

图 2-38　球阀　　　　　图 2-39　动态流量平衡阀　　　　图 2-40　压差旁通阀

7. 电动二通阀

电动二通阀是专供中央空调风机盘管的配套阀门,由驱动器与阀体两部分组成。驱动器由一个同步电机驱动,具备弹簧复位及手动开阀杠杆操纵功能。电动二通阀外形如图 2-41 所示。

图 2-41　电动二通阀

8. 自动排气阀

自动排气阀是用来释放供水管道中产生的气穴的阀门,安装在系统分支管路最高点。当系统充满水时,水中的气体因为温度和压力变化不断逸出,并向最高处聚集。当气体压力大于系统压力时,浮筒便会下落带动阀杆向下运动,阀口打开,气体不断排出;当气体压力低于系统压力时,浮筒上升带动阀杆向上运动,阀口关闭。自动排气阀,如图 2-42 所示。

9. 安全阀

安全阀是启闭件受外力作用下处于常闭状态,当设备或管道内的介质压力升高超过规定值时,通过向系统外排放介质,来防止管道或设备内介质压力超过规定数值的特殊阀门。安全阀外形,如图 2-43 所示。

安全阀主要用于锅炉、压力容器和压力管道上,用来控制压力不超过规定值,对人身安全和设备运行起重要保护作用。

10. 电子膨胀阀

电子膨胀阀是按照预设程序调节蒸发器供液量,因属于电子式调节模式,故称为电子膨胀阀。电子膨胀阀由步进电动机直接驱动螺旋轴转动,通过控制针阀的打开或闭合,来控制制冷剂流量。电子膨胀阀外形，如图 2-44 所示。

图 2-42　自动排气阀　　　图 2-43　安全阀　　　图 2-44　电子膨胀阀

（七）水系统管道

郑州市轨道交通空调水系统管道大于 DN100 用无缝钢管焊接、法兰连接，小于 DN100 用镀锌钢管丝扣连接。

第二篇 实务篇

第三章　通风空调设备维护

> **岗位应知应会**
>
> 1. 了解城市轨道交通通风空调系统设备维护标准、周期、方法以及流程。
> 2. 了解城市轨道交通通风空调系统设备巡检流程。
> 3. 熟知城市轨道交通通风空调系统设备检修作业流程。
>
> **重难点**
>
> 重点：城市轨道交通通风空调系统设备检修作业流程。
> 难点：城市轨道交通通风空调系统检修管理制度。

第一节　通风空调系统设备巡检

通风空调系统设备巡检是指按照一定的标准、一定的周期、一定的方法对通风空调设备规定的部位、项目进行检查，开展预防性维修，以便预防事故发生，减少停机时间，延长设备寿命，降低维修费用，保证通风空调系统设备正常运行。

一、巡检的一般要求

（1）为确保人员的安全，对通风空调系统设备进行巡视时，每组人员不少于2人。所有日常作业均要遵守维修生产作业程序，办理相关必要手续。

（2）巡视人员应填写相应巡视记录。

（3）巡视中需改变有关设备工作状态时，巡视人员应先请示相关设备管理调度。

二、巡检的基本内容

巡检内容应根据车站通风空调系统设备布置情况分别实施，具体可分为环控电控室、环控机房、水系统设备和车站公共区及设备房等。

（一）环控电控室巡检内容

环控电控室巡检记录见表3-1。

环控电控室巡检记录　　　　　　　　　　　　　　　　　　表 3-1

设备名称	巡视内容	巡检标准	备注
一、二类负荷电源	1. 查看环控电控柜面板电压、电流是否正常； 2. 查看环控电控柜电源指示灯是否正常	1. 电压 380V，误差 ±10% 为正常，电流偏差在额定电流的 10% 为正常； 2. 主电合闸指示灯亮	
隧道、排热风机	1. 查看环控柜风机控制柜电压是否正常； 2. 测试环控柜风机控制柜转换开关灵活、控制箱内元件完好、清洁； 3. 切换到实验位，控制箱可实现控制功能； 4. 指示灯是否正常	1. 电压 380V，误差 ±10% 为正常； 2. 开关无松垮现象，元器件无异常发热、烧损或报警现象； 3. 开启、关闭控制正常； 4. 开启指示灯为红色，关闭指示灯为绿色	
站厅、站台回/排风机、空调风机及各类风机电控柜	1. 电压及运行电流是否正确、正常； 2. 转换开关转换灵活，控制箱内元件完好、清洁、动作灵活； 3. 切换到实验位，控制箱可否实现控制功能，注意停机时逐台停机； 4. 指示灯是否正常	1. 电压 380V，误差 ±10% 为正常，电流偏差在额定电流的 10% 为正常； 2. 开关无松垮现象，元器件无异常发热、烧损或报警现象； 3. 开启、关闭控制正常； 4. 开启指示灯为红色，关闭指示灯为绿色	

（二）环控机房巡视内容

环控机房巡检记录见表 3-2。

环控机房巡检记录表　　　　　　　　　　　　　　　　　　表 3-2

设备名称	巡视内容	巡检标准	备注
组合空调机及小系统空调外观	1. 检修门的密封性及机身漏风情况； 2. 检查过滤网及压差报警器； 3. 机内有无积水，风机运转有无振动、异响； 4. 进出水温差是否正常	1. 目测检修门是否有明显漏风现象； 2. 若压差报警器报警，过滤网脏堵严重，需清洗； 3. 进出水温差在 5℃ 左右	
空调机内部结构	1. 内部支架及部件紧固情况； 2. 表冷器表面是否积垢，是否需清理； 3. 皮带是否松动	食指中指按压皮带，下降 1cm 为宜	
各类风机	1. 运行时有无异常振动、响声； 2. 进出风管软接头有无破损、皱折、松脱等现象； 3. 电机运行温度、电压、电流等是否正常	电机温升不超过 35℃，电压 380V，误差 ±10% 为正常，电流偏差在额定电流的 10% 为正常	
各类风机结构	1. 风机螺栓的松紧度及锈蚀情况； 2. 电机接线有无松动，电线有无破皮； 3. 风机皮带是否有松动； 4. 扇叶有无松动、变形； 5. 高压排烟风机运行电流、电压等是否正常	电压 380V，误差 ±10% 为正常，电流偏差在额定电流的 10% 为正常	
隧道、排热风机	1. 表面及周边有无潮湿等异常现象； 2. 运行时有无异常振动与响声； 3. 紧固螺栓及减振器有无松动变形	不允许有结露现象	

（三）空调水系统巡检内容

空调水系统巡检记录见表 3-3。

空调水系统巡检记录表　　　　　　　　　　　表 3-3

设备名称	巡视内容	巡检标准	备注
冷水机组	1. 启动柜或控制箱接触器及电源接线； 2. 冷冻、冷却水进出水温差； 3. 冷凝器、蒸发器的冷媒压力； 4. 电机供电电压、运行电流及电控柜有无异常； 5. 压缩机有无异常振动及噪声	1. 冷冻、冷却水进出水温差在 5℃ 左右； 2. 冷凝器、蒸发器的冷媒压力不得低于 400kPa； 3. 电压 380V，误差 ±10% 为正常，电流偏差在额定电流的 10% 为正常	
冷冻、冷却水泵	1. 运行时有无异常振动与噪声； 2. 运行电流及水泵电机温升等； 3. 水泵是否漏水、异常振动、堵塞，水压、流量能否达到原来设计要求	电机温升不超过 35℃，电流偏差在额定电流的 10% 为正常	
冷却塔	1. 有无异常振动与响声； 2. 皮带有无松动、打滑与磨损； 3. 浮球、水阀供水能否正常工作； 4. 补水箱水位是否正常，底盘有无漏水、清洁； 5. 塔身有无破损、漏水； 6. 布水槽有无积垢、堵塞，布水是否均匀	检查布水槽有无积垢、堵塞，布水是否均匀，主要观察水槽有无明显漂水现象	
各类蝶阀、阀体	1. 活动部位的生锈与润滑情况； 2. 对 Y 形过滤器定期检查是否有堵塞、破损	目测活动部件生锈情况	

（四）车站公共区域及设备房设备巡检内容

车站公共区域及设备房巡检记录见表 3-4。

车站公共区域及设备房巡检记录　　　　　　　表 3-4

设备名称	巡视内容	巡检标准	备注
风管、风口	1. 有无异响，保温层有无破损； 2. 风口百叶是否松脱、振动，支架是否牢固、无变形等	目测保温层是否有破损	
水管	有无漏水，保温层破损	目测保温层是否有破损，是否有冷凝水	
风阀、水阀	1. 是否处在正常位置上； 2. 连接密封性是否良好	开关指示与功能要求一致为正常	

第二节　通风空调设备检修管理

一、检修作业目的

通风空调系统设备的检修工作，应贯彻"预防为主，防治结合，修养并重"的原则，为保证行车安全、提升运营服务水平、为乘客提供"安全、准点、舒适、快捷"的乘车环境,必须坚持为一线服务的宗旨。

检修作业内容,较巡检深入,是一种主动的预防维修,要根据通风空调设备的构成、运行和使用特点等因素,周期性地纠正设备运行后可能积累的误差、磨损,或零部件使用寿命到期后的更换,对相应设备进行小修、中修、大修,有效地预防故障的发生,有计划地减少设备的损耗,以取得较好的技术、经济效益,保证通风空调系统设备状态良好投入运行。

二、检修作业分类

(一)检修作业

检修作业指保养、检修及故障抢修三种生产作业。

(二)计划性检修

1. 预防性检修

为了防止设备性能及精度劣化或降低,根据设备运转的周期和季节性等特点,按预先制订的设备检修周期与工作内容、技术要求和计划所进行的检修作业。

2. 改善检修

为了消除设备的先天性缺陷或频发故障,对系统及其设备的局部结构或零件的设计加以改进、改装,以提高其可靠性和免维护性的检修作业。

(三)非计划性检修

1. 抢修

当某一机电系统设备发生故障,严重危及列车的正常运行或构成严重安全隐患时,对该设备进行突击性、快速修复基本功能。

2. 补修

与上述情形类似,但对正常运营安全不构成直接或间接影响,可以在事后进行的修理。

三、检修作业的等级分类

(一)日检

日检是指每天设备投入使用前或使用后,对其状态进行认真检查,发现不正常现象及时排除和报告。日检中应保持设备清洁,使工作环境符合要求,并进行简单的调整或更换易损件(如熔断器、指示灯等),按要求添加润滑油等,目的是使设备处于良好的工作条件。日检由巡检、操作人员,按照使用说明和保养规程进行,人员应接受必要的技术培训,持证上岗。

(二)月检

月检是对设备的主要功能及主要部位作定期检查、局部解体、清理或更换标准零配件、加注或更换润滑油等,目的是使设备处于良好的工作状态。月检由维修人员按照说明书和保养规程在现场进行,巡检、操作人员作必要的配合,需要便携式工具。

(三)季检

季检是对曾发生过的故障进行结构性分析诊断,更换或修复少量的零部件或组件,以及诸如全面调整或调校等,目的是使设备保持正常的工作状态至下次计划性修理。季检由维修人员在现场或专门维修场所按照维修手册和维修规程进行,需要专用的工具。

(四)年检

更换和修复设备的主要零部件和磨损件,对结构和系统进行全面检查和调整,目的是使设备恢复和达到规定的功能状态和技术特性直至下次中修或大修。年检由专业技术管理人员带领维修队伍,在现场或专门维修场所进行,需要专业测试仪器、工器具和设备,以及全面详细的技术资料。

第三节 通风空调设备检修作业流程

一、作业前准备工作流程

(1)作业前,准备好劳保、工器具及材料,确保该项检修所带防护、工具及材料齐全。

(2)召开班前安全会,将本次作业的工作要点和安全注意事项对作业人员进行交底,要求作业人员熟知并能复述。

(3)需调度及其他专业配合的作业施工,需事先联系。

二、作业时基本工作流程

(1)携带有效施工负责人证,至车控室办理相关作业手续。

(2)如需焊接管道支架,需提前办理临时动火证,动火过程按照规定做好安全防护,登高作业需挂置安全带并做好防护,梯子上严禁放置工器具及材料。

(3)进行风机、风阀等通风设备功能测试时,需与环调联系,告知其作业区域及作业影响。

三、作业后收尾工作流程

(1)作业完毕,确保将系统和设备恢复到正常使用的状态,规范填写通风空调各项检修记录表。
(2)清点工器具,清理现场,保持现场清洁和卫生。
(3)做好销点手续,召开班后总结会。
(4)对检修记录表整理装订并存档。

第四节 通风空调系统设备维护

一、风机设备维护

(一)维护检修周期

大/小系统风机、隧道风机和排热风机维护检修,有日检、月检、季检和年检;射流风机维护检修有双周检。

(二)维护所需工器具

风机维护所需工器具见表3-5。

风机维护所需工器具　　　　　　　表3-5

维护周期	名称	照片	名称	照片
作业材料及工器具(月/季/年检)	试电笔		活动扳手	
	尖嘴钳		手电筒	

续上表

维护周期	名 称	照 片	名 称	照 片
作业材料及工器具（月/季/年检）	螺丝刀（十字、一字）		警示牌	
作业材料及工器具（季/年检）	兆欧表		润滑油枪	
作业材料及工器具（年检）	钳形电流表			

（三）维护标准作业程序

风机维护标准作业程序见表3-6。

风机维护标准作业程序　　　　表3-6

检修周期	检修内容	标准作业程序	图 例
月/季/年检	1. 到规定地点进行登记作业，机电工作人员进行月/季/年检工作	到规定地点进行登记作业，机电工作人员进行风机月/季/年检工作	
	2. 设备断电、验电，悬挂警示牌	将风机的控制箱选择旋钮转到就地挡。在环控电控室断开抽屉柜电源，并悬挂"禁止合闸，有人工作"的标示牌在对应抽屉柜上	
	3. 对控制箱内外卫生进行清洁	—	
	4. 查看控制箱接线及元器件是否正常	—	

续上表

检修周期	检修内容	标准作业程序	图例
季/年检	5.检查绝缘电阻	电路、风机电机的绝缘电阻应大于 0.5MΩ	
	6.检查地脚螺栓是否损坏	用活动扳手紧固活动的螺钉	
年检	7.检查吊杆螺栓是否紧固	—	—
	8.检查防锈及油漆	机体及支架的防锈及油漆,应无锈蚀、美观	—
季/年检	9.检查风机电机轴承	—	
	10.加注润滑油	隧道风机注油周期为2年,排热风机注油周期为2年,注油量均为45g/次,回排风机注油周期为1年,注油量为25g/次,润滑脂均为美孚EP2,射流风机注油周期为2年,注油量为30g/次,润滑脂为美孚EP2	
月/季/年检	11.设备送电	取下警示牌,恢复设备正常供电	
	12.测试风机运行	就地开启风机,测试风机运行正常,检查风机软连接无漏风,风机无异常噪声及振动	
	13.检查风机轴温	检查大系统回排风机轴温,控制柜上温度显示< 80℃	—

续上表

检修周期	检修内容	标准作业程序	图 例
月/季/年检	14. 检查风机运行电压	检查大系统回排风机运行电压指示是否正常（380V,误差±6%），电流是否正常（电流表标识范围内）	
	15. 清洁卫生	清理风机及控制柜周边工作场所	
	16. 远程启控	将控制箱选择旋钮转到远控挡，远程启动风机，运行正常，指示灯显示正常，EMCS上状态显示正确	
	17. 填写"空调通风设备月（季、年)检记录表"	如发现异常，能自行处理则及时处理，不能处理则如实记录在该表上,并上报工班长	
	18. 现场清理	清理现场，保持现场清洁和卫生	
	19. 作业销点	锁好设备房门锁，恢复设备，出清人员和工器具，作业结束	

二、电动组合风阀维护

（一）维护检修周期

电动组合风阀维护检修有日检、月检、季检和年检。

（二）维护所需工器具

电机组合风阀维护所需工器具见表3-7。

电动组合风阀维护所需工器具　　　　　表3-7

维护周期	名称	照片	名称	照片
检修作业材料及工器具（月/季/年检）	试电笔		活动扳手	
	尖嘴钳		手电筒	
	螺丝刀		警示牌	
检修作业材料及工器具（年检）	油壶		人字梯	

（三）维护标准作业程序

电动组合风阀维护标准作业程序见表3-8。

电动组合风阀维护标准作业程序 表 3-8

检修周期	检修内容	标准作业程序	图例
月/季/年检	1. 到规定地点进行登记作业,机电工作人员进行组合式风阀月/季/年检工作	到规定地点进行登记作业,机电工作人员进行组合式风阀月/季/年检工作	
	2. 设备断电、验电,悬挂警示牌	将相应连锁风机控制箱的选择旋钮转到就地挡,一期工程:悬挂"设备检修,严禁合闸"的标示牌在就地控制箱上	
	3. 检查风阀的执行机构电机	查看风阀的执行机构电机有无发热	
	4. 检查柜内电气连线和元器件状态	打开双电源箱,查看其内部电气连线和元器件状态是否良好	
	5. 清洁卫生	检查风阀周围有无杂物,若有及时清理,清扫阀片、传动杆、电动执行机构上的灰尘	
季/年检	6. 检查风阀手动位	断开双电源箱相应风阀电源,抽出手柄置手动位,摇动风阀,检查其开启、关闭状态是否正常,完成后,将手柄置于自动位	
年检	7. 润滑传动装置	在传动装置的转动部位涂上润滑油	

续上表

检修周期	检修内容	标准作业程序	图 例
月/季/年检	8.模式检查	现场调试一切正常之后,选择风阀及风机的控制模式。将选择旋钮转到远程挡,取下标示牌	
	9.填写"空调通风设备月(季、年)检记录表"	如发现异常,能自行处理则及时处理,不能处理时,则如实记录在该表上,并上报工班长	
	10.现场清理	出清现场,保持现场清洁和卫生	
	11.作业销点	锁好设备房门锁,恢复设备,出清人员和工器具,作业结束	

三、结构片式消声器维护

(一)维护检修周期

结构片式消声器维护检修有日检和年检。

(二)维护所需工器具

结构片式消声器维护所需工器具见表3-9。

结构片式消声器维护所需工器具　　　　　表3-9

维护周期	名称	照片	名称	照片
检修作业材料及工器具(年检)	试电笔		活动扳手	
	尖嘴钳		手电筒	
	螺丝刀（十字、一字）		卷尺	—

（三）维护标准作业程序

结构片式消声器维护标准作业程序见表3-10。

结构片式消声器维护标准作业程序　　　　　表3-10

检修周期	检修内容	标准作业程序	图例
年检	1.检查消声器活动片	进入风道，到消声器前，松开活动机构锁定螺母，推开活动片	
	2.检查内部消声棉	用手电打量被检查消声片，看其内玻璃棉有无坍塌及外包玻璃纤维布有无破裂	
	3.查看消声片间距和垂直度	拿出卷尺测量消声器每片之间的间距是否均匀，垂直度是否在正常范围内	

续上表

检修周期	检修内容	标准作业程序	图例
年检	4. 检查连接接点	检查各片之间的连接螺母,如有松动及时拧紧,确保连接无松动,损坏	
	5. 检查支架	查看支架是否牢固、有无锈蚀	
	6. 清洁表面	安排保洁人员清洁消声片表面污垢、积灰	
	7. 恢复设备	关上活动片,拧紧活动机构锁定螺母	

四、组合式空调机组维护

(一)维护检修周期

组合式空调机组维护检修有日检、月检、季检和年检。组合式空调机组维护所需工器具见表3-11。

组合式空调机组维护所需工器具　　　表3-11

维护周期	名称	照片	名称	照片
作业材料及工器具(月/季/年检)	试电笔		尖嘴钳	

续上表

维护周期	名称	照片	名称	照片
作业材料及工器具(月/季/年检)	螺丝刀(十字、一字)		手电筒	
	活动扳手		钳形电流表	
	警示牌		—	—
作业材料及工器具(季/年检)	兆欧表		润滑油枪	
作业材料及工器具(年检)	油漆刷		—	—

(二)维护标准作业程序

组合式空调机组维护标准作业程序见表 3-12。

组合式空调机组维护标准作业程序　　　表 3-12

检修周期	检修内容	标准作业程序	图例
月/季/年检	1. 到规定地点进行登记作业,机电工作人员进行组合式空调柜月/季/年检工作	到规定地点进行登记作业,机电工作人员进行组合式空调柜月/季/年检工作	
	2. 设备断电、验电,悬挂警示牌	进入环控机房,将空气处理设备的控制柜选择旋钮转到就地挡,在环控双电源箱断开控制柜的电源;在抽屉开关和就地控制箱上悬挂"禁止合闸,有人工作"的警示牌,锁好柜门;将其控制选择旋钮转到就地挡。在环控电控室,断开电源柜主回路或控制回路的空气开关,并悬挂"禁止合闸,有人工作"的标示牌在对应抽屉柜上	

续上表

检修周期	检修内容	标准作业程序	图例
月/季/年检	3.照明检修	打开组合式空调柜各段检修照明灯,检查照明正常	
	4.检查过滤段	检查过滤段,对滤网进行清洗,滤网无损坏,风压计、风压开关接管无松脱	
	5.检查表冷挡水段	检查表冷挡水段,挡水板干净无损坏;接水盘排水正常,无积尘;冷冻水进出水管上各阀门完好,阀位正常,保温良好	
	6.检查表冷器	检查表冷器及翅片清洗(表冷器有无明显变形、裂痕、翅片是否脏堵)	
	7.检查风机段	检查风机段,风机出口软连接是否完好;按压皮带位移约1cm,皮带无裂纹、磨损及开层;皮带盘无松动,风机及电动机减振器完好	
季/年检	8.检测电机绝缘	检查电机接线及电机绝缘,绝缘电阻应大于0.5MΩ,接线端子牢固可靠	
	9.检查风机、电机轴承及更换润滑油	风机及电机轴承的检查及润滑油的更换,废油及时清理。注油周期为半年、润滑脂为EP2、注油量为45g/次	
月/季/年检	10.检查消声段	检查消声段,消声器安装是否牢固,有无变形	
	11.检查出风段	检查出风段,连锁风阀是否执行到位(无卡死、执行不到位现象)	

续上表

检修周期	检修内容	标准作业程序	图例
年检	12. 机体外壳检查	检查机体及支架的防锈及油漆,应无锈蚀、美观	
季/年检	13. 清扫内部卫生	检查内部环境,干净整洁,无遗留物品	
月/季/年检	14. 检查设备本体接线盒	检查接线端子有无松动迹象、明显烧痕,电缆有无明显老化现象	
	15. 检查风机运行状态	摘下警示牌,恢复设备供电,就地启动风机,检查:连锁风阀开启到位,风机运转无异常声音及振动,三相运行电流平衡	
	16. 测试远程控制	将控制箱选择旋钮转到远控挡,通知相关专业,远程启动组合式空调机组,运行正常,指示灯显示正常,EMCS 上状态显示正确	
	17. 填写"空调制冷设备季(年)检记录表"	如发现异常,能自行处理则及时处理,不能处理时,应如实记录在该表上,并上报工班长	
	18. 现场清理	清理现场,保持现场清洁和卫生	

续上表

检修周期	检修内容	标准作业程序	图例
月/季/年检	19.作业销点	锁好设备房门锁,设备恢复,人员和工器具出清,作业结束	

五、空调柜维护

(一)维护检修周期

空调柜维护检修有日检、月检、季检和年检。

(二)维护所需工器具

空调柜维护所需工器具见表3-13。

空调柜维护所需工器具　　　　表3-13

空气处理设备检修	名称	照片	名称	照片
作业材料及工器具(季/年检)	试电笔		活动扳手	
	尖嘴钳		手电筒	
	螺丝刀(十字、一字)		警示牌	
作业材料及工器具(年检)	钳形电流表		兆欧表	

（三）维护标准作业程序

空调柜维护标准作业程序见表 3-14。

空调柜维护标准作业程序　　　　　表 3-14

检修周期	检修内容	标准作业程序	图　例
季/年检	1. 到规定地点进行登记作业，机电工作人员进行空气处理设备季/年检工作	到规定地点进行登记作业，机电工作人员进行空气处理设备季/年检工作	
	2. 设备断电、验电，悬挂警示牌	进入环控机房，将空气处理设备的控制柜中选择旋钮转到就地挡，在环控双电源箱断开控制柜的电源，在抽屉开关和就地控制箱上悬挂"禁止合闸，有人工作"的警示牌，锁好柜门	
	3. 检查过滤网	对滤网进行清洗，查看滤网无损坏	
	4. 检查进水、出水阀门，以及排水状态	查看接水盘排水正常，冷冻水进出水管上各阀门完好，阀位正常，保温良好	
	5. 检查风机、电机减振器以及皮带状态	打开检修门，检查风机及电动机减振器完好，风机及内部环境整洁。按压皮带位移约 1cm，皮带无裂纹、磨损及开层，皮带盘无松动	
	6. 检查电机绝缘电阻	电机绝缘电阻应大于 $0.5M\Omega$	

续上表

检修周期	检修内容	标准作业程序	图例
季/年检	7. 检查设备控制箱	检查控制箱接线与元器件完好,并紧固接线	
	8. 检查机体及支架的防锈及油漆	检查机体及支架的防锈及油漆,应无锈蚀、美观	
	9. 检查风机运行状态	摘下警示牌,恢复设备供电,就地启动风机,检查:连锁风阀开启到位,风机运转无异常声音及振动,三相运行电流平衡,检修门无漏风	
	10. 清洁卫生	清理空气处理设备框架,保持整体干净整洁	
	11. 远程启控	将控制挡选择旋钮转到远控挡,通知相关专业,远程启动空气处理设备,运行正常,指示灯显示正常,EMCS 上状态显示正确	
	12. 填写"空调制冷设备季(年)检记录表"	如发现异常,能自行处理则及时处理,不能处理时,应如实记录在该表上,并上报工班长	
	13. 现场清理	清理现场,保持现场清洁和卫生	
	14. 作业销点	锁好设备房门锁,设备恢复,人员和工器具出清,作业结束	

六、风机盘管维护

(一)维护检修周期

风机盘管维护检修有日检、月检、季检和年检。

(二)维护所需工器具

风机盘管维护所需工器具见表 3-15。

风机盘管维护所需工器具　　　　　　表 3-15

风机盘管检修	名称	照片	名称	照片
作业材料及工器具(季/年检)	试电笔		活动扳手	
	尖嘴钳		手电筒	
	螺丝刀(十字、一字)		警示牌	
作业材料及工器具(年检)	人字梯		—	—

(三)维护标准作业程序

风机盘管标准作业程序见表 3-16。

风机盘管标准作业程序　　　　　　表 3-16

检修周期	检修内容	标准作业程序	图例
季/年检	1.到规定地点进行登记作业,机电工作人员进行风机盘管季/年检工作	到规定地点进行登记作业,机电工作人员进行风机盘管季/年检工作	

续上表

检修周期	检修内容	标准作业程序	图例
季/年检	2. 检查其漏水情况	检查风机盘管附近的地板和天花板,有无漏水现象	
	3. 检查其运行状态	观察风机盘管运行时,有无异常振动及噪声	—
	4. 设备断电、验电,悬挂警示牌	在照明配电室,找到风机盘管的供电开关,将风机盘管的空气开关拨至"Off"位置,停止风机盘管运行,悬挂"禁止合闸,有人工作"的标示牌	
	5. 清洁卫生	用清扫毛刷清洁风机盘管,保持箱内外卫生	
	6. 检查回风口处滤网	松开固定螺栓,拆掉中间回风口过滤网,查看有无堵塞并进行清洗	
年检	7. 检查清洗翅片	去掉空调过滤网后,用软毛刷和抹布擦拭风机盘管翅片,注意应佩戴口罩	
	8. 检查清洗接水盘	拆掉部分龙骨,露出接水盘或者接水管,查看排水是否通畅、干净	—
	9. 检查紧固吊架	拆掉部分龙骨,露出吊架,查看螺栓是否松动	

续上表

检修周期	检修内容	标准作业程序	图 例
年检	10.检查水管、接水盘保温情况	目测风机盘管进出水管保温是否有开裂；用手穿过龙骨间隙检查是否结露	
	11.检查水管软接头状态	穿过龙骨检查软接头是否漏水，是否损坏	
	12.检查电动二通阀动作状态	调节温控开关，听二通阀是否动作，反应是否灵敏	
季/年检	13.恢复设备	将风机盘管的控制柜开关拨至"No"位置，使风机盘管恢复原状	
	14.现场清理	清理现场，保持现场清洁和卫生	
	15.填写"空调通风设备季、年检记录表"	如发现异常，能自行处理则及时处理，不能处理时，则如实记录在该表上，并上报工班长	
	16.作业销点	锁好设备房门锁，设备恢复，人员和工器具出清，作业结束	

七、防火阀维护

(一)维护检修周期

防火阀维护检修有半年检。

(二)维护所需工器具

防火阀维护所需工器具见表 3-17。

防火阀维护所需工器具　　　　　　表 3-17

维护周期	名称	照片	名称	照片
作业材料及工器具(半年检)	试电笔		活动扳手	
	尖嘴钳		手电筒	
	螺丝刀(十字、一字)		警示牌	
	人字梯		—	—

(三)维护标准作业程序

防火阀维护标准作业程序见表 3-18。

防火阀维护标准作业程序   表 3-18

检修周期	检修内容	标准作业程序	图例
半年检	1.到规定地点进行登记作业,机电工作人员进行防火阀半年检工作	到规定地点进行登记作业,机电工作人员进行防火阀半年检工作	
	2.设备断电、验电,悬挂警示牌	进入环控电控室,将 FAS 防火阀的控制箱选择旋钮转到分闸位,断开环控电控室电源抽屉柜的开关;用电笔验证线路确实已断电;悬挂"禁止合闸,有人工作"的警示牌在抽屉的开关上	
	3.检查电气接线及开关触点	检查电气连线是否完好,接线端是否无氧化;紧固各接线端子,确保接触良好且无松动	
	4.清扫卫生	清理执行器和传动部件的积灰	
	5.检查防火阀状态	手动打开、关闭防火阀传动部位,开关灵活,无异响和振动,状态信号反馈正确	
	6.检查执行机构	检查执行机构是否动作灵敏、可靠,必要时更换	
	7.检查阀体本体及防锈处理	检查阀体本体整洁、牢固、完好,无锈蚀	

续上表

检修周期	检 修 内 容	标准作业程序	图　　例
半年检	8.检查易熔片	外观完好,无锈蚀;视情况更换	
	9.恢复设备	摘下警示牌,恢复设备供电	
	10.填写相应检修表格	如发现异常,能自行处理,则及时处理;不能处理时,则应如实记录在该表上,并报告工班长	—
	11.现场清理	清理现场,保持现场清洁和卫生	
	12.作业销点	锁好设备房门锁,设备恢复,人员和工器具出清,作业结束	

八、空调水泵维护

（一）维护检修周期

空调水泵维护检修有日检、月检和年检。

（二）维护所需工器具

空调水泵维护所需工器具见表3-19。

空调水泵维护所需工器具　　　　　表3-19

维护周期	名称	照片	名称	照片
作业材料及工器具（月/年检）	试电笔		活动扳手	
	尖嘴钳		钳形电流表	
	螺丝刀（十字、一字）		红外测温仪	
	手电筒		警示牌	
作业材料及工器具（年检）	兆欧表		—	—

（三）维护标准作业程序

空调水泵维护标准作业程序见表3-20。

空调水泵维护标准作业程序　　　　　表3-20

检修周期	检修内容	标准作业程序	图例
月/年检	1.到规定地点进行登记作业,机电工作人员进行空调水泵月/年检工作	到规定地点进行登记作业,机电工作人员进行空调水泵月/年检工作	

续上表

检修周期	检修内容	标准作业程序	图例
月/年检	2. 设备断电、验电，悬挂警示牌	进入环控电控室，将水泵的控制选择旋钮转到就地挡，断开环控电控室电源抽屉柜的开关，在抽屉的开关上，悬挂"禁止合闸，有人工作"的警示牌	
	3. 检查机座、地脚螺栓、减震器、联轴器	检查机座、地脚螺栓、减震器、联轴器有无松动和损坏；用活动扳手紧固地脚螺栓	
年检	4. 检查联轴器的转动情况	移开联轴器的防护装置，用手盘动联轴器，观察转动情况，聆听有无异响；取掉卡簧，拿出柱销，检查其磨损情况；装好防护装置	
	5. 检查绝缘电阻	检查电路、水泵电机的绝缘电阻。拿出北欧表，测量接地电阻、相间电阻、对地绕阻，绝缘电阻应大于0.5MΩ	
	6. 检查电机各接线端子	用活动扳手紧固电机的各接线端子，确保接触良好且无松动	
月/年	7. 检查箱内接线与元器件完好	打开就地控制箱，检查内部接线及元器件是否完好	
年检	8. 清洗Y形过滤器	过滤器无堵塞	—
月/年检	9. 清扫水泵	清扫水泵及周围环境	

续上表

检修周期	检修内容	标准作业程序	图例
月/年检	10. 检查水泵的运行状态	在环控电控室,摘除警示牌;给水泵送电,就地启动水泵	
	11. 检查水泵进出口压力表、进出口阀门、止回阀、软连接无老化损坏	现场查看水泵进出口压力,进水0.4MPa,出水0MPa;查看进出水阀门、止回阀、软连接有无漏水,声音是否正常	
	12. 检查机械密封件	轴封滴水不超过10滴/min	—
	13. 检查运行参数	检查运行电流、噪声及振动,三相运行电流平衡;检查水泵进出口压力表指示正确;查看水泵机械密封处的滴水情况,滴水≤10滴/min	
	14. 检查电机温升	电机温升不超过35℃	—
	15. 检查轴承	检查磨损情况,听有无异常噪声、振动	—
	16. 恢复水泵控制	将就地控制箱选择旋钮转到远控挡	
	17. 填写"空调制冷设备月(季、年)检记录表"	如发现异常,能自行处理,则及时处理;不能处理时,则应如实记录在该表上,并上报工班长	
	18. 清理现场	整理工器具,保持现场清洁和卫生	
	19. 作业销点	锁好设备房门锁,设备恢复,人员和工器具出清,作业结束	

九、冷却塔维护

(一)维护检修周期

冷却塔维护检修有日检、月检和年检。

(二)维护所需工器具

冷却塔维护所需工器具见表 3-21。

冷却塔维护所需工器具　　　　　表 3-21

维护周期	名称	照片	名称	照片
作业材料及工器具(月/年检)	试电笔		活动扳手	
	尖嘴钳		手电筒	
	螺丝刀(十字、一字)		钳形电流表	
	钢丝钳		警示牌	
作业材料及工器具(年检)	兆欧表		润滑油枪	
	红外测温仪		—	—

(三)维护标准作业程序

冷却塔维护标准作业程序见表3-22。

冷却塔维护标准作业程序 表3-22

检修周期	检修内容	标准作业程序	图例
月/年检	1.到规定地点进行登记作业,机电工作人员进行冷却塔月/年检工作	到规定地点进行登记作业,机电工作人员进行冷却塔月/年检工作	
	2.设备断电、验电,悬挂警示牌	进入环控电控室,将冷却塔的控制箱选择旋钮转到环控挡,断开环控电控室电源抽屉柜的开关; 用电笔验证线路确实已断电;在抽屉的开关上,悬挂"禁止合闸,有人工作"的警示牌	
	3.检查就地控制箱	到地面冷却塔处,断开冷却塔处就地开关箱的空气开关; 查看控制箱接线与元器件是否完好,应内无积尘	
	4.检查补水	检查自动补水浮球阀阀门是否完好,应补水正常	
	5.检查集水盘水位	检查集水盘水位,水位应保持距溢流口5~10cm,且集水盘清洁	
	6.检查水管路	检查进出水管、补水管上各阀门锁节完好,阀位正常,无漏水	

续上表

检修周期	检修内容	标准作业程序	图 例
月/年检	7. 检查风路	检查冷却塔风路通畅,填料无异物附着	
	8. 检查风机皮带松紧度	系好安全带,准备塔顶作业; 按压皮带,位移约1cm; 皮带应无裂纹、磨损及开层现象	
	9. 检查转动部位	检查转动部位有无异响和振动;风扇扇叶及连接螺栓是否完好	
年检	10. 检查电机安全性能	打开电机接线盒,用兆欧表测量绝缘电阻,应大于0.5MΩ	
	11. 风机加注润滑油	风机电机加注润滑油,下油孔有微量油脂溢出为适量,每半年一次,注油量为150g/次	—
	12. 检查塔体	检查塔体有无变形损坏,连接螺栓是否完好,爬梯是否牢固	
月/年检	13. 摘下警示牌,恢复设备供电	安排人员到设备房就地启动风机,检查风机运转无异响及振动,三相运行电流不高于额定电流,且维持平衡	

续上表

检修周期	检修内容	标准作业程序	图 例
月/年检	14. 启动电动蝶阀	就地开关电动蝶阀,检查运转是否正常	
	15. 恢复控制	按下就地控制箱上的关闭按钮,关闭冷却塔风机;将就地控制箱选择旋钮由就地挡打到远控挡;锁好箱门	
	16. 检查冷却塔散热片	表面平整、无塌落、无穿孔破裂;根据情况更换散热片	
月/年检	17. 填写"空调通风设备月(季、年)检记录表"	如发现异常,能自行处理,则及时处理;不能处理,则应如实记录在该表上,并上报工班长	
	18. 清理现场	整理工器具,保持现场清洁和卫生	
	19. 作业销点	锁好冷却塔房门锁,设备恢复,人员和工器具出清,作业结束	

第四章 通风空调设备常见故障及处理方法

岗位应知应会

1. 能够对通风空调设备常见故障做初步判断。
2. 熟知城市轨道交通通风空调系统各类设备容易发生的故障及处理方法。

重难点

重点：城市轨道交通通风空调设备常见故障原因分析。
难点：城市轨道交通通风空调设备常见故障解决办法。

城市轨道交通通风空调系统在日常运行中出现的故障，需要专业的运营维护人员及时处理，才能保证整个通风空调系统长期高效、安全地运行，表4-1～表4-6为列举的较常见故障处理及分析。

一、组合式空调机组及柜式风机盘管

组合式空调机组及柜式风机盘管常见故障及处理方法，见表4-1。

组合式空调机组及柜式风机盘管常见故障及处理方法　　表4-1

部件	问题和故障	原因分析	处理方法
表冷器	表面温度不均匀	表冷器内有空气	打开表冷器放气阀放气
表冷器	热交换能力降低	表冷器管内脏堵	清除管内水垢
表冷器	漏水	接口或焊口腐蚀开裂	修补
表冷器	漏水	放气阀未关或未关紧	关紧放气阀
空气过滤网	阻力增大	积尘太多	清洗过滤网
接水盘	溢水	排水管堵塞	疏通
接水盘	溢水	接水盘倾斜方向不正确	调整方向,市政排水口处最低点
接水盘	凝结水排放不畅	凝结水管道水平坡度太小	调整排水管坡度,或者就近排水
接水盘	凝结水排放不畅	排水口部分堵塞	疏通
接水盘	凝结水排放不畅	未做水封,或水封高度不够	做水封,或者将水封高度加大到与送风机压头相对应
离心风机	运行噪声或振动过大	某处紧固部件松动或脱落	紧固或补上
离心风机	运行噪声或振动过大	风机轴承缺油或损坏	加油或更换轴承
离心风机	运行噪声或振动过大	风机叶轮松动或变形擦壳	修理

二、冷水机组及制冷系统

冷水机组及制冷系统常见故障及处理方法见表 4-2。

冷水机组及制冷系统常见故障及处理方法　　　表 4-2

部件	问题和故障	原因分析	处理方法
制冷剂	制冷剂不足	制冷剂泄露	检漏、堵漏,加足制冷剂
冷凝器	冷凝温度偏高/低压保护	冷却水量偏小	查看冷却水泵是否故障,或者阀门开启不够
冷凝器	冷凝温度偏高/低压保护	进水温度偏高	查看冷却塔是否故障,或者冷却能力不够
冷凝器	冷凝温度偏高/低压保护	冷凝器换热不良	消除冷凝器中的水垢
蒸发器	蒸发温度偏高/高压保护	冷冻水量偏小	查看冷冻水泵是否故障,或者阀门开启不够
蒸发器	蒸发温度偏高/高压保护	进水温度偏高	膨胀阀开度不够,或者制冷剂不足
蒸发器	蒸发温度偏高/高压保护	蒸发器换热不良	消除蒸发器中的水垢
蒸发器	蒸发温度偏高/高压保护	膨胀阀堵塞	拆卸清洗
蒸发器	蒸发温度偏高/高压保护	干燥过滤器堵塞	更换
蒸发器	蒸发温度偏高/高压保护	制冷剂管路节流	找出节流原因并检修

三、冷却塔

冷却塔常见故障及处理方法见表 4-3。

冷却塔常见故障及处理方法　　　表 4-3

部件	问题和故障	原因分析	处理方法
冷却塔风机	运行噪声或振动过大	某处紧固部件松动或脱落	紧固或补上
冷却塔风机	运行噪声或振动过大	风机轴承缺油或损坏	加油或更换轴承
冷却塔风机	运行噪声或振动过大	风机叶片与其他部件碰撞	修理
冷却塔风机	运行噪声或振动过大	风机转速过高,通风量太大	调整风机转速,或者叶片角度
冷却塔风机	运行噪声或振动过大	皮带与防护罩摩擦	张紧皮带,紧固防护罩
塔体	滴水声过大	填料下水偏流	查明原因,使其均流
塔体	滴水声过大	冷却水水量过大	控制流量
配水槽	配水槽溢水	配水槽出水孔堵塞	清除堵塞物
配水槽	配水槽布水不均	循环水量不足	加大循环水量,或者更换容量匹配冷却塔
配水槽	有明显飘水现象	循环水量过大	调整合适水量,或者更换容量匹配冷却塔

续上表

部件	问题和故障	原因分析	处理方法
配水槽	有明显飘水现象	通风量过大	降低风机转速,或调整风机叶片角度,或更换合适风量的冷却塔
配水槽	有明显飘水现象	挡水板安装位置不当	调整位置
集水槽	集水槽水量不足	浮球阀损坏或开度不够	修复
集水槽	集水槽溢水	浮球阀失灵损坏	修复
出水管	出水温度过高	循环水量过大	降低循环水量
出水管	出水温度过高	布水不均	增大循环水量
出水管	出水温度过高	进出空气不畅	查明原因
出水管	出水温度过高	进水温度过高	查冷水机组方面问题
出水管	出水温度过高	室外湿球温度过高	无法解决

四、空调水泵

空调水泵常见故障及处理方法见表4-4。

空调水泵常见故障及处理方法　　　　　　　　　　　表4-4

部件	问题和故障	原因分析	处理方法
轴承	轴承温度过高	润滑油不足	加油
轴承	轴承温度过高	润滑油老化或油脂不佳	清洗后换油
轴承	轴承温度过高	轴承安装不正确或者间隙不合适	重新安装轴承或者更换
泵体	泵内有异响	泵内有空气,发生气蚀	查明原因,杜绝吸入空气
泵体	泵内有异响	泵内有固体异物	拆泵清理
泵体	泵体有振动	地脚螺栓松动	拧紧
泵体	泵体有振动	泵内有空气,发生气蚀	查明原因,杜绝吸入空气
泵体	泵体有振动	轴承损坏	更换
泵体	泵体有振动	叶轮损坏	修复或更换
出水管	在运行中突然停止出水	进水管(口)堵塞	清理堵塞物
出水管	在运行中突然停止出水	有大量空气吸入	检查进水口、管的严密性,以及轴封的密封性
出水管	在运行中突然停止出水	叶轮严重损坏	更换叶轮

五、风机

风机常见故障及处理方法见表4-5。

风机常见故障及处理方法　　　　　　表 4-5

部件	问题和故障	原因分析	处理方法
轴承	轴承温升过高	润滑油不够	加足润滑油
轴承	轴承温升过高	润滑油质量不良	清洗后换油
轴承	轴承温升过高	轴承损坏	更换
轴承	轴承温升过高	风机轴与电动机轴不同心	两轴同心
机壳	噪声过大	叶轮与进风口或机壳有摩擦	紧固或修复
机壳	噪声过大	轴承部件损坏，间隙过大	更换或调整
机壳	噪声过大	转速过高	降低转速或者更换合适风机
机壳	振动过大	地脚或其他连接螺栓螺母松动	拧紧
机壳	振动过大	轴承磨损或松动	更换或调整
机壳	振动过大	叶轮上附有不均匀附着物	清洁
机壳	振动过大	风机轴与电动机轴不同心	调整为同心

六、风阀、风管及风口

风阀、风管及风口常见故障及处理方法见表 4-6。

风阀、风管及风口常见故障及处理方法　　　　　　表 4-6

部件	问题和故障	原因分析	处理方法
风阀	风阀转不动或不灵活	异物卡住	清除异物
风阀	风阀转不动或不灵活	传动连杆接头生锈	加煤油松动，并加润滑油
风阀	风阀关不严	安装或使用后变形	校正
风阀	风阀关不严	制造质量太差	修理或更换
风管/风口	送风量过大	风口阀门开度较大	关小到合适开度
风管/风口	送风量过大	风速偏大	调整风机转速或者更换风机
风管/风口	送风温度偏低	室温设定值偏低	调节到合适值
风管/风口	送风温度偏低	冷冻水温度偏低	检查冷水机
风管/风口	送风温度偏低	冷冻水流量偏大	关小水阀
风管/风口	送风温度偏低	新回风比不合适	调节到合适比例
风管/风口	风管漏风	法兰连接处不严密	拧紧螺栓或更换橡胶垫
风管/风口	风管漏风	其他连接处不严密	用玻璃胶或万能胶封堵

第五章　通风空调通用维修工具及仪器仪表的使用

> **岗位应知应会**
>
> 1. 了解城市轨道交通通风空调系统设备维修工器具及仪器仪表的使用方法。
> 2. 认识城市轨道交通通风空调系统设备维修工器具。
> 3. 会使用城市轨道交通通风空调系统设备检修所用仪器仪表。
>
> **重难点**
>
> 重点：城市轨道交通通风空调系统设备检修常用工器具的使用。
> 难点：城市轨道交通通风空调系统设备检修专用工器具的使用。

第一节　常用维修工具

一、钳形表

钳形表是一种应用十分广泛的测量仪器，是制冷设备电气故障检修中最常用的工具，它可以测量交流或直流电压、交流电流、电阻等，钳形表外形如图 5-1 所示。

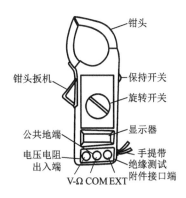

图 5-1　钳形表测电流

（一）外表结构

（1）钳头；
（2）钳头扳机；
（3）保持开关；
（4）旋转开关；
（5）LCD 显示屏；
（6）COM 输入孔：负输入端，插入黑表笔；
（7）VΩ 输入孔：测量电压、电阻、电容、频率、二极管以及通断测试的正输入端，插入红表笔；
（8）EXT 清除键。

(二)显示符号

钳形表显示面板如图 5-2 所示。钳形表显示的具体符号如下:

(1)负极性指示(-);
(2)交流信号测量指示(AC);
(3)直流信号测量指示(DC);
(4)自动量程指示(AUTO);
(5)二极管测量指示;
(6)蜂鸣器符号;
(7)相对值测量指示(PEL);
(8)数据保持指示(HOLD);
(9)电池电量不足指示;
(10)电流测量单位(A 安培);
(11)电压测量单位(V 伏特、mV 毫伏);
(12)电容测量单位(mµF);
(13)电阻测量单位(Ω 欧姆、kΩ 千欧、MΩ 兆欧);
(14)频率测量单位。

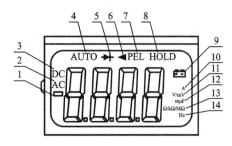

图 5-2　钳形表显示面板

(三)交直流电流测量方法简介

(1)将功能/量程选择开关旋到"40A"或更高量程挡位。
(2)按 Select 键选择交流电流或直流电流测量模式。
(3)使用于靠近电磁场产生的装置,可能显示不稳定或显示不正确的读数。
(4)测量电流前请按 REL 键先清零。
(5)按住钳头扳机打开钳头,用钳头夹取待测导体,然后缓慢放开扳机,直到钳头完全闭合,请确定待测导体是否被夹取在钳头的中央,未置于钳头中心位置会产生附加误差,钳表一次只能测量一个电流导体,若同时测量两个或以上的电流导体,测量读数会是错误的。

二、兆欧表

兆欧表俗称摇表,刻度是以兆欧(MΩ)为单位的,是电工常用的一种测量仪表。兆欧表主要用来检查电气设备、电气线路对地及相间的绝缘电阻,以保证这些设备、电器和线路工作在正常状态,避免发生触电伤亡及设备损坏等事故。

使用方法简介:

(1)测量前必须将被测设备电源切断,并对地短路放电。

(2)被测物表面要清洁,减少接触电阻,确保测量结果的正确性。

(3)测量前应将兆欧表进行一次开路和短路试验,检查兆欧表是否良好。即在兆欧表未接上被测物之前,摇动手柄使发电机达到额定转速(120r/min),观察指针是否指在标尺的"∞"位置。将接线柱"线(L)和地(E)"短接,缓慢摇动手柄,观察指针是否指在标尺的"0"位。如指针不能指到该指的位置,表明兆欧表有故障,应检修后再用,开路、短路实验如图5-3所示。

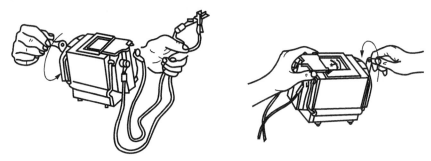

图5-3 兆欧表开路、短路实验

(4)摇测时将兆欧表置于水平位置,摇把转动时其端钮间不允许短路。摇动手柄应由慢渐快,若发现指针指零说明被测绝缘物可能发生短路,这时就不能继续摇动手柄,以防表内线圈发热损坏。

(5)读数完毕,将被测设备放电。放电方法是将测量时使用的地线从兆欧表上取下来与被测设备短接一下即可(不是兆欧表放电)(图5-4)。

三、水平尺

一般水平尺都有三个玻璃管,每个玻璃管中有一个气泡,横向玻璃管用来测量水平面的,竖向玻璃管用来测量垂直面的,另外一个一般是用来测量45°角的,三个水泡的作用都是测量测量面是否水平之用,水泡居中则水平,水泡偏离中心,则平面不是水平的。水平尺外形如图5-5所示。

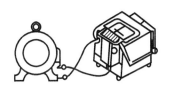

图5-4 测电机绝缘

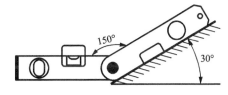

图5-5 水平尺

使用方法简介:将水平尺放在被测物体上,水平尺气泡偏向哪边,则表示那边偏高,即需要降低该侧的高度,或调高相反侧的高度,将水泡调整至中心,就表示被测物体在该方向是水平的。

四、拉马

拉马是机械维修中经常使用的工具,主要用来将损坏的轴承从轴上沿轴向拆卸下来,其由旋柄、螺旋杆和拉爪构成,有两爪或三爪,主要尺寸参数有拉爪长度、拉爪间距、螺杆长度,可适应不同直径及不同轴向安装深度的轴承。常用拉马有手动拉马、液压拉马和电动拉马等,拉马外形如图5-6所示。

使用方法:将螺杆顶尖定位于轴端顶尖孔调整拉爪位置,使拉爪挂钩于轴承外环,旋转旋柄,使拉爪带动轴承沿轴向向外移动拆除。

五、噪声测试仪

噪声测试仪,是用于工作现场、公共场所、机房等的噪声检测仪器。噪声污染是影响较大的环境污染之一,较高分贝的噪声甚至会对人的耳膜造成严重的损伤,致使失聪等。噪声测试仪的应用可以提供噪声所达到的分贝,以便采取控制和减小噪声的相关措施。声音音量的计量单位是分贝,专业的噪声测试仪配备高灵敏的传感器,精度高,适用范围广,能广泛用于各种环境的噪声测量。

(一)外表结构

噪声测试仪外表结构如图5-7所示,具体如下:
①铜棒;②LCD显示屏;③电源开关键;④测量单位功能选择键;⑤最大值保持键;⑥测量项目选择功能键;⑦快速慢速反应选择键;⑧风速或光度探头插孔;⑨外界电源插孔;⑩噪声校正电位器;⑪温湿度探头插孔;⑫电池仓;⑬三角支架螺母;⑭风罩。

其中,①~⑭分别与图5-7中的1~14对应。

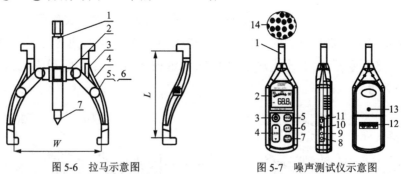

图5-6 拉马示意图　　　　图5-7 噪声测试仪示意图

1-丝杆;2-拉座;3-拉脚;4-连接片;5-螺栓;6-螺母;7-顶尖

(二)使用方法简介

(1)测量开始前,应检查噪声测试仪是否正常待机,并运行正常。

(2)将噪声测试仪放置在选定的测量点上。

(3)观察显示的数值,并记录最大数值。

六、角磨机

角磨机,全名电动角向磨光机,是用于玻璃钢切削和打磨的一种磨具。角磨机就是利用高速旋转的薄片砂轮以及橡胶砂轮、钢丝轮等对金属构件进行磨削、切削、除锈、磨光加工。该机可配用多种工作头,如粗磨砂轮、细磨砂轮、抛光轮、橡胶轮、切割砂轮、钢丝轮等。角磨机外形如图 5-8 所示。

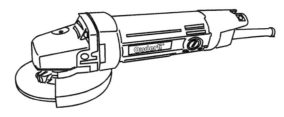

图 5-8　角磨机

使用方法简介:

(1)使用前一定要检查角磨机是否有防护罩,防护罩是否稳固,以及角磨机磨片安装是否稳固。

(2)严禁使用已有残缺的砂轮片,切割时应防止火星四溅,防止溅到他人,并远离易燃易爆物品。

(3)要带保护眼罩,穿好合适的工作服,不可穿过于宽松的工作服,更不要戴首饰或留长发,严禁戴手套及不扣袖口操作。

(4)角磨机刚打开时会有较大摆动,要用力握稳。

(5)打开开关之后,要等待砂轮转动稳定后,才能工作。

(6)用角磨机切割或打磨时要稳握角磨机手把,均匀用力。

(7)工作完成后,清洁工作环境。

七、砂轮切割机

砂轮切割机,又称砂轮锯,主要由基座、砂轮、电动机或其他动力源、托架、防护罩和给水器等组成,适用于建筑、五金、石油化工、机械冶金及水电安装等工程。砂轮切割机可对金属方扁管、方扁钢、工字钢、槽形钢、碳圆钢、圆管等材料进行切割。

(一)外表结构

砂轮切割机外表结构如图 5-9 所示。

(二)使用方法

(1)工作前必须穿好劳动保护用品,检查设备是否有合格的接地线。

(2)切料时不可用力过猛或突然撞击,遇到异常情况时,要立即关闭电源。

(3)被切割的料要用台钳夹紧,在切料时操作人员必须站在砂轮片的侧面。

(4)更换砂轮片时,要等设备停稳后进行,并要对砂轮片进行检查确认。

(5)操作过程中,机架上不准存放工具和其他物品。

(6)砂轮切割机应放在平稳的地面上,应远离易燃物品,电源线应接漏电保护装置。

(7)切割时操作人员应均匀切割并避开切割片正面,防止因操作不当,发生事故。

(8)工作完毕后,应擦拭砂轮切割机表面灰尘和清理工作场所,露天存放应有防雨措施。

八、铆钉枪

铆钉枪按照动力不同可分为气动铆钉枪、电动铆钉枪、手动铆钉枪、液压铆钉枪。铆钉枪可用于各类金属板材、管材等制作的紧固铆接。铆钉枪是为解决金属薄板、薄管焊接螺母易熔、攻内螺纹易滑牙等问题而开发,它可铆接不需要攻内螺纹、不需要焊接螺母的拉铆产品,铆接牢固效率高,使用方便快捷。铆钉枪外形如图 5-10 所示。

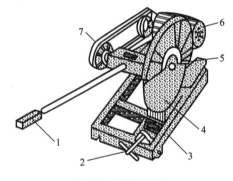

图 5-9 砂轮切割机

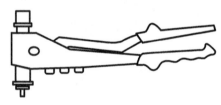

图 5-10 铆钉枪

1- 手把及电源开关;2- 夹紧结构;3- 底座;4- 砂轮切割片;
5- 压紧端盖;6- 电机;7- 皮带轮

使用方法简介:

(1)开始工作前,先从进气嘴注入少量润滑油,保证铆钉枪的工作性能和工作寿命,铆钉外形如图 5-11 所示。

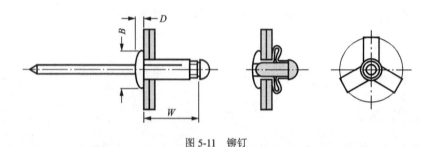

图 5-11 铆钉

（2）冲头顶紧铆钉后才按压按钮。否则，活塞产生往返运动，会消耗一部分能量，活塞撞击壳体，使铆钉枪损坏。

（3）右手持握手柄，食指按下按钮，启动铆钉枪，可利用按钮调节压缩空气气压，保证铆钉枪平稳工作。

（4）使用过程中不应随意打空枪，避免损坏机件。

第二节 专用维修工具

一、数字风速仪

数字风速仪采用了先进的数字通信技术，系统稳定性高，抗干扰能力强，检测精度高，用于测量瞬时风速和平均风速。数字风速仪具有自动监测、实时显示、超限报警控制等功能，其外形如图5-12所示。

使用方法简介：

（1）调零：将探头拉杆缩回，打开电源开关，经1min预热后仪器稳定，显示为0.00，若不在零点，可调整仪器前面板上的调零电位器，直到显示为0.00。

（2）测量：拉开探头拉杆，露出探头，即可读数，用后随时关掉电源开关，将探头拉杆退回套管。

（3）保持：按下保持键，风速值稳定显示于表头上。

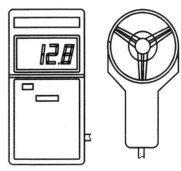

图5-12 数字风速仪

二、红外测温枪

红外测温枪由光学系统、光电探测器、信号大器及信号处理、显示输出等部分组成。光学系统汇聚其视场内的目标红外辐射能量，红外能量聚焦在光电探测器上，并转变为相应的电信号，该信号再经换算转变为被测目标的温度值。红外线测温枪外形如图5-13所示。

使用方法简介：

（1）测温仪会在按下扳机或按下黄色键时打开，若连续8s内没有检测到活动，测温仪会自动关闭。

（2）测量温度时，将测温仪瞄准目标，拉起并保持扳机按下不动，松开扳机以保持温度读数（图5-14）。

图 5-13 红外测温枪　　　图 5-14 温度显示

三、电子检漏仪

电子检漏仪用来检测空调和制冷系统中的制冷剂的泄漏,有若干个可视泄漏指示,发光灯依次变亮表示制冷剂浓度的升高。一个灯亮表示传感器检测到制冷剂浓度的最小量,几个指示灯亮从下向上依次点亮,形象地表明制冷剂的泄漏浓度。

使用方法简介:

(1)打开电源开关,此时电源指示灯亮,同时听到检漏仪发出缓慢间断的"嘀、嘀"声。

(2)通过观看电源指示灯,核对电池电压。

(3)选择合适的灵敏度,然后将检漏仪的探头沿系统连接管道慢慢移动进行检漏,速度不大于 25～50mm/s。

(4)如检漏仪发出"嘀……"的长鸣声时,说明该处存在泄漏。为保证准确无误地确定漏点,应及时移开探头,重新调节灵敏度到合适位置,待检漏仪恢复正常后,在发现漏点处重复检测 2～3 次。

(5)如果找到一个漏点后,一定要继续检查剩余管路,以免有其他泄漏点。

四、黄油枪

黄油枪是一种给电机轴承加注润滑脂的手动工具,一般都是由手柄、枪头、枪管、拉手组成,内部是由皮碗、弹簧、钢珠、排气螺栓等组成。对加油位置方便、处于空间宽敞的地点可用铁枪头,对加油位置隐蔽;拐弯抹角的地点必须用软管平枪头来加油。黄油枪外形如图 5-15 所示。

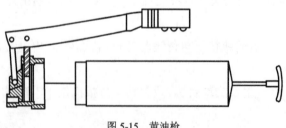

图 5-15 黄油枪

使用方法简介：

（1）旋开油枪头，使油枪头与枪筒分开。

（2）将枪筒的开口部分浸入到桶装黄油里，大约浸入 30mm 深时，一手紧握枪筒，另一手向后拉动筒尾部的从动把手，将黄油吸入枪筒内。

（3）装上油枪头，按住枪筒尾部的锁定片，并将从动把手推入枪筒内。

五、空气压缩机

空气压缩机由电动机直接驱动，使曲轴产生旋转运动，带动连杆使活塞产生往复运动，引起气缸容积变化，进而提供气源动力。空气压缩机是气动系统的核心设备，将电动机的机械能转换成气体压力能的装置，压缩空气的气压发生装置，可用于吹干水系统管道、冲洗过滤器等。空气压缩机外形如图 5-16 所示。

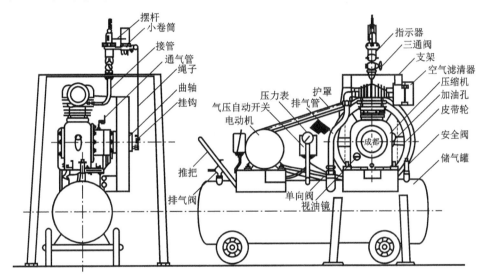

图 5-16 空气压缩机

使用方法简介：

（1）检查电源电压是否正常，检查供气管上阀门是否打开，手动排水阀是否关闭。

（2）确认无误后开机（按空压机面板绿色按钮，关闭为红色或灰色；旁有突出急停按钮，可在紧急情况下使用），听声音是否正常，特别是加载声音。

（3）按停机按钮，自动运行灯熄灭，自动卸载运行 30s 后，停止空压机。

（4）关闭供气阀，打开手动排水阀。

六、真空泵

真空泵是指利用机械或物理化学的方法，对被抽容器进行抽气而获得真空的器件或设备。通俗地讲,真空泵是用各种方法在某一封闭空间中改善、产生和维持真空的装置。在给空调器充制冷剂之前,要先把空调系统中的空气排除,使系统成为真空,这就要用到真空泵,空调系统真空度的高低直接影响空调器的质量。当系统中含有其他气体时,系统中高、低压的压力就会升高,增加压缩机的负荷,降低了制冷效率。尤其当系统中含有较多的水分时危害更大,系统中的水分会使压缩机绝缘电阻下降,腐蚀压缩机及系统管路,使冷冻机油变质,产生冰堵,引起一系列故障。真空泵结构如图 5-17 所示。

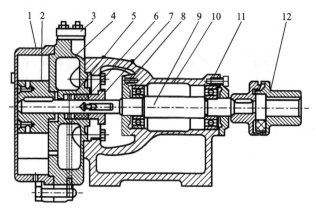

图 5-17 真空泵结构示意图

1- 泵盖;2- 叶轮;3- 进出口法兰;4- 泵体;5- 填料环;6- 填料;7- 压盖;8- 轴承;9- 压盖;10- 托架;11- 滚动轴承;12- 联轴器

使用方法简介:
(1)将歧管阀充注软管连接在低压阀充注口。
(2)将充注软管接头与真空泵连接,完全打开低压手柄,开启真空泵即可抽真空。

七、气焊

现在通常都是在施工中利用氧炔焰进行切割及修补焊缝时使用气焊,气焊外形如图 5-18 所示。

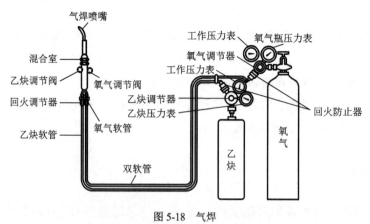

图 5-18 气焊

使用方法简介：

（1）首先用氧气减压器、乙炔减压器与氧气、乙炔气瓶正确连接，各自调整到工作压力后，进行切割与焊接工作。

（2）气割枪与气焊枪握柄上都有接引氧气与乙炔气的指示标签。点火时，先开氧气门，后开乙炔气门立即点火，熄火时与此相反。

（3）遇有回火时，应立即关闭乙炔气门，焊枪冷却后，方可继续点火工作。

第六章　通风空调系统风管试验平台搭建

> **岗位应知应会**
>
> 1. 了解城市轨道交通通风空调系统风管实际制作方法。
> 2. 了解城市轨道交通通风空调系统风管严密度试验方法。
>
> **重难点**
>
> 重点：镀锌铁皮风管制作方法。
> 难点：风管严密度试验方法。

第一节　镀锌铁皮风管制作安装

一、制作依据

《通风与空调工程施工质量验收规范》（GB 50243—2002）；

《薄钢板法兰风管制作与安装》中的图集 07K133；

《金属、非金属风管支吊架》中的图集 08K132。

二、所需主要材料

所需材料主要有：镀锌钢板、角钢、镀锌通丝吊杆、角码、密封胶等。

三、主要工器具

主要工器具包括：电锤、砂轮切割机、钻床、电焊机、咬口机、扳手、钢板尺、手锤、剪刀、圆规、鸭嘴榔头等。

（一）风管吊架制作、安装

(1) 工艺流程：确定尺寸、标高→下料→钻孔→焊接→防腐→放线→安装。

(2) 确定风管底标高。

（3）矩形水平风管支吊架采用热镀锌等边角钢,下料时采用切割机下料,钻床钻孔;严禁使用气焊进行下料和开孔,下料及钻孔尺寸严格按照附图及材料表执行。支吊架尺寸如表6-1所示。

支吊架尺寸（mm）　　　　　　　　　　　表6-1

风管长边尺寸 b	最大间距	吊杆尺寸	托架尺寸
$b \leqslant 400$	3000	$\phi 10$	L30×3
$400 < b \leqslant 1250$	2600	$\phi 10$	L40×4
$1250 < b \leqslant 2000$	2300	$\phi 12$	L50×5
$2000 < b \leqslant 2500$	2300	$\phi 12$	L63×5
2500以上	2300	$\phi 12$	L63×5

（4）定出中心线,以防止支架的纵向偏差过大,可在中心线上拉一道细铁丝,对支架进行纵向控制,表6-2为风管水平安装的支吊架间距。

风管水平安装的支吊架间距（mm）　　　　　　表6-2

风管长边尺寸 b	支吊架间距 L
$b \leqslant 400$	$L \leqslant 3000$
$400 < b \leqslant 1250$	$L \leqslant 2600$
$b > 1250$	$L \leqslant 2300$

（二）共板法兰工艺制作

送排风风管长边不大于2000mm的风管,采用共板法兰工艺制作。

（1）工艺流程:风管排版→风管板材下料→压筋（大边尺寸大于630mm）→切角→咬口（联合角）→法兰成型。

（2）风管板材厚度要求如表6-3所示。

风管板材厚度要求（mm）　　　　　　　表6-3

风管长边尺寸 b	空调及送排风管厚度	排烟系统（高压）风管厚度
$b \leqslant 320$	0.5	0.75
$320 < b \leqslant 450$	0.6	0.75
$450 < b \leqslant 630$	0.6	0.75
$630 < b \leqslant 1000$	0.75	1.0
$1000 < b \leqslant 1250$	1.0	1.0
$1250 < b \leqslant 2000$	1.0	1.2
$2000 < b \leqslant 4000$	1.2	1.2

（3）风管长边尺寸大于630mm时应轧制加强筋,加强筋的凸出部分应位于风管外表面,排列间隔应均匀间距200～300mm,板面不应有明显的变形。

(4)使用咬口机加工联合角咬口,法兰成型。联合咬口机外形如图6-1所示。

图 6-1 联合咬口机

(三)角钢法兰工艺制作

风管长边大于 2000mm 的风管采用角钢法兰工艺制作,安装空调及送排风管法兰的螺栓孔间距不得大于 150mm,排烟风管孔距不得大于 100mm。

(1)金属矩形风管法兰及螺栓规格见表 6-4。

金属矩形风管法兰及螺栓规格 表 6-4

风管尺寸(mm)	法兰用料规格(mm)	螺栓规格
$630 < b \leqslant 1500$	$\angle 30 \times 3$	$M8 \times 25$
$1500 < b \leqslant 2500$	$\angle 40 \times 4$	$M8 \times 25$
$2500 < b \leqslant 4000$	$\angle 50 \times 5$	$M8 \times 25$

(2)制作法兰时,法兰的焊缝应熔合良好、饱满,无假焊和孔洞。四角应设螺栓孔,且间距不大于 150mm,法兰平面度的允许偏差为 2mm。

(3)风管与法兰连接采用铆接连接时(铆接采用 $\phi 4 \times 11$ 镀锌铁铆钉),铆接应牢固、不应有脱铆和漏铆现象。翻边应平整、紧贴法兰,宽度一致,且不小于 6mm,并不得有开裂与孔洞,防排烟风管法兰铆钉间距不大于 100mm。

(四)风管加固

(1)风管长边尺寸在 630～1000mm 时,直接在生产线压筋加固,排列应规则,间隔应均匀,板面不应有明显的变形。

(2)当风管长边尺寸在 1250mm 以上时,在压筋的同时,采用通丝螺杆进行管内外加固。管内用通丝螺杆支撑加固;其专用垫圈对外保温风管置于风管内壁,对不保温风管或内保温风管,则放在风管外壁;通丝螺杆宜设置在管中心处;风管断面较大时,应在靠近法兰的两侧各加一根通丝螺杆支撑加固。

(五)风管配件

(1)矩形风管的弯管、三通接头、异径管等配件所用材料厚度,应与相应的直管厚度一致。

(2)矩形风管弯管的制作,一般应采用曲率半径为一个平面边长的内外同心弧形弯管;当采用其他形式的弯管,平面边长大于800mm时,必须设置弯管导流片。

矩形弯管内导流片的配置见表6-5。风管成品见图6-2。

矩形弯管内导流片的配置 表6-5

边长(mm)	片数	a2	a4	a6	a8	a10	a12
800	3	125	160	195	—	—	—
1000	3	130	165	200	—	—	—
1250	4	140	170	205	235	—	—
1600	5	150	175	205	230	255	—
≥2000	6	155	180	205	230	255	280

图6-2 风管成品

第二节 风管严密度试验平台搭建

通风管道不严密会导致风管漏风,并会造成空调系统能耗的增加和室内温度和湿度达不到设计要求。当遇有明火和高温烟气时,风管将会成为火源的运输通道,导致未发生火灾的区域发生火灾。因此,在风管制作安装完成后,进行严密性试验是非常有必要的。

一、平台搭建依据

平台搭建依据为《通风与空调工程施工质量验收规范》(GB 50243—2016)。

二、规范对试验的要求

(1) 风管必须通过工艺性的检测或验证,其强度和严密性要求应符合设计或下列规定:
① 风管的强度应能满足在 1.5 倍工作压力下接缝处无开裂的要求。
② 矩形风管的允许漏风量应符合以下规定:
低压系统风管　$Q_L \leqslant 0.1056 P^{0.65}$;
中压系统风管　$Q_M \leqslant 0.0352 P^{0.65}$;
高压系统风管　$Q_H \leqslant 0.0117 P^{0.65}$。
式中:Q_L、Q_M、Q_H——系统风管在相应工作压力下,单位面积风管单位时间内的允许漏风量[$m^3/(h \cdot m^2)$];
　　　P——风管系统的工作压力(Pa)。
③ 低压、中压圆形金属风管、复合材料风管以及采用非法兰形式的非金属风管的允许漏风量,应为矩形风管规定值的 50%。
④ 排烟、除尘、低温送风系统,按中压系统风管的规定;1～5 级净化空调系统,按高压系统风管的规定。

(2) 风管系统安装后,必须进行严密性检验,合格后,方能交付下道工序。风管系统严密性检验以主、干管为主。在加工工艺得到保证的前提下,低压系统风管可采用漏光法检测。

(3) 风管系统安装完毕后,应按系统类别进行严密性检验,漏风量应符合《采暖通风与空气调节设计规范》(GB 50019—2015)第 4.2.5 条的规定。风管系统的严密性检验,应符合下列规定:
① 低压系统风管的严密性检验应采用抽检,抽检率为 5%,且不得少于 1 个通风子系统。在加工工艺得到保证的前提下,采用漏光法检测。检测不合格时,应按规定的抽检率做漏风量测试。
② 中压系统风管的严密性检验,应在漏光法检测合格后,对系统漏风量测试进行抽检,抽检率为 20%,且不得少于 1 个通风子系统。
③ 高压系统风管的严密性检验,为全数进行漏风量测试。
④ 系统风管严密性检验的被抽检系统,应全数合格,则视为通过;如有不合格时,则应再加倍抽检,直至全数合格。
⑤ 净化空调系统风管的严密性检验,1～5 级净化空调系统按高压系统风管的规定执行。

三、漏光法试验平台搭建

风管严密度检测采用漏光法检测,即采用光线对小孔的强穿透力,进行系统风管严密度检测。

风管漏光法检测所需主要工具有：带保护罩的低压照明灯泡、电线、牵引线等。

（1）检测应采用具有一定强度的安全光源，光源可采用 200W 带保护罩的低压照明灯。

（2）系统风管漏光检测时，其光源置于风管内侧，但相对侧光线则较暗。检测光源沿被检测部位与接缝作缓慢移动，在另一侧进行观察。若发现有光线射出，则说明查到明显漏风部位，应做好记录。

（3）系统风管采用分段检测、汇总分析的方法。被检测系统风管不应有多处条缝形的明显漏光。

（4）当采用漏光法检测系统时，低压系统风管每 10m 接缝，漏光点不应超过 2 处，且 100m 接缝漏光点平均不应多于 16 处。

（5）中压系统风管每 10m 接缝漏光点不应超过 1 处，且每 100m 接缝漏光点不应超过 8 处为合格。漏光检测中发现的条缝形漏光，作密封处理。

图 6-3 为漏光法试验平台图。

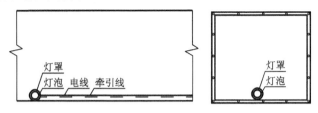

图 6-3 漏光法试验平台图

第七章　通风空调部分故障维修与处置

> **岗位应知应会**
>
> 1. 了解城市轨道交通通风空调系统设备典型的故障处理方法。
> 2. 能够对典型故障进行分析，并能及时处理。
>
> **重难点**
>
> 重点：车站风机电机轴承和水泵机械密封更换。
> 难点：冷水机组油位开关更换。

第一节　某车站风机电机轴承故障维修与处置

一、故障现象

某站工作人员在巡检时发现车站 A 端环控机房内回排风机有异响，立刻就地停机，随后切断电源。

二、故障影响

车站 A 端通风大系统无法正常运作。

三、故障分析

回排风机异响原因主要有：
（1）风机三相电压不平衡；
（2）风机叶轮变形；
（3）风机轴承损坏。
经过排除判断，属风机轴承磨损严重所致，需更换风机电机轴承。

四、故障处理

1. 工器具准备

使用的工器具主要有：扳手、卡簧钳、螺丝刀、撬杠、榔头、拉马等。

2. 拆卸轴承步骤

（1）拆除平键，用一字形螺丝刀顶在平键与轴承端面缝隙处，一字形螺丝刀保持向上的仰角，轻轻敲击，使平键退出。

（2）拆除轴承盖，松掉端盖预紧螺栓，用撬杠撬松端盖。

（3）双手分开180°均匀使力，撬出端盖，拆除端盖。

（4）拆除卡簧，将轴承内盖退掉，用拉马卡住轴承外圈。

（5）加压使拉马轻轻预紧，再观察拉马是否保持平行。

（6）确认拉马调整合适后加压，当听到"噔"的一声后，说明轴承已松，此时继续加压，直到退出轴承为止。

3. 轴承安装步骤

（1）将轴承放入轴承挡位置，使用软金属方形杆垫在轴承内圈，沿圆周轻轻敲击，稍稍预紧之后，观察轴承是否保持合适位置，观察轴承的水平度、平行度等。

（2）使用另外一块废旧轴承垫在需要更换的轴承外，然后用软金属方形杆敲击轴承内圈，直至需要更换的轴承安装到位。

（3）将轴承内、外盖清理干净，涂抹新的润滑脂。润滑脂涂填充量为25g，轴承饱和填充，润滑脂填充轴承100%空间，轴承内盖和轴承外盖分别填充1/2。填充完润滑脂后，将轴承内盖用力紧贴在轴承上。

（4）安装电机端盖，用榔头轻轻敲击端盖外侧加强筋部位，缓慢预紧，注意要均匀敲击，使端盖平行装入。

（5）敲击到位后，用轴承盖螺栓找正。如果轴承内盖与端盖螺栓孔有偏移，需一只手旋转端盖，另一只手用螺栓找正孔位，找正后进行适当预紧。

（6）装配电机端盖，找正后将端盖与机座预紧，并安装到位。预紧过程中需均匀预紧，不得把一个螺栓预紧到位后再预紧另外一个螺栓。

（7）取下找正螺栓，装配轴承盖，装配完成后，用枕木垫在轴伸端面上，用榔头敲击枕木来释放装配应力。

第二节 某站冷水机组油位开关故障维修与处置

一、故障现象

某站工作人员在调试冷水机组LS-1时发现设备无法启动，操作界面显示油位开关报警，清除历史事件后，尝试开机仍然无法启动。

二、故障影响

站内负荷较大,LS-1 冷水机组无法开启,LS-2 冷水机组开启后降温效果不佳,站内舒适度较差。

三、故障分析

冷水机组无法启动,显示油位开关报警故障,有两个原因会导致油位开关报警:
(1)冷水机组内冷冻机油少。
(2)冷冻机油油位开关故障。
通过视油镜观察油位正常,排除冷冻机油少的原因,需更换油位开关。

四、故障处理

1. 工器具准备

使用的工器具有:扳手、真空泵、检漏仪、螺丝刀、肥皂粉等。

2. 更换步骤

(1)打开压缩机吸、排气两端的工艺球阀,以利于油的排放。
(2)从压缩机中部最低点工艺球阀放油。
(3)放一段时间后待放油管中的油呈泡沫状,打开压缩机排气端的放气阀,直至无油流出为止。
(4)无油流出后,从面板端压缩机接线盒下方端盖处放油,铺好纸板、塑料袋,保证油流入油桶内,然后拆下端盖(油位开关位于端盖内)。
(5)从八孔端盖取出旧油位开关,取出要更换的新油位开关,用钳形表测量油位开关两接线端子是否良好导通。油位开关安装好后,重新测量油位开关端子的导通情况,确定油位开关动作是否灵活。
(6)抽真空。安装好油位开关所在的端盖,用放油管连接真空泵与压缩机排气端的放气孔进行抽真空。抽真空 1h 左右后,用真空计测量压缩机的真空度(真空度≤1000Pa),测量真空度时在抽真空的放气孔处测量。
(7)真空度≤1000Pa 达到要求后,抽真空的同时进行注油操作,保证边抽真空边注油。
(8)检漏。用肥皂粉对设备上各阀门出口处进行检漏测试。
(9)检漏结束后,给机组送电预热 8h 后,开机测试。

第三节 某站水泵机械密封故障维修与处置

一、故障现象

某站冷水机房内冷却水泵泵体下端滴水。

二、故障影响

无明显影响,但泵体漏水需处理。

三、故障分析

泵体漏水主要有两个原因:
(1)泵壳腐蚀穿孔。
(2)机械密封损坏。
经过排除,泵壳无穿孔,漏水属机械密封磨损所致,需更换机械密封。

四、故障处理

1. 工器具准备

活动扳手、套筒扳手、一字形螺丝刀、砂纸、干净棉布、润滑脂等。

2. 机封拆卸步骤

(1)关闭水泵电源,断开水泵总电源,并做好警示标志,谨防拆卸时被人为误送电。
(2)对称拆开泵体端盖螺栓。
(3)将电机连带叶轮全部抽出,用套筒扳手松开叶轮固定螺栓。
(4)用拉马将叶轮往外拉,如拉不动可用小木块垫在叶轮上,用锤子敲击,并慢慢转动叶轮。如是铸铁叶轮,应注意防止拉马将叶轮拉裂。
(5)拆下叶轮后,观察机封状态,先将动环慢慢往外抽出拆下,如比较紧,可使用润滑油喷在轴上,取下动环。
(6)取下动环后,可见机械密封静环,静环嵌于泵体口处,可用小一字形螺丝刀轻轻撬动,注意静环外圈有L形或O形密封圈,撬动时防止将密封圈撬坏。

3. 机械密封安装步骤

(1)对泵轴进行清理,必要时可用砂纸轻轻打磨,用干净布将泵轴及静环槽擦干净,注意一定不能有杂物及小颗粒。

（2）在电机轴及静环槽内涂上润滑脂，用干净棉布将新机械密封静环擦干净，在静环外圈及端面也涂上润滑脂，然后将静端面朝外环嵌入静环槽内，注意一定要平整。

（3）将动环擦干净后在内圈及端面涂上润滑脂，端面朝内轻轻旋转，慢慢将动环与静环端面贴紧，将动环弹簧压紧。

（4）将叶轮套上泵轴，用小木块垫在叶轮上，用锤子轻轻敲击，将叶轮安装到位，拧紧叶轮固定螺栓。

（5）将电机及叶轮插入泵体，注意不要压坏端盖外圈的O形圈，调整叶轮位置，防止盘动叶轮口环处有卡阻现象，均匀拧紧端盖螺栓，检查叶轮是否有卡阻，并做相应调整。

第二部分

给排水与水消防

第一篇 | 基础知识篇

第八章　城市轨道交通给排水系统概述

> **岗位应知应会**
>
> 1. 了解给排水系统的技术标准。
> 2. 了解给水系统、排水系统、水消防系统的基本流程图。
> 3. 了解生产、生活给水系统的功能。
>
> **重难点**
>
> 重点：给水系统、排水系统、水消防系统的基本流程图。
> 难点：生产、生活给水系统的功能。

第一节　给排水系统概述

一、城市给排水系统简介

（一）城市给水系统概述

水是城市形成和发展不可缺少的物质条件。人类最早的聚居地都出现在接近自然水体的地方。现代城市需水量远大于古代城市，给水系统必须有专门的规划。1879 年中国第一个近代给水工程在旅顺建成。此后，上海等城市相继建成给水工程设施。1949 年中国有公用给水设施的城市和县镇共 73 个，年供水量为 4.3 亿 m^3。根据国家统计局数据：2015 年我国用水总量为 6180 亿 m^3。

1. 规划要点

给水系统属于城市总体规划的一部分，是城市公用事业的组成部分。城市给水系统通常由水源、输水管渠、水厂和配水管网组成。给水系统从水源取水后，经输水管渠送入水厂进行水质处理，处理过的水加压后通过配水管网送至用户。

城市给水系统要持续不断地向城市供应数量充足、质量合格的水，以满足城市居民的日常生活、生产、消防、绿化和环境卫生等方面的需要。因此，必须对给水系统进行通盘而周密的规划和设计。城市的给水系统规划（又称给水工程规划）主要内容包括：估算城市用水量，确定水源和水处理方法，选定水厂位置，进行输水管渠和配水管网的布置等。制订规划时，要考虑分期建设的可能性，为城市远期发展的水源供应留有足够的余地；要合理利用已有的给水设施；要防止盲目开采，把各单位的自备水源纳入城市水源规划中。

2. 水源和水处理

常用的城市水源有地下水和地表水两类。中国北方城市的水源多以地下水为主，南方城市以地表水为主。

地下水的水质通常比较好，经过消毒，即可达到生活饮用水的卫生标准。地下水源的取用量不能大于可开采量，过量开采会造成地下水位下降，导致地面沉陷。地表水一般指江河、湖泊等淡水。用地表水作生活用水时，一般经过混凝、沉淀、过滤和消毒等净化处理，使水质符合卫生标准。为保证城市正常供水，要注意研究地表水源枯水期流量对城市供水保证率的影响。上海、青岛、大连等沿海城市淡水资源不足，有些大型企业已用海水作冷却用水。在缺乏淡水资源的国家，如科威特，用海水或苦咸水经脱盐淡化作为生活用水。

3. 管网布置

为保证城市安全供水，常采用两条输水管渠送水。如用一条输水管渠，则应在用水地区附近设安全储水池。配水管网应根据城市地形、道路系统、用量较大用户的位置、用户要求的水压等进行布置。城市配水管网的形式有环状和枝状两种，环状管网供水可靠性好。配水管网的水压要满足城市一般楼房最高层用水的需要。少数高层建筑和水压要求高的用户可自设加压设备。如果城市地形起伏、高差很大，或高层建筑数量多而且集中，可采用不同供水压力的管网系统分区供水。

（二）城市排水系统概述

城市排水系统是处理和排除城市污水和雨水的工程设施系统，是城市公用设施的组成部分。城市排水系统规划是城市总体规划的组成部分。城市排水系统通常由排水管道和污水处理厂组成。在实行污水、雨水分流制的情况下，污水由排水管道收集，输送至污水处理后，排入水体或回收利用；雨水径流由排水管道收集后，就近排入水体。

1. 主要作用

城市排水系统规划的任务是使整个城市的污水和雨水通畅地排泄出去，以处理好污水，达到环境保护的要求。规划的主要内容包括：估算城市排水量，选择排水制度，设计排水管道，确定污水处理方法和城市污水处理厂的位置等。

排水系统是现代化城市的重要基础设施，如何经济、科学地优化设计和改扩建城市的排水系统是一个重要的研究课题。在市政建设和环境治理工程建设中，排水系统常占有较大的投资比例，因此我国出台了《城市排水许可管理办法》，旨在解决此类问题的发生。

2. 历史发展

在国外，公元前6世纪，古罗马城第一次建造了排水沟渠。从19世纪起，伦敦等城市为了防止传染病蔓延，开始建设近代排水设施。

在我国,战国时期的城市中已有陶制的排水沟渠,称"陶窦"。明清北京城有比较完整的排水沟渠系统。中国 1949 年有排水设施的城市为 103 个。根据国家统计局数据:2014 年我国排水管道总里程达 51.1 万 km。

3. 排水的意义

排水系统之所以自古以来就被重视,是因为排水工程有保护和改善环境,消除污水危害的作用。而消除污染、保护环境,是进行经济建设必不可少的条件,是保障人民健康和造福子孙后代的大事。

从卫生上讲,排水工程的兴建保障人民远离污废水,避免了细菌、蚊虫等有害生物的困扰,在一定程度上保证地下水源不被污染。

从经济上讲,首先,水是非常宝贵的自然资源,它在国民经济的各部门中都是不可缺少的。其次,污水的妥善处理,以及雨雪水的及时排除,是保证工农业正常运行的必要条件之一。同时,废水能否妥善处理,对工业生产的新工艺发展也有重要影响。

从回收价值上讲,污水本身也有很大的经济价值,如工业废水中有价值原料的回收,不仅消除了污染,而且为国家创造了财富,降低了产品生产成本。

二、城市轨道交通给排水系统简介

城市轨道交通给排水系统主要为城市轨道交通的车站、区间、停车场和车辆段提供生产用水、生活用水、消防用水,排出生产废水、生活污水、消防废水、雨水、结构渗水。按照各子系统的不同可分为:生产/生活给水系统、消防给水系统、排水系统。

(一)生产/生活给水系统

由于市政自来水基本能够满足车站生产、生活用水,且城市轨道交通车站内生产用水、生活用水需求并不大,一般均采用市政自来水直接供水,不设单独水源。从全国城市轨道交通行业来讲,给水系统主要区别为给水管道的材质。

目前车站生活用水管材质主要采用镀锌钢管(如郑州市轨道交通)、衬塑钢管(如北京市轨道交通)。

1. 镀锌钢管

镀锌钢管分为冷镀锌钢管与热镀锌钢管。冷镀锌钢管由于耐腐蚀性差,2000 年起已禁用。目前使用的镀锌钢管均为热镀锌钢管。关于热镀锌钢管的详细性能,将在下文中详细叙述。

2. 衬塑钢管

衬塑钢管以镀锌无缝钢管、焊接钢管为基管,内壁去除焊筋后,衬入与镀锌管内等径的食品级聚乙烯(PE)管材,最后加压加热一定时间后成型,是传统镀锌管的升级型产品。衬塑钢管主要优点有:适用范围广泛,规格品种齐全,连接方式可靠快捷,外表面的防蚀措施完善,焊管壁厚合理。但是造价高、安装费时费力是制约衬塑钢管推广的主要原因。

(二)消防给水系统

消防给水系统在城市轨道交通中主要有消火栓系统、水喷淋系统、高压细水雾系统。

1. 消火栓系统

消火栓系统是最常用的灭火系统,它由电源、加压送水装置(水泵)及室内消火栓等主要设备构成。这些设备的电气控制包括水池的水位显示、消防用水和加压水泵的启动。

按照最新规范《消防给水及消火栓系统技术规范》(GB 50974—2014)要求,消防泵控制柜应能显示水位的变化情况和高、低水位报警及控制水泵的开停。室内消火栓系统由水枪、水龙带、消火栓、消防管道等组成。

新建与已开通车站多单独设置消防水池,由消防水池提供水源,由消防水泵保证灭火时的水压。采用消防水泵灭火时,每处消火栓均设置消防泵启泵按钮、手动火灾报警按钮,火灾时将两个按钮同时击碎,启动消防水泵,保证消防用水。

优点:消火栓系统是城市轨道交通车站最可靠的灭火装置,灭火效果好,建设成本低,维护方便。

缺点:消火栓系统适用范围小,只适用于 A 类火灾,误用于其他类型火灾,则可能增大火势。

2. 水喷淋系统

水喷淋系统由开式或闭式喷头、传动装置、喷水管网、湿式报警阀等组成。发生火灾时,系统管道上的喷头遇高温,洒水玻璃球自爆(一般是 68～70℃),通过安装在支管管路上的水流指示器动作,并反馈给火灾报警控制系统控制器,来控制启动喷淋泵,并设有手动启动装置。

优点:水喷淋系统可以自动触发,发生火灾时,达到一定温度即可开启喷水,能够及时投入使用。

缺点:水喷淋系统洒水玻璃球较脆弱,易误碰导致误喷;喷淋水量小,只适用于扑灭早期小型火灾。

3. 高压细水雾系统

高压细水雾系统主要灭火原理为:利用水蒸发吸收热量、水雾隔绝空气,窒息火源,阻隔热辐射。它是由一个或多个细水雾喷头、供水管、加压供水设备及相关控制设备组成,可在火灾发生时快速向保护对象或空间喷放细水雾,对火灾实施灭火、抑火、控火、控温和降尘的自动灭火系统。因为其以易取、廉价的水作为介质,具有高效、环保、无毒、用水量少、对被保护对象水渍影响极小的特性,使其得到了广泛的应用。

高压细水雾系统由于雾滴直径极小(10～100μm),水雾喷放后是不连续的,可以长时间地悬浮在空中,需要极大的数量和极长的时间才能完成水雾的汇聚、凝结,因此很难在电极表面形成导电的连续水流或表面水域,又因其电阻率比空气稍小,所以适用于扑救 A 类、B

类、C类和电气类火灾。由于它先进的灭火机理,其使用基本不受场所的限制,可以代替气体灭火系统在电气房间使用。

优点:灭火材料为水,灭火成本低;适用范围广,比气体灭火装置安全性更高。

缺点:建设成本高;电气火灾后,设备恢复困难是其得不到推广的主要原因。

(三)排水系统

轨道交通行业的排水系统主要为重力排水系统和压力排水系统。

1. 重力排水系统

轨道交通的车站和区间大多位于地下,为了节约成本,通常在车站、区间的最低点设置一个主废水泵房,利用水的重力,通过无压管道或带有坡度的排水沟将车站站厅层、站台层的污水、废水收集起来,再统一排出。

2. 压力排水系统

由于轨道交通的车站和区间大多位于地下,车站或区间的积水无法采用地面建筑直接排出的排水方式,必须使用水泵对污水、废水进行加压,通过压力管道将污水、废水排出地面汇入市政管网。压力排水系统根据水源不同,可分为废水系统、雨水系统、污水系统。

三、郑州市轨道交通给排水系统简介

(一)生产、生活给水系统概述

郑州市轨道交通给水系统采用生产、生活与消防分开的给水方式,以城市自来水作为供水水源。根据车站用水量,由设计单位确定进水管管径,向政部门提报需求,并由市政部门预留接口。与其他建筑物类似,轨道交通给水系统主要功能为提供生产、生活用水,它必须保证以足够的水量、合格的水质、充裕的水压供应生活用水、生产用水和其他用水,满足实际需要。

车站从市政管道引入的生产、生活给水引入管,是一根负责车站所有供水的干管,该管道根据生产、生活需要,向站内各个供水点分别供水。供水点包括冲洗栓箱、卫生间洗手池、拖把池、便池冲水装置、空调水补水等,从结构原理来讲,供水原理类似一棵大树,从根部向各个枝干提供营养,所以车站生产、生活给水系统的管网称为枝状管网。

生产、生活给水系统由水源(城市自来水)、水表、倒流防止器、阀门、水龙头等附件组成,水表、倒流防止器、主阀门通常设在水表井内。如图8-1是车站的生产、生活给水示意图,图8-2是车站的生产、生活给水系统图。

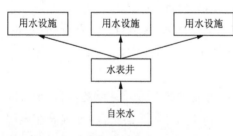

图8-1 车站的生产、生活给水示意图

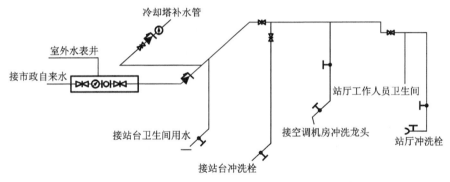

图 8-2　车站的生产、生活给水系统图

(二)消防给水系统概述

为保证供水安全,消防给水从市政管网单独引入。消防给水管径一般设计为 DN150,与车站消防管网管径相同。市政消防引入管通常在站内分为两路支管,一支经倒流防止器接入车站消防管网,另一支引入消防泵房作为消防水池水源。消防管网布置成环状,车站的消防干管在站台和站厅的水平面布置成环状,在站厅与站台两端也形成一个竖直的环状,并在站台轨行区与区间消防管网连接,消防管进入区间前设置电动蝶阀,平时电动蝶阀常开,一旦区间发生火灾,应保证区间消防水压、水量。车辆段、停车场在消火栓的基础上还增加了水喷淋灭火系统。图 8-3 是车站消防给水系统示意图。

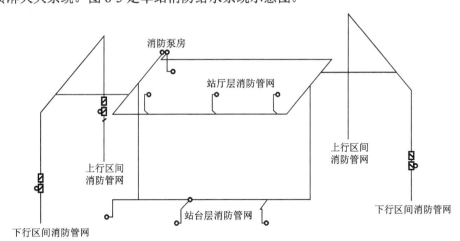

图 8-3　车站消防给水系统示意图

消防给水系统由水源(城市消防管网)、室外消火栓、水泵结合器、消防水池、消防水泵、管道、阀门、消火栓等组成。车站内设消火栓箱,箱内配置水带、水枪、自救软盘等消防器材;区间只设置消火栓,在车站进入区间走廊内放置两套消防器材,满足区间火灾时的消防需要。每个消火栓箱均配置火灾报警按钮、手动启泵按钮,当两个按钮同时触发时,消防泵启动。

消火栓按照安装位置不同,配置型号也不相同。轨道交通车站内设置的消火栓常用Ⅱ、Ⅲ、Ⅳ型,其中Ⅱ型消防栓箱内放置一个 DN65 单头单阀消火栓、两盘 25m 长的水龙带、两支 DN19 多功能水枪、一套 DN25 自救式软管卷盘;Ⅲ型消火栓箱内放置一个 DN65 单头单阀消火栓、一盘 25m 长的水龙带、一支 DN19 多功能水枪和一套 DN25 自救式软管卷盘、四个灭火器;Ⅳ型消火栓箱内放置一个 DN65 双头双阀消火栓、两盘 25m 长的水龙带、两支 DN19 多功能水枪、两套 DN25 自救式软管卷盘和四个灭火器。区间隧道两端各设两个消防器材箱,配置 25m 长的水带及 DN19 多功能水枪等消防器材。

(三)排水系统概述

郑州市轨道交通的排水系统采用分流式排水体制,即污水经收集后排入城市污水排水管网,废水经收集后排入城市废水排水管网,雨水排入城市雨水排水管网。城市轨道交通的排水系统主要以车站排水系统为主,车辆段、停车场、主变电站等建筑物排水系统与车站类似。本部分以车站排水系统为例进行阐述。

1. 污水排水系统

车站污水排放系统如图 8-4 所示,主要由集水池、密闭式污水提升装置、管道及附件、化粪池、压力井/检查井等组成。用排水管道将车站内的厕所、盥洗室、茶水间等生活污水汇集到密闭污水提升装置的集水箱,经密闭式污水提升装置提升到压力井消能、地面化粪池简单处理后,排入城市污水管网。压力井是排水进入市政排水管网前的消能设施,其构造要求进、出水管道不得在同一高程上,且侧壁有防冲洗的措施。如图 8-4 是车站污水排放示意图。

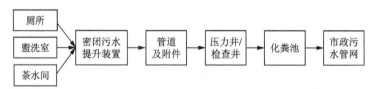

图 8-4 车站污水排放示意图

2. 废水排水系统

车站废水排放系统如图 8-5 所示,主要由集水池、潜污泵、管道及附件、压力井/检查井等组成。用排水管道或排水沟将车站内的生产、消防废水、结构渗漏水汇集到集水池,经潜污泵提升到压力井消能后排入市政废水管网。

图 8-5 车站废水排放系统示意图

区间隧道设置独立的排水系统,其泵房设在区间隧道的最低处;明挖隧道的废水泵房设在隧道外侧或联络通道内;盾构隧道则利用联络通道作为废水泵房。

3. 雨水排水系统

雨水排水系统与废水排水系统采用设备、原理基本一样,区别在于废水排水系统的水源主要为生产废水,而雨水排水系统水源为雨水。

出入场线、出入段线洞口设雨水泵房,与废水泵房相比,雨水泵房水泵扬程低、流量大,压力井内进、出水管道要求与污水系统类似。

第二节 城市轨道交通给排水系统主要技术标准

轨道交通给排水系统的主要技术标准分为三大类,分别为国家标准、设计图纸、标准图集。

一、国家标准

国家标准(National Standard)简称国标,是指由国家标准化主管机构批准发布,对全国经济、技术发展有重大意义,且在全国范围内统一的标准。国家标准是在全国范围内统一的技术要求,由国务院标准化行政主管部门编制计划,协调项目分工,组织制定(含修订),统一审批、编号、发布。法律对国家标准的制定另有规定的,依照法律的规定执行。国家标准的年限一般为5年,过了年限后,国家标准就要被修订或重新制定。此外,随着社会的发展,国家需要制定新的标准来满足人们生产、生活的需要。国家标准分为强制性国标(GB)和推荐性国标(GB/T)。

给排水专业常用国家标准主要有:

《地铁设计规范》(GB 50157—2013);

《给水排水工程管道结构设计规范》(GB 50332—2002);

《室外排水设计规范》(2014年版)(GB 50014—2021);

《建筑给水排水设计规范》(GB 50015—2019);

《消防给水及消火栓系统技术规范》(GB 50974—2014);

《给水排水构筑物工程施工及验收规范》(GB 50141—2008);

《建筑给水排水及采暖工程施工质量验收规范》(GB 50242—2002);

《给水排水管道工程施工及验收规范》(GB 50268—2008);

《建筑排水塑料管道工程技术规程》(CJJ/T 29—2010);

《风机、压缩机、泵安装工程施工及验收规范》(GB 50275—2010);

《建筑设计防火规范》(2018年版)(GB 50016—2014);

《火灾自动报警系统设计规范》(GB 50116—2013);

《自动喷水灭火系统施工及验收规范》(GB 50261—2017);

《地下铁道工程施工及验收规范》(GB/T 50299—2018);

《建筑灭火器配置设计规范》(GB 50140—2005);

《全国通用给水排水标准图集》。

二、设计图纸

设计图纸是工程设计的一个重要内容,是施工作业的总体规划,是作业人员实际操作的依据,也是维护人员维修作业的依据。它承载着设计者的理念,汲取了其他城市轨道交通行业的经验,更是直接影响着施工效果,因此,施工图纸的作用十分重要。

车站、区间、主变电所、区间风井、车辆段和停车场的给排水设计图纸一般包含以下内容:给排水及水消防施工设计说明、给排水及消防图例及目录、给排水及消防安装大样图、给排水及消防安装大样图、给排水及消防总平面图、给排水及消防剖面图、给排水及消防参考图、给排水及消防详图。

第三节 城市轨道交通给排水系统功能及其实现

一、生产、生活给水系统主要功能及其实现

生产、生活给水系统的主要功能见表 8-1。

生产生活给水系统功能表 表 8-1

分　类	用水位置	用　　途
生产用水	冷却塔补水	冷却塔利用蒸发吸热的原理,对冷却水降温
	膨胀水箱补水	冷冻水系统循环有少量损失
	冲洗栓箱用水	运营时及运营结束后,车站清洁用水
	环控机房冲洗水	过滤网清洗用水、管道冲洗用水
	泵房冲洗用水	污水提升装置箱内冲洗用水、废水泵房冲洗用水
生活用水	卫生间用水	便器冲洗用水、拖把池用水
	茶水间用水	饮用水水源

生产、生活用水的水源来自于市政供水,各种功能主要依靠截止阀、水龙头、浮球阀、电

磁阀等设备的手动启停和自动控制启停,分别实现。

二、消防给水系统主要功能及其实现

消防给水系统的用水设施为消火栓和水喷淋喷头,两者的水源一般来自同一个消防水池。下面以消火栓系统中消防水的路径为例,叙述其功能及其实现(图8-6)。

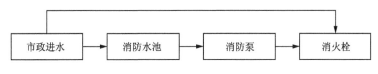

图8-6 车站消防给水系统示意图

市政消防管网进入车站后分为两支,一支根据用水需求,确定管径后作为消防水池进水管,另一支DN150的给水管设置倒流防止器之后,直接接入车站消火栓系统的环状管网。

车站消火栓系统水源由消防水池提供,经水泵吸水管进入消防泵泵组。泵组主要由消防增压泵、消防稳压泵、稳压罐组成。消防增压泵是消火栓系统的主要设备,火灾时消防增压泵工作,为消防系统提供压力,保证从消火栓射出水柱符合消防法规要求,满足消防需要。

三、排水系统主要功能及其实现

由于轨道交通的车站大多设在地下,无法依靠重力排水,排水系统通常需经水泵增压后排出车站。排水系统的主要功能如表8-2所示。

排水系统功能表　　　　　　　　　　表8-2

分　类	水　源	排　出　方　式
废水系统	空调冷凝水	经车站、区间废水泵房加压后排出
	冲洗用水	
	消防废水	
	结构渗水	
雨水系统	出入口雨水	经出入口雨水泵加压后排出
	风亭雨水	经风亭雨水泵加压后排出或排至废水泵房
	出入场/段洞口雨水	经洞口雨水泵加压后排出
污水系统	卫生间用排水	经密闭污水提升装置收集、加压后排出

早期的雨水系统和废水系统可以采用合流排至市政管网。由于雨水可以不处理或进行简单处理,为了节约水处理成本,在具备条件的排水系统中,雨水与废水多采用分流方式排至市政管网。

第九章　城市轨道交通给排水系统设备

> **岗位应知应会**
>
> 1. 熟悉给排水专业与其他专业的接口范围。
> 2. 熟悉给排水系统主要由哪些设备组成。
> 3. 熟悉各个设备的构成以及作用。
>
> **重难点**
>
> 重点：给排水系统主要设备的组成，以及各个设备的构成和作用。
> 难点：各个设备的构成以及作用。

从设计角度与运营维护接口上来讲，给排水专业与其他专业的接口所涉及专业、设备及内容，见表9-1。

给排水专业与其他专业的接口所涉及专业、设备及内容　　　　表9-1

序号	接口专业	接口设备	接口内容
1	轨道专业	排水沟	轨道专业负责水篦子以外轨道水沟；给排水专业负责水篦子（含）以内管道、泵房、集水井、水泵等设备
2	房建专业	消火栓箱及冲洗栓箱	给排水专业负责箱体及内部设施设备；房建专业负责消火栓箱及冲洗栓箱搪瓷钢板门体
3	房建专业	地漏	给排水专业负责地漏（含）以下排水管；房建专业负责地漏以上离壁沟及排水沟、地漏外的装修地面
4	房建专业	厕所洁具	房建专业负责便池、拖布池、洗手池等设备和防水处理；给排水专业负责水龙头、管路、洁具下方弯管接口处及弯管本身、冲水感应器
5	结构专业	消防水池	给排水专业负责消防水池的附属管线；结构专业负责消防水池结构主体
6	结构专业	结构渗漏水	给排水专业负责管道漏水的修复；结构专业负责区间和车站结构渗漏水处理
7	低压配电专业	水泵与控制柜	给排水专业负责消防泵、潜污泵、污水提升装置、电动蝶阀动力电缆接线端子以下设备；低压配电专业负责潜污泵控制箱及动力电缆接线端子
8	通风空调专业	冷却塔及膨胀水箱	给排水专业负责市政给水管道至冷却塔浮球阀段、市政给水管道到膨胀水箱段；通风空调专业负责冷却塔浮球阀的正常运行及膨胀水箱内部的维保
9	火灾自动报警专业	消火栓箱爆破按钮	火灾自动报警专业负责设计、维护消火栓箱内爆破按钮

从轨道交通系统来讲,给排水专业与其他专业的接口见表 9-1。从给排水子系统内部来讲,给排水系统主要有水泵、管道、阀门、室外给排水设备、保温设备。

第一节 控制设备

一、消防泵控制设备

城市轨道交通系统的水消防系统一般设置一组稳压泵和一组消防泵。稳压泵和增压泵,都是消防增压设施一种,但使用时间与启动方式均不相同。稳压泵运行在喷头和消火栓未出流时,用于自动喷水灭火系统和消火栓给水系统的压力稳定,使系统水压始终处于设计要求压力状态,一旦喷头或消火栓出水,即能流出满足消防用水所需的水量和水压。增压泵运行在喷头和消火栓已经出水,而消防用水的水压不足,需增加水压的场合。

(一)消防稳压泵的控制

消防稳压泵的自动控制是根据电接点压力表检测管网压力(图 9-1),判断是否达到提前设定的启泵/停泵的压力,再反馈控制柜实现自动控制;手动控制由消防水泵控制柜手动启停按钮实现。

图 9-1 电接点压力表

(二)消防增压泵的控制

消防增压泵的自动控制是由火灾自动报警(FAS)专业实现;手动控制由消防水泵控制柜手动启停按钮实现,或由机械应急启动装置(不经控制柜控制回路)直接启动。

二、潜污泵的控制设备

城市轨道交通的主要排水设备均设计有自动控制功能,水泵能够根据集水池内液位上升自动启动排出积水,液位下降到一定位置,水泵自动关闭。实现潜污泵自动控制的常用设备有浮球开关和超声波液位计。

(一)浮球开关

浮球开关(图 9-2)是利用重力与浮力的原理设计而成,主要包括浮漂体。浮球开关包括设置在浮漂体内的微动开关和可将开关处于通、断状态的驱动机构,以及与开关相连的三芯电缆。当浮球在液体浮力的作用下随液位的上升或下降到与水平呈一定角度时,浮球体内的驱动机构——驱动大容量微动开关,从而输出开(ON)或关(OFF)的信号,供报警提示或远程控制使用。

浮球开关的优点:

(1)结构简单。浮球开关不含导致故障发生的波纹管、弹簧、密封等部件。它采用直浮子驱动开关内部磁铁,简捷的杠杆使开关瞬间动作。浮子悬臂角限位设计,防止浮子垂直。

(2)安全可靠。浮球开关比一般机械开关速度快、工作寿命长,有抗负载冲击能力强的特点。其在造船、造纸、印刷、发电机设备、石油化工、食品工业、水处理、电工、染料工业、油压机械等方面得到了广泛的应用。

图 9-2 浮球开关

浮球液位开关的缺点:

(1)检修不便。浮球开关和配套电缆均需浸没在液体中工作,由于集水坑空间狭小,且水泵电缆、管道等设备较多,影响浮球可靠性,也不便于检修。

(2)输出简单。由于浮球开关结构简单,无法实现比较复杂的控制,且城市轨道交通行业对排水设施有多液位控制、水位显示等功能需要,无法通过浮球开关实现。

(二)超声波液位计

超声波液位计又称超声波物位计,可测量液体和固体的具体位置。在城市轨道交通行业内,主要用于排水系统。超声波液位仪采用声波技术,利用声波反射的原理,根据发射与接收时间与声波速度计算出积水与超声波的距离,再根据设置的量程计算出实际积水深度。

超声波液位计的优点:

(1)使用方便。超声波液位计采用非直接接触方式,使用时液位计位于集水坑上方,检修、操作不需进入集水坑。水泵的启泵、停泵、报警、实际液位等信息,可以通过控制柜软件直接调整,不用改变硬件设备。

(2)精确度高。以某品牌的第一代产品 PROBE 型号的液位计来说,其识别精度达到 3mm,响应速度可以达到 0.1m/s,识别液位变化的精度比传统的浮球开关精度高。

超声波液位计的缺点:

(1)成本较高。超声波液位计的成本一般为浮球开关的 5~10 倍,所占一套排水系统的成本比例高,后期更换或修复成本随之上升。

(2)防护等级低。超声波液位计比较精密,防水、防尘等级一般达不到浮球开关的级别,容易出现进水、进尘等问题,导致设备失效。

(3)调试难度高。超声波液位计受盲区、超声波发射角度等工艺制约,液位调试比浮球开关复杂,需要一定的专业知识。

第二节 水泵设备

一、消防泵

(一)消防泵概述

消防泵是指专用于消防的水泵(图9-3),具有全密封、无泄漏、耐腐蚀的特点,广泛用于酒店、宾馆、写字楼、生活小区、公共建筑等各种环境。全国各地城市轨道交通使用的消防泵原理基本类似,区别在于扬程和流量有所不同,一般要求消防泵具有高扬程、大流量的特点。消防泵的选型应根据工艺流程、给排水要求、安装位置等几个方面加以考虑。消防泵的性能、技术条件应符合《消防泵》(GB 6245—2006)标准要求。郑州市轨道交通已开通的线路均采用 XBD 系列消防泵。此类泵采用先进的设计技术,具有高可靠性(不存在较长时间停用后启动咬死的故障)、高效率、低噪声、低振动、运转寿命长、安装形式灵活多样和检修方便等特点。该系列泵工况适应范围广;流量—扬程曲线平坦,可避免系统过载;压力分挡密,利于选泵和节约能源;泵的多出口功能,可使高层建筑分区消防给水系统中用一台泵替代多台泵,减少工程占地面积,降低投资费用。消防泵剖面见图9-4。

图9-3 消防泵

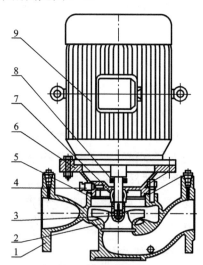

图9-4 消防泵剖面图

1-泵体;2-叶轮;3-叶轮螺母;4-排气阀;5-闷头;6-轴承体;
7-机械密封;8-泵轴;9-电机

(二)消防泵的铭牌定义

消防泵出厂均配有对应铭牌,铭牌显示该设备的相关参数与型号。根据国标《消防泵》

（GB 6245—2006）的规定，用于不同场合、使用不同动力源的消防泵有对应的系列型号。轨道交通给排水专业所使用的消防泵通常为 XBD 系列的消防泵，现以该系列某品牌、型号为 XBD-KL80-200KA 的消防泵为例，对铭牌各部分含义做如下说明：

XB：消防泵；

D：原动机为电机；

KL：单吸立式泵；

80：消防泵进、出口公称直径（mm）；

200：叶轮名义外径（mm）；

K：流量分类；

A：叶轮经第一次切割用 A 表示，第二次切割用 B 表示，依次类推。

（三）消防泵的自检

消防泵在运行上具有一个特点，那就是平时很少运行，灭火时要求其可靠地投入使用。若消防系统长期不使用，那么就存在消防泵损坏的可能，一旦发生火灾时，就不一定确保它们的正常运行。为了加强消防泵给水的可靠性，国家规范规程要求消防给水设备必须具备自动巡检功能。消防泵的自检即自动巡检，它是指在设定的时间周期内自动地启动消防泵，对消防泵的运行进行检查。消防泵自检的目的在于提高消防泵的可靠性，有利于及时了解消防泵的实际性能，及时解决消防泵的锈蚀、卡死等问题，还可对电机过载、短路、过压、缺相、欠压、过热等做出警报，以保持消防泵良好的运转工况。自检对提高消防系统的管理水平不失为一种技术进步，有利于消防系统管理的智能化。

消防泵的自检分为低速自检和高速自检两种。在两种消防泵自检方式中，均能体现出自检对消防泵的维护作用。但低速自检方式仅运行了消防泵工作过程的一个初级阶段，不能完全反映消防泵实际运行的工作情况。此外，消防泵自检的结果反馈到消防控制中心后，需要人工做出进一步的判断，因此。消防泵自检方式不能完全代替人工对消防泵的维护管理。

（四）消防泵的启动方式

消防控制室与消火栓动作按钮的启动关系与消火栓泵的启动形式有关。消火栓泵的启动方式一般分为两种，第一种启动方式是在总线制联控方式下，消火栓动作按钮的启动可通过设在消火栓旁的联动接口模块，将其要求的启动信号送至消防控制室控制台，再从此处输出使消火栓启动的开关量触点。第二种启动方式，是直接将消火栓动作按钮的开关量触点输出到消火栓泵启动箱。这两种启动方式在实际设计中都可以运用，前一种方式节省接线，但需在总线制的条件下，对消火栓联动模块进行地址编码编程，来达到监测大量消火栓的目的；后一种启动方式简单可靠，但还需要把消火栓动作信号返给消防控制室。设计者在具体设计中可根据实际工程规模大小来选用，工程规模大、建筑形式复杂，可采用前一种启动方式；规模小，可采用后一种启动方式。

喷淋泵的自启动是通过各保护区的管网喷嘴玻璃球高温下爆碎,引起管网水流流动,从而联动报警阀压力开关动作,达到自启动喷淋泵的目的。通过水流指示器联动模块或报警阀压力开关引线至控制室,消防控制室能准确反映其动作信号,同时控制室可直接控制喷淋泵启停。

二、潜污泵

(一)潜污泵概述

潜污泵是一种集水泵与电机于一体,工作时整体浸没在输送介质内的一种水泵(图9-5)。安装工作原理分为废水泵、自动搅匀潜污泵、污泥泵。三者的主要特点为:

(1)废水泵。废水泵是一种普通型潜水排污泵,泵与电机连体,并同时潜入液下工作。废水泵能将污水中长纤维、袋、带、草、布条等物质撕裂、切断,然后顺利排放,特别适合于输送含有坚硬固体、纤维物的液体,以及特别脏、黏、滑的液体。这种水泵一般用于车站的出入口排水、风亭排水等局部设备处,结构比较简单。

(2)自动搅匀潜污泵。自动搅匀潜污泵在普通排污泵的基础上采用自动搅拌装置,该装置随电机轴旋转,产生极强的搅拌力,将污水池内的沉积物搅拌成悬浮物,吸入泵内排出,提高泵的防堵、排污能力,一次性完成排水、清污、除淤,进而节约运行成本。自动搅匀潜污泵是具有明显的先进性和适用性的环保产品,这种水泵由于增加了自动搅匀功能,不易堵塞,可靠性高,功率较大,多用于区间废水泵房、车站主废水泵房等关键位置。

(3)污泥泵。污泥泵的主要部件由叶轮、泵体、底座、潜水电机组成,水泵和电机是同一根轴,工作原理与废水泵类似。特点在于吸入口位于整个电泵最下端,它能最大限度抽吸地面剩余污水;叶轮采用双流道设计,大大地提高了污物的过流能力,可有效通过直径为泵口径30%的固体颗粒。污泥泵一般用于车辆段、停车场的污水处理站。

图9-5 潜污泵

(二)潜污泵的铭牌定义

一台型号为 WQK10-15-1.5W 的潜污泵,铭牌上各部分含义如下:

W——污水泵;

Q——潜水泵;

K——设计号;

10——流量(m^3/h);

15——扬程(m);

1.5——功率(kW)。

(三)潜污泵的优点

潜污泵具有以下优点:

(1)结构紧凑,占地面积小。潜污泵由于潜入液下工作,因此可直接安装在污水池内,无须建造专门的泵房,可以节省大量的土地及基建费用。

(2)安装、维修方便。小型的排污泵可以自由安装,大型的排污泵一般都配有自动耦合装置,可以进行自动安装,安装及维修方便。

(3)连续运转时间长。排污泵由于泵和电机同轴,轴短,转动部件重量轻,因此轴承上承受的载荷(径向)相对较小,使用寿命比一般泵要长得多。

(4)不存在汽蚀破坏及灌引水等问题。

正是由于上述优点,潜污泵已越来越受到人们的重视,使用的范围也越来越广,由原来的单纯用来输送清水,到可以用来输送各种生活污水、工业废水、建筑工地排水、液状饲料等。在市政工程、工业、医院、建筑、饭店、水利建设等行业中发挥重要作用。

(四)潜污泵的启动方式

车站废水、雨水泵房集水池内一般设两台潜污泵,平时一用一备、轮换运行,必要时可同时运行。控制柜一般设有超高水位报警、双泵启动液位、单泵启动液位、停泵、超低水位报警共五个液位。根据水位高、低,自动控制排水泵的启停,并通过综合监控系统监视。当水位达到超低水位时,两台泵均停止工作;当水位达到单泵启动水位时,开启第一台泵;如水无法排出或进水量大于排水量,水位达到两台泵启动水位时,两台泵同时开启;当水可以正常排出,下降到停泵液位时,水泵停止工作。液位达到报警液位时,将反馈至综合监控系统。

停车场及区间洞口雨水泵集水池内一般设三台潜污泵,平时一用两备、轮换运行,必要时可同时运行。同样集水池设有超高水位报警、双泵启动液位、单泵启动液位、停泵、超低水位报警。根据水位高、低自动控制排水泵的启停,并通过 ISCS (Integrated Supervisory Control System)系统监控。当水位达到超低水位时,两台泵均停止工作;当水位达到单泵启动水位时,开启第一台泵;如水无法排出或进水量过大,水位达到两台泵启动水位时,两台泵同时开启;如水依然无法排出或进水量依然大于排水量,三台泵同时启动。当水可以正常排出、下降到停泵液位时,水泵停止工作。液位达到报警液位时,将反馈至综合监控系统。

三、密闭污水提升装置

(一)密闭污水提升装置的意义

在过去,城市轨道交通站内卫生间污水排放所造成的异味外溢、蚊蝇细菌滋生等问题一直是困扰城市轨道交通管理部门的一大难题。其原因主要是由于城市轨道交通地下车站中卫生间的高程低于城市污水管网高程,污水不能像地面车站一样,靠重力自流排出车站。过去的普遍做法是:在卫生间的同层或下一层修建污水泵房,在污水泵房内设集水池,收集污水,通过污水泵排污。这样的设计本身就无法避免异味外溢和蚊蝇细菌滋生等问题。首先,为了施工安装和日后检修工作的进行,无法将集水坑完全封闭,必须设计人孔。为了人员安全只在人孔上安装活动的盖板,钢制的盖板根本无法避免异味外溢。由于地下通风条件比地面建筑差,要经过泵房内排风管道和泵房百叶门来实现排风换气,由于风道排风能力较弱,泵房内空气质量很差,泵房内异味会散到周边房间、过道、城市轨道交通通道以及公共区内,破坏了乘车环境。其次,为保护水泵,每次排污并不会将污水完全排出,而是留一部分,未密闭的集水池将无法避免异味外溢和蚊蝇细菌滋生。根据《地铁设计规范》(GB 50157—2013)的规定,集水池的有效容积要按 6h 的污水量确定。因此集水池一般修建得都比较大,污水在集水池内停留的时间过长,则为蚊蝇细菌滋生提供了必要条件。

随着社会经济的发展,各种地下建筑物的建设也日益增多,然而与之相配套的污水提升设施建设却显得相对滞后:目前普遍采用地下开挖污水池的传统做法,异味外溢、蚊蝇细菌滋生等问题是不可避免的,与国家倡导建设环保型社会极不相称。

密闭式污水提升装置(图 9-6)是将污水进水管、集水池、污水泵和排水管集成为一体的一种设备。其由密闭式集水箱、干式安装潜污泵、液位传感器、控制箱、潜水电缆(包含控制箱与水泵、控制箱与液位传感器、电接点压力表之间所有的供电电缆和控制电缆)、止回阀、阀门、手动隔膜泵、紧固件、连接件组成。

图 9-6 密闭污水提升装置

(二)密闭污水提升装置的特点

密闭污水提升装置特点包括:密闭无异味,环保卫生;结构紧凑,节省空间;安装快捷简单;不需修建地下污水池,无须采取防渗漏措施,节省投资;设备全自动运行,自动化程度高,管理方便,运行可靠;设备可配备各种形式的远程监控接口,方便统一监控。

密闭污水提升装置的优点主要有:

(1)集水箱接口与管道采用柔性连接,可有效减噪隔振。

(2)集水箱进口、出口均安装软密封闸阀以方便维护保养。

(3)通过安装手动隔膜泵,可以在电动泵故障或检修时,手动排空集水箱内的污水。

(4)双泵配置,互为备用:若污水进水量超过单泵流量范围,另一台可作为补充泵投入运行。

(5)污水泵采用创新设计的螺旋切割泵,极大地提高了污物的通过能力,无堵塞,易维护。

(6)由于空间狭小,传统风扇散热不能满足,电机与泵之间的连接座作为冷却导体,将多余热量通过被输送液体排除。

(三)密闭污水提升装置的铭牌定义

一台型号为 MD1-80-100-15-4-5-0D/400-2 的密闭污水提升装置,铭牌上各部分含义分别为:

M——污水提升装置;
D——两台泵;
1——单通道式叶轮;
80——自由通径,最大颗粒 80mm;
100——排水口直径 100mm;
15——电机输出功率 15kW;
4——四级,1500r/min;
5——频率 50Hz;
0D——380~415V,直接启动;
400——水箱容积 400L;
2——两个水箱。

(四)密闭污水提升装置的结构原理

含有杂质的污水由排水管线接入设备的污水流入口,进入集水箱,集水箱上设有液位传感器,当集水箱充满后,污水泵自动启动进行排污,将污水连同杂物一同经污水排出口输送到室外化粪池或城市污水管道,当液位降低到设定值时污水泵自动停止运行(图 9-7)。

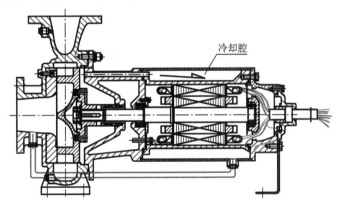

图 9-7 密闭污水提升装置剖面图(尺寸单位:m)

在配置两台水泵并联运行时,可定时自动轮换,保证每台泵的运行时间基本相同。当进入液体超过单台水泵承载能力时,其他水泵满足输排需要。

第三节 管道设备

管道作为给排水系统的重要组成部分,在城市轨道交通的车站和区间起到了重要作用。城市轨道交通使用的管道可以按照材质或连接方式加以分类。

一、按材质分类

管道按照材质分类主要有:热镀锌钢管、球墨铸铁管、PVC 管、衬塑钢管四大类。

(一)热镀锌钢管

热镀锌钢管(图 9-8)是使熔融金属与铁基体反应而产生合金层,从而使基体和镀层两者相结合。热镀锌是先将钢管进行酸洗,为了去除钢管表面的氧化铁,酸洗后,在氯化铵或氯化锌水溶液(或氯化铵和氯化锌混合水溶液)槽中进行清洗,然后送入热浸镀槽中。热镀锌具有镀层均匀、附着力强、使用寿命长等优点。热镀锌钢管基体与熔融的镀液发生复杂的物理、化学反应,形成耐腐蚀、结构紧密的锌-铁合金层。合金层与纯锌层、钢管基体融为一体,因此其耐腐蚀能力强。

热镀锌钢管以成本低、机械性能好、加工方便、安装快捷的优点,广泛应用于城市轨道交通行业。

热镀锌钢管在郑州市轨道交通使用范围包括生产、生活给水管、消防管道、压力废水管、压力污水管等,是一类使用范围最广的管材。

图 9-8 热镀锌钢管

(二)球墨铸铁管

球墨铸铁是 20 世纪 50 年代发展起来的一种高强度铸铁材料,其综合性能接近于钢,正是基于其优异的性能,已成功地用于铸造一些受力复杂,强度、韧性、耐磨性要求较高的零件。球墨铸铁是通过球化和孕育处理得到球状石墨,有效地提高了铸铁的机械性能,特别是提高了塑性和韧性,从而得到比碳素钢还高的强度。铸铁是含碳量大于 2.11% 的铁碳合金,由工业生铁、废钢等钢铁及其合金材料,经过高温熔融和铸造成型得到。球墨铸铁已迅速发展为仅次于灰铸铁、应用十分广泛的铸铁材料。所谓"以铁代钢",主要指球墨铸铁。

以球墨铸铁为主要材料,内部进行防腐处理的管材称为球墨铸铁管(图 9-9)。球墨铸铁管以机械

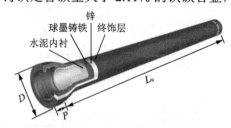

图 9-9 球墨铸铁管

性能优良、运行安全可靠、破损率低、防腐性能优异等特点得到推广使用。球墨铸铁管缺点在于管体笨重,安装时须动用机械。由于其连接方式(T型或N1型)特殊,一旦出现漏水,维修比较麻烦。

球墨铸铁管在郑州市轨道交通使用范围主要为室外生产、生活给水管和消防管道、区间消防管道。

(三)PVC 管

PVC 是聚氯乙烯的简称,在生产过程中另外加入其他成分来增强其耐热性、韧性、延展性等。PVC 管表面膜的最上层是漆,中间的主要成分是聚氯乙烯,最下层是背涂黏合剂。PVC 是当今世界上深受喜爱、广泛应用的一种合成材料,它的全球使用量在各种合成材料中高居第二。据统计,仅仅 1995 年一年,PVC 在欧洲的生产量就有 500 万 t 左右,而其消费量则为 530 万 t。在德国,PVC 的生产量和消费量平均为 140 万 t/年。

PVC 管(PVC-U 管),又称硬聚氯乙烯管(图 9-10),是由聚氯乙烯树脂与稳定剂、润滑剂等配合后用热压法挤压成型,最早得到开发应用的塑料管材。PVC-U 管抗腐蚀能力强、易于粘接、价格低、质地坚硬,但是由于有 PVC-U 单体和添加剂渗出,只适用于输送温度不超过 45℃的给水系统中。

PVC 管在郑州市轨道交通使用范围主要为车站内重力排水管、卫生间重力排水管等无压管道,以及车辆段、停车场等建筑的室外雨水管。

(四)衬塑钢管

衬塑钢管(图 9-11),以镀锌无缝钢管、焊接钢管为基管,内壁去除焊筋后,衬入与镀锌管内等径的食品级聚乙烯(PE)管材,聚乙烯衬层厚度要求符合《给水衬塑可锻铸铁管件》(CJ/T 137—2008)标准,最后加压加热一定时间后成型,是传统镀锌管的升级型产品。

图 9-10 PVC 管

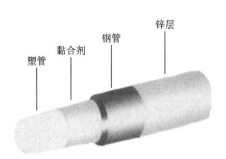

图 9-11 衬塑钢管

衬塑钢管在郑州市轨道交通使用范围主要为车站冷凝水排水管、车辆段/停车场的生产/生活给水和消防给水。

二、连接方式

给排水系统的管道与管道连接、管道与阀门的连接依赖于各种可靠的连接方式。应用于城市轨道交通车站、区间的连接方式主要有法兰连接、螺纹连接、卡箍连接、承插连接、粘接连接五大类。

（一）法兰连接

法兰连接（图9-12）就是把两个管道、管件或器材，先各自固定在一个法兰盘上，然后在两个法兰盘之间加上法兰垫，最后用螺栓将两个法兰盘拉紧，使其紧密结合起来的一种可拆卸的接头。因此法兰连接设计主要解决的问题是防止介质泄漏。法兰连接有较好的强度和紧密性，适用的尺寸范围广，在设备和管道上都能应用，所以应用普遍。但法兰连接时，不能很快地进行装配与拆卸，制造成本较高。

法兰连接在郑州市轨道交通使用范围较广，无论是排水系统、给水系统，还是消防系统均有使用，甚至PVC管也有用法兰连接的。

（二）丝扣连接

丝扣连接（图9-13）是指通过内外螺纹把管道与管道、管道与阀门连接起来，类似螺丝和螺母的原理的连接方式，依靠两组内外螺纹绞合连接。螺纹按其母体形状，分为圆柱螺纹和圆锥螺纹；按其在母体所处位置，分为外螺纹、内螺纹；按其截面形状（牙形），分为三角形螺纹、矩形螺纹、梯形螺纹、锯齿形螺纹及其他特殊形状螺纹。

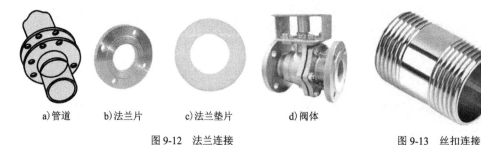

a)管道　　b)法兰片　　c)法兰垫片　　d)阀体

图9-12　法兰连接　　　　　　　　图9-13　丝扣连接

在机械加工中，螺纹是在一根圆柱形的轴上（或内孔表面）用刀具或砂轮切成的，此时工件旋转一定角度，刀具沿着工件轴向移动一定的距离，刀具在工件上切出的痕迹就是螺纹。在外圆表面形成的螺纹称外螺纹，在内孔表面形成的螺纹称内螺纹。螺纹的基础是圆轴表面的螺旋线，通常若螺纹的断面为三角形，则称为三角螺纹；断面为梯形，称为梯形螺纹；断面为锯齿形，称为锯齿形螺纹；断面为方形，称为方牙螺纹；断面为圆弧形，称为圆弧形螺纹等。

丝扣连接具有制造简单、连接可靠、使用方便、通用性好、可装拆而重复使用等优点,缺点是压力低、管径小、易滴漏。

由于使用的套丝机板牙尺寸一般小于100mm,且直径大于100mm的管道套丝比较困难,螺纹连接在郑州市轨道交通一般用于管径小于DN100mm的管道,可用于排水系统、给水系统和消防系统,以给水系统、消防系统为主要使用场所。

(三)卡箍连接

卡箍连接(图9-14)也称沟槽管件连接,其已成为当前液体、气体管道连接的首推技术,尽管这项技术在国内的开发时间晚于国外,但由于其技术的先进性,很快被国内市场所接受。

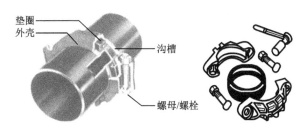

图9-14 卡箍连接

该连接方式从1998年开始研制开发,经过短短几年的开发和应用,已逐渐取代了法兰和焊接的两种传统管道连接方式。当前,卡箍连接方式技术上成熟,市场普遍认可,并且得到了国家有关政策的积极引导。

沟槽管件连接技术的应用,使复杂的管道连接工序变得简单、快捷、方便,使管道连接技术向前迈了一大步。

沟槽连接管件包括两个大类产品:

(1)起连接密封作用的管件,具体包括:刚性接头、挠性接头、机械三通和沟槽式法兰。

(2)起连接过渡作用的管件,具体包括:弯头、三通、四通、异径管、盲板等。

起连接密封作用的沟槽连接管件主要由三部分组成,即密封橡胶圈、卡箍和锁紧螺栓。位于内层的橡胶密封圈置于被连接管道的外侧,并与预先滚制的沟槽相吻合,再在橡胶圈的外部扣上卡箍,然后用两颗螺栓紧固即可。由于其橡胶密封圈和卡箍采用特有的可密封结构设计,使沟槽连接件具有良好的密封性,并且随管内流体压力的增高,其密封性相应增强。

沟槽管件连接优点如下:

(1)操作简单。

沟槽管件连接操作简易,无需特殊的专业技能,普通工人经过简单的培训,即可操作。这是因为沟槽管件产品已将大量的精细技术部分以工厂化方式融入产成品中。一处管件连接仅需几分钟时间,最大限度地降低了现场操作的技术难度,节省工时,从而也稳定了工程质量,提高了工作效率,这也是安装技术发展的总体方向。而传统的焊接和法兰连接的管道连接方式,不但需要有相应技能的焊接工人,而且费时,工人的操作难度大,并存在焊接所产生的烟尘。由于操作空间和焊接技能的差异,焊接质量和外观都难以达到满意的结果,从而影响工程的整体质量。

(2)管道原有的特性不受影响。

沟槽管件连接,仅在被连接管道外表面用滚槽机挤压出一个沟槽,而不破坏管道内壁结构,这是沟槽管件连接特有的技术优点。如果采用传统的焊接操作,许多内壁做过防腐层的管道都将遭到破坏。因此规范规定镀锌管道、衬塑钢管、钢塑复合管等都不得使用焊接和法兰连接,否则需要二次处理。

(3)有利于施工安全。

采用沟槽管件连接技术,现场仅需要切割机、滚槽机和钮紧螺栓用的扳手,施工组织便捷。而采用焊接和法兰连接,则需要配备复杂的电源电缆、切割机具、焊接机及氧气和乙炔气瓶等,这就给施工组织带来了复杂性,而且存在漏电和发生火灾的危险隐患。同时焊接和气割所产生的焊渣,不可避免地落入管道内部,使用中容易产生管路阀件甚至设备堵塞,也会污染管内水质。

(4)系统稳定性好,维修方便。

沟槽管件的连接方式具有独特的柔性特点,可使管路具有抗震动、抗收缩和膨胀的能力。与焊接和法兰连接相比,沟槽管件连接的管路系统的稳定性增加,更适应温度的变化,从而保护管路阀件,也减少了管道应力对结构件的破坏。由于沟槽管件连接操作简单,所需要的操作空间变小,这为日后的维修带来了众多便利条件。当管道需要维修或更换时,只需松开两片卡箍,即可任意更换、转动、修改一段管路,不需破坏周围墙体,减少了维修时间和维修费用。

(5)施工安装成本低。

由于沟槽管件连接操作简单,省工省时,因此具有良好的经济效益。许多文章都做过经济分析,认为"采用卡箍连接,虽然卡箍的单个配件价格较高,但整个管网安装的综合效益高于法兰连接"。

沟槽管件连接由于需要使用滚槽机在管道上滚出沟槽,直径小的管道壁厚较薄,容易破坏管道结构,所以多用于管径大于DN100的管道。在郑州市轨道交通使用范围较广,主要用于排水系统和消防系统。

(四)承插连接

给水工程中常采用铸铁管作为给水管,与钢管比较,铸铁管价格较低,制造较易,耐腐蚀性较好。铸铁管的接口形式种类很多,根据对接口的性能要求选择,基本上分承插式接口(图9-15)和法兰盘接口两类。承插式铸铁管接口方式又是承插式给水铸铁管施工中的一个重要环节。

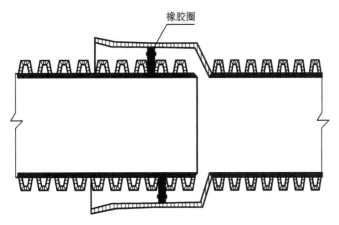

图 9-15　承插连接

承插管(即承插式铸铁管)分为刚性承插连接和柔性承插连接两种。刚性承插连接是用管道的插口插入管道的承口内,对位后先用嵌缝材料嵌缝,然后用密封材料密封,使之成为一个牢固的封闭的整体。柔性承插连接接头在管道承插口的止封口上放入富有弹性的橡胶圈,然后施力将管子插端插入,形成一个可适应一定范围内的位移和振动的封闭管。虽然柔性接口有一些优点,但对管材要求高,施工要求高,造价高,故不经常采用。

由于承插连接具有可靠性高、施工难度较大的特点,在郑州市轨道交通给排水系统中仅在区间消防系统和室外埋地给水系统中使用。

(五)黏接连接

黏接是借助胶黏剂在固体表面上所产生的黏合力,将同种或不同种材料牢固地连接在一起的方法。

胶黏剂的主要功能是将被黏接材料连接在一起。黏接组件内的应力传递与传统的机械紧固相比,应力分布更均匀,而且黏接的组件结构比机械紧固(铆接、焊接、过盈连接和螺栓连接等方式)强度高、成本低、质量轻。如果薄壁件黏接物黏接到厚壁制品上,可充分发挥薄壁件的全部强度。而机械紧固和焊接结构的强度受紧固件、焊点及其热感应区域的限制。

黏接连接在郑州市轨道交通排水系统中仅在无压排水系统中使用,主要用于 PVC 管。

第四节　阀门设备

郑州市轨道交通排水系统中常用阀门有闸阀、截止阀、节流阀、球阀、蝶阀、止回阀等几种。它们的主要功能如下:

闸阀:启闭件(闸阀)由阀杆带动,沿阀座密封面作升降运动的阀门。

截止阀：启闭件（阀瓣）由阀杆带动，沿阀座（密封面）轴线作升降运动的阀门。

节流阀：通过启闭件（阀瓣）改变通路截面积以调节流量、压力的阀门。

球阀：启闭件（球体）绕垂直于通路的轴线旋转的阀门。

蝶阀：启闭件（蝶板）绕固定轴旋转的阀门。

止回阀：启闭件（阀瓣）借介质作用力，自动阻止介质逆流的阀门。

安全阀：一种自动阀门，它不借助任何外力，而是利用介质本身的力来排出额定数量的流体，以防止系统内压力超过预定的安全值。当压力恢复正常后，阀门自行关闭并阻止介质继续留出。

本文以其中具有代表性的阀门为例进行阐述。

一、闸阀

闸阀（图 9-16）是一个启闭件闸板，闸板的运动方向与流体方向相垂直，闸阀只能作全开和全关。改善其工艺性，弥补密封面角度在加工过程中产生的偏差，这种闸板称作弹性闸板。

闸阀的启闭件是闸板，闸板的运动方向与流体方向相垂直，闸阀只能作全开和全关，不能作调节和节流。闸板有两个密封面，最常用的模式闸板阀的两个密封面形成楔形，楔形角随阀门参数而异，通常为5°，介质温度不高时为2°52′。楔式闸阀的闸板可以做成一个整体，称作刚性闸板；也可以做成能产生微量变形的，以改善其工艺性，弥补密封面角度在加工过程中产生的偏差，这种闸板称作弹性闸板。闸阀关闭时，密封面可以只依靠介质压力来密封，即依靠介质压力将闸板的密封面压向另一侧的阀座来保证密封面的密封，这就是自密封。大部分闸阀是采用强制密封的，即阀门关闭时，要依靠外力强行将闸板压向阀座，以保证密封面的密封性。闸阀的闸板随阀杆一起做直线运动的，称升降杆闸阀，亦称明杆闸阀。通常在升降杆上有梯形螺纹，通过阀门顶端的螺母以及阀体上的导槽，将旋转运动变为直线运动，也就是将操作转矩变为操作推力。开启阀门后，当闸板提升高度等于阀门通径时，流体的通道完全畅通，但在运行时，此位置是无法监视的。实际使用时，是以阀杆的顶点作为标志，即开不动的位置，作为它的全开位置。为考虑温度变化出现锁死现象，通常在开到顶点位置上，再倒回0.5～1圈，作为全开阀门的位置。因此，阀门的全开位置，按闸板的位置即行程来确定。有的闸阀，阀杆螺母设在闸板上，手轮转动带动阀杆转动，而使闸板提升，这种阀门称作旋转杆闸阀，或称为暗杆闸阀。

图 9-16 闸阀

在郑州市轨道交通给排水系统中，闸阀多用于经过人防措施的管道上和密闭性要求比较严格的位置。

二、蝶阀

蝶阀又称翻板阀（图9-17），是一种结构简单的调节阀，可用于低压管道开关控制。蝶阀的关闭件（阀瓣或蝶板）为圆盘，依靠阀轴旋转来达到开启与关闭。阀门可用于控制空气、水、蒸汽、各种腐蚀性介质、泥浆、油品、液态金属和放射性介质等各种类型流体的流动，在管道上主要起切断和节流作用。蝶阀启闭件是一个圆盘形的蝶板，在阀体内绕其自身的轴线旋转，从而达到启闭或调节的目的。

蝶板由阀杆带动，若转过90°，便能完成一次启闭。改变蝶板的偏转角度，即可控制介质的流量。

适用范围：蝶阀适用于发生炉、煤气、天然气、液化石油气、城市煤气、冷热空气、化工冶炼和发电环保、建筑给排水等工程系统中，输送各种腐蚀性、非腐蚀性流体介质的管道上，用于调节和截断介质的流动。

在郑州市轨道交通给排水系统中，蝶阀主要用于消防系统中。

图9-17 蝶阀

三、截止阀

截止阀又称截门阀（图9-18），属于强制密封式阀门，所以在阀门关闭时，必须向阀瓣施加压力，强制密封面不泄漏。当介质由阀瓣下方进入阀门时，操作力所需要克服的阻力，是阀杆和填料的摩擦力与由介质的压力所产生的推力；关阀门的力比开阀门的力大，所以阀杆的直径要大，否则会发生阀杆顶弯的故障。连接方式可分为三种，即法兰连接、丝扣连接、焊接连接。从自密封的阀门出现后，截止阀的介质流向就改由阀瓣上方进入阀腔，这时在介质压力作用下，关阀门的力小，而开阀门的力大，阀杆的直径可以相应地减少。同时，在介质作用下，这种形式的阀门也较为严密。按照我国阀门"三化"（标准化、系列化、通用化）规定，截止阀的流向，一律采用自上而下。截止阀开启时，阀瓣的开启高度为公称直径的25%～30%时，流量已达到最大，表示阀门已达全开位置。所以截止阀的全开位置，应由阀瓣的行程来决定。

图9-18 截止阀

在郑州市轨道交通给排水系统中，截止阀阀多用于生产、生活给水系统和反冲洗设备中。

四、止回阀

止回阀（图 9-19）又称逆止阀、单向阀、逆流阀和背压阀，是指依靠介质本身流动而自动开、闭阀瓣，用来防止介质倒流的阀门。止回阀属于一种自动阀门，其主要作用是防止介质倒流，防止泵及驱动电动机反转，以及容器介质的泄放。

图 9-19　止回阀

在郑州市轨道交通给排水系统中，止回阀属于必不可少的阀门，所有的水泵出水口均安装止回阀。

五、倒流防止器

倒流防止器（图 9-20）是在自来水供水设备，尤其是生活饮用水管道回流污染严重，又无有效防止回流污染装置的情况下，研制的一种严格限定管道中水只能单向流动的水力控制组合装置，它的功能是在任何工况下防止管道中的介质倒流，以达到避免倒流污染的目的。目前，倒流防止器主要分为低阻力倒流防止器和减压型倒流防止器两类，按国家标准低阻力倒流防止器的水头损失小于 3m，减压型倒流防止器的水头损失小于 7m。

在郑州市轨道交通给排水系统中，倒流防止器主要用于各用水支路上端。

六、安全阀

安全阀（图 9-21）是指启闭件受外力作用下处于常闭状态，当设备或管道内的介质压力升高超过规定值时，通过向系统外排放介质，来防止管道或设备内介质压力超过规定数值的特殊阀门。

安全阀属于自动阀类，在郑州市轨道交通给排水系统中，主要用于消防泵房内的消防管道上，控制压力不超过规定值，对人身安全和设备运行起重要保护作用。

图 9-20 倒流防止器

图 9-21 安全阀

第五节　室外给排水设备

一、排水井

室外排水井属于排水系统的一部分。由于轨道交通地下车站的排水系统排至车站外部时均为压力管道,当压力管道里的积水排至市政管道时需要进行减压、消能,然后与市政排水系统进行接驳。室外排水井一般为减压井和检查井。

二、阀门井

阀门井是地下管线及地下管道(如自来水、油、天然气管道等)的阀门为了在需要进行开启和关闭部分管网操作或者检修作业时方便,而设置的类似小房间里的一个坑(或井),将阀门等安装布置在这个坑(或井)里,便于定期检查、清洁和疏通管道,防止管道堵塞。这个坑(或井)就称为阀门井。有阀门井必定有阀门,但有阀门不一定有阀门井。

阀门井因为是管道的枢纽,所以对其自身有以下要求:

(1)阀门井本身不能渗水,必须保证其密封性。

(2)给水管道在使用过程中,管道会受到来自不同方面的压力,从而会产生不同程度的抖动或沉降,因此要求给水管道与阀门井的连接方式要可靠,能够适应一定程度的抖动和沉降,而不会使水渗进井室;在埋地很深的阀门井管道稍大时,一般都采用铸铁阀门(如截止阀,蝶阀等)。铸铁阀门长期在水里浸泡,会影响阀门使用寿命或引起断裂,因此对管道与阀门井之间的密封性要求更高。

(3)阀门井井筒与井体、井盖的连接方式要可靠,不能因为大雨或积水的原因使水渗入井室。

(4)阀门井埋设于地下,要承受来自各个方向的不同压力,以及不同化学物质的腐蚀和侵害,要求阀门井承压能力和耐酸碱腐蚀性要好。

三、室外消防设备

室外消火栓是设置在建筑物外面消防给水管网上的供水设施,主要供消防车从市政给水管网或室外消防给水管网取水实施灭火,也可以直接连接水带、水枪出水灭火,是扑救火灾的重要消防设施之一。

室外消火栓设置安装应明显、容易发现,方便出水操作,地下消火栓还应当在地面附近设有明显固定的标志。地上式消火栓选用于气候温暖地区,地下式选用于气候寒冷地面。

四、化粪池

化粪池(Septictank)是指的是将生活污水分格沉淀,利用沉淀和厌氧发酵的原理,去除生活污水中悬浮性有机物的处理设施,属于初级的过渡性生活处理构筑物。其原理是固化物在池底分解,上层的水化物体,进入管道流走,防止了管道堵塞,给固化物体(粪便等垃圾)有充足的时间水解。

车站污水中含有大量粪便、纸屑、病原虫,污水进入化粪池,经过 12～24h 的沉淀,可去除 50%～60% 的悬浮物。沉淀下来的污泥经过 3 个月以上的厌氧发酵分解,使污泥中的有机物分解成稳定的无机物,易腐败的生污泥转化为稳定的熟污泥,改变了污泥的结构,降低了污泥的含水率。定期将污泥清掏外运,填埋或用作肥料。化粪池的沉淀部分和腐化部分的计算容积,应按《建筑给水排水设计规范》(GB 50015—2003)设计。污水在化粪池中停留时间宜为 12～24h。对于无污泥处置的污水处理系统,化粪池容积还应包括储存污泥的容积。

第六节 保温设备

给排水系统的保温是不得不考虑的一个问题。由于城市轨道交通车站内电气设备较多,一旦由于天气寒冷造成管道破裂,后果会非常严重。在郑州市轨道交通车站内,给排水系统的保温设备分为两类,一类是电伴热,一类是硅酸镁保温棉。

一、电伴热

电伴热作为一种有效的管道保温及防冻方案,一直被广泛应用。其工作原理是通过伴热媒体散发一定的热量,直接或间接地进行热交换,补充被伴热管道的损失,以达到升温、保温或防冻的正常工作要求。

电伴热是沿管线长度方向或罐体容积大面积上的均匀放热,它不同于在一个点或小面积上热负荷高度集中的电伴热;电伴热温度梯度小,热稳定时间较长,适合长期使用,其所需的热量(电功率)大大低于电加热。电伴热具有热效率高,节约能源,设计简单,施工安装方便,无污染,使用寿命长,能实现遥控和自动控制等优点,是取代蒸汽、热水伴热技术的发展方向,是国家重点推广的节能项目。

电伴热带接通电源后(注意尾端线芯不得连接),电流由一根线芯经过导电的 PTC 材料到另一线芯而形成回路。电能使导电材料升温,其电阻随即增加。当芯带温度升至某值后,电阻大到几乎阻断电流的程度,其温度不再升高。与此同时,电伴热带向温度较低的被加热体系传热。电伴热带的功率主要受控于传热过程,随被加热体系的温度自动调节输出功率,而传统的恒功率加热器却无此功能。

二、硅酸镁保温棉

硅酸镁保温棉主要用于一些不重要或者受低温影响较小的管道、阀门上。复合硅酸镁墙体保温材料选用轻质矿物原料,其是由硅酸镁为主的海泡石基质材料组成的封闭微孔网状结构,经过制浆、入模、定型、烘干、成品、包装等工艺,制造成优质高效保温材料。硅酸镁墙体保温材料具有优良的隔热、防火、抗压性能,是理想的建筑节能材料;在使用温度范围内,可长期使用,不易老化、不变质、无毒无味、保温性能长期不减;具有体积轻,导热系数小、隔冷、隔热、防震、吸音等特点。

第二篇 实务篇

第十章　城市轨道交通给排水系统操作与维护

> **岗位应知应会**
>
> 1. 通过实际操作来熟悉设备控制方法或者工作原理。
> 2. 能够正确熟练操作本章介绍的设备。
>
> **重难点**
>
> 重点：各个设备的正确拆卸或者调试。
> 难点：给排水系统检修的详细操作流程。

第一节　超声波液位计调试

给排水行业使用的超声波液位计的工作原理基本一致，各类超声波的调试均围绕超声波的量程、盲区等展开，现以某品牌 PROBE 型超声波液位计（图 10-1）为例，进行介绍。

一、超声波液位计的工作原理

超声波液位计工作时，高频脉冲声波由换能器（探头）发出，遇被测物体（水面）表面被反射，折回的反射回波被同一换能器（探头）接收，转换成电信号。脉冲发送和接收之间的时间（声波的运动时间）与换能器到物体表面的距离成正比，声波传输的距离 S 与声速 v 和传输时间 t 之间的关系可以用下式表示：

$$S = v \times \frac{t}{2}$$

图 10-1　PROBE 型超声波液位计

二、超声波液位计的盲区

盲区是由传感器特性决定的。超声波液位计工作时，压电晶体震荡发出超声波，震荡变形弯曲时不能接收信号，在一定距离内接收到液位信号是无效的。盲区的设置是为了忽略传感器前面这个区域，它是从传感器测量面向被测物体的一小段距离。安装超声波液位计时必须考虑超声波液位计的盲区问题。当液位进入盲区后，超声波变送器无法测量液位，所以在确定超声波液位计的量程时,必须留出盲区的余量。

PROBE型超声波液位计出厂设置盲区为25mm,可以根据现场情况手动调节,设定方法如下:

(1)将液位计正确安装(或对准墙面,距墙面0.25～5m),通电,启动液位计,显示如图10-2所示。

(2)同时按下"c20"、"c4"键,进入调节模块,超声波液位计的各种调节功能如图10-3所示。

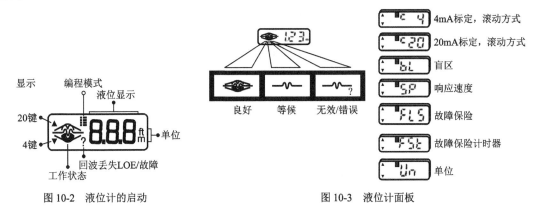

图10-2　液位计的启动　　　　　图10-3　液位计面板

(3)当页面显示进入液位计盲区调试模块时,可以操作"c20"、"c4"按键来调调节,调节方式见图10-4。

三、超声波液位计的量程与液位

(1)超声波液位计的测量原理非常简单,测量原理如图10-5所示。

图10-4　液位计盲区调试界面　　　　图10-5　液位计测量原理图

(2)液位计的盲区调整完成后,即可开始液位计的量程与液位调整,同时按下"c20"、"c4"键,分别进入两个模块开始调试,如图10-6所示。

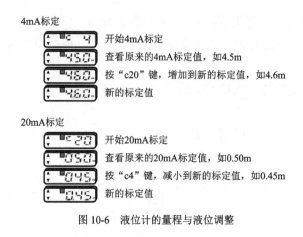

图 10-6 液位计的量程与液位调整

四、超声波液位计的验证标准

超声波液位计调试完成后,需验证液位调节是否合理。验证时,水泵控制柜应处于自动状态,将液位计下方用纸或木板遮挡,将遮挡物分别调高、降低至启泵、停泵、报警液位,水泵应能根据现场液位的变化,分别进行启泵、停泵动作,根据报警液位在控制柜上显示低水位/高水位报警信息。

第二节　机械密封安装与拆卸

水泵机械密封是水泵的主要部件之一,也是水泵易损件之一。它是靠一对或数对垂直于轴作相对滑动的端面,在流体压力和补偿机构的弹力(或磁力)作用下保持贴合,并配以辅助密封,进而达到阻漏的轴封装置。

以某品牌 WQK 型号的水泵为例,其机械密封一般位于油腔的上方。

一、机械密封的安装

(1)检查所安装的机械密封型号、规格是否正确,质量是否符合标准。

(2)检查机械密封元件是否有损坏之处,特别是动、静环的端面是否被碰伤,如果发现有损坏,必须及时进行修复或更换。

(3)机械密封安装时,必须将轴、壳体孔及机械密封本身清洗干净,防止任何杂质进入密封部位,特别是摩擦端面,必须保持干净、无尘、无铁屑或异物。

(4)安装静环时,必须小心压入。

(5)合理选择弹簧旋向,一般从电机端向叶轮看,转轴为顺时针时,应选择右旋弹簧;反之,则选择左旋弹簧。

(6)动环安装后必须保证能在轴上灵活移动(把动环压向弹簧,可以自由地弹回来)。

二、机械密封的拆卸

(1)机械密封的拆卸顺序与安装顺序相反。

(2)在拆卸机械密封过程中应仔细,不可动用手锤,以免破坏密封元件,如因有污垢拆不下来,不能强行拆卸,应清洗干净,再进行拆卸。

图 10-7 为机械密封剖面图。

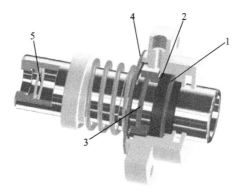

图 10-7 机械密封剖面图

1- 静环密封圈;2- 摩擦副;3- 动环密封圈;4- 压盖密封圈;5- 轴套密封圈

第三节 管道维护与安装

一、管道的维护

管道的维修包括给水管道和排水管道及附件的维修。给水管道的损坏主要是由腐蚀引起的。腐蚀表现形式有生锈、坑蚀、结瘤、开裂或脆化等。排水管道及附件需要维修主要是由于水管堵塞,而水管堵塞往往是由于使用卫生器具不当引起的。对此类管道的维修主要采用预防为主的方式。如设置检查口、检查井和清扫口等。对于损坏严重,不能修复的管道和附件,只能采取更换的维修方式,并按要求进行试验和消毒。为使管道和附件更换时安装合理,需遵循管道及附件的安装规范和通则。

根据郑州市轨道交通给排水系统的常见故障情况,在此主要介绍柔性卡箍的安装程序。

二、柔性卡箍安装程序

1. 钢管切割
将钢管按照所需长度放入切割机上,可以使用管道专用切割机或普通切割机,管道断面应垂直轴线。切口有毛刺,用钢刷打磨。

2. 开槽
(1)将切割合格的管材架设在滚槽机(图10-8)和尾架上;
(2)在管材上用水平测量仪,使其处于水平位置;
(3)将管材端面与滚槽机止面贴紧,使管轴线与滚槽机止面垂直;
(4)启动滚槽机,慢速在管材外壁施压,在规定时间滚压出环形沟槽;
(5)停机,用游标卡尺测量沟槽的深度和宽度,在确认沟槽尺寸符合要求后,滚槽机卸荷,取出管子。

注意:在滚槽机滚压沟槽过程中,严禁管材出现纵向位移和角位移。

3. 密封面的要求
钢管端头密封面要求平滑,不允许凹凸,不允许有翻边和毛刺。端口钢管不圆应校圆,钢管端面要打磨平滑。

4. 密封圈的安装
清除密封面上杂物后涂上肥皂水,检查密封圈是否有损伤,再将密封圈向外翻成槽并浸入肥皂水。先将密封圈套在钢管端头,另一个钢管伸进密封圈,密封圈翻转,并将两管之间缝隙调整到所需宽度,然后在密封圈外表面刷肥皂水。

5. 卡箍安装
将卡箍内腔密封槽涂肥皂水,将两卡箍扣在密封圈上,并使卡箍两侧卡进槽中(图10-9)。交替上紧两只螺栓,注意上螺栓不能卡胶圈。

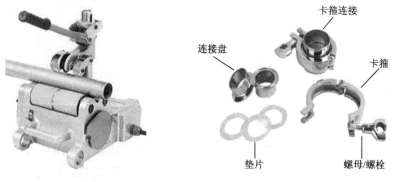

图10-8 滚槽机　　图10-9 卡箍连接示意图

6. 试压
(1)管道安装完毕后进行系统试压。试压前应全面检查安装件、固定支架是否牢固。
(2)分层、分段、分面进行试压,试压时会使螺栓拉长,两卡箍分开。卸压后应第二次拧紧螺栓。

（3）测量指标：轨道交通给排水系统的水压强度试验的测试点应设在系统管网的最低点。对管网注水时，应将管网内的空气排净，并应缓慢升压，达到试验压力后，稳压30min，目测管网应无泄漏和无变形，且压力降不应大于0.05MPa。系统试验压力为工作压力的1.5倍，但不得小于0.6MPa，然后降至工作压力进行严密性试验，不渗、不漏为合格。管网的压力和直径如有变动，具体标准参考《建筑给水排水及采暖工程施工质量验收规范》（GB 50242—2002）、《给水排水管道工程施工及验收规范》（GB 50268—2008）。

第四节　阀门拆卸与组装

在实际生产过程中，容易出现故障的阀门主要为闸阀（图10-10），本文以闸阀拆卸与组装为例，加以介绍。

一、闸阀拆卸与组装

1. 拆卸

（1）拆卸手轮。
（2）拧卸阀盖螺栓。
（3）提起阀盖、丝杆和闸板。
（4）将闸板从丝杆上卸下，取出套筒螺母。
（5）清除闸阀内的污物、锈斑，擦拭各部件。
（6）丝杆、套筒螺母涂油。

2. 安装

（1）安装套筒螺母。
（2）将丝杆穿过阀盖，并将闸板拧到丝杆上。
（3）将闸板和阀盖装进阀体。
（4）拧紧各螺栓。
（5）均匀拧紧两端螺栓。
（6）安装手轮。

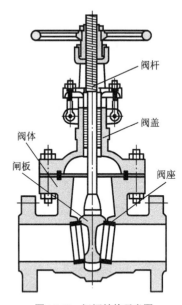

图10-10　闸阀结构示意图

二、拆卸与组装注意事项

（1）正确使用工具。

（2）工作时，工具、材料、工件等摆放整齐。

（3）正确执行安全操作规程。

（4）装配原则：先拆的后装，后装的先拆，弄清配合性质，切忌乱打猛敲。操作顺序：先里后外，从左至右，自上而下；顺序插装，先易后难；先零件、部件、机构，后上盖试压。

（5）拆装修理后的闸阀配合恰当，连接正确，阀件齐全，螺栓紧固。

（6）拆装修理后的开闭灵活，密封可靠。

（7）作业结束后，工具、设备（工作台）、场地应整洁。

第五节　给排水系统检修内容

为了保证城市轨道交通给排水系统可靠运行，给排水专业设备按照设备分类，分为水泵类（含潜污泵、密闭污水提升装置、消防泵）和消防设施（含消火栓）。给排水专业对设备制定检修周期，根据周期不同，在每个周期对设备进行不同层次的检修、维护。

一、水泵类

（一）密闭式污水提升装置的检修作业

（1）密闭式污水提升装置检修所需工器具，见表 10-1。

密闭式污水提升装置检修所需工器具　　表 10-1

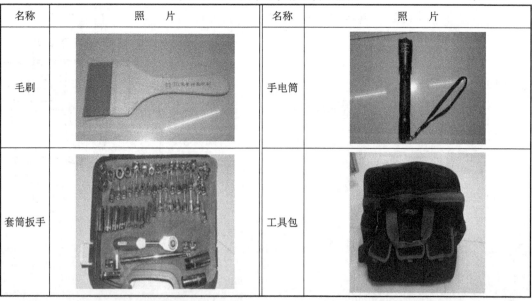

名称	照片	名称	照片
毛刷		手电筒	
套筒扳手		工具包	

续上表

名称	照片	名称	照片
警示牌	禁止合闸 有人工作	工具包	

(2)密闭式污水提升装置检修流程,见表10-2。

密闭式污水提升装置检修流程　　　　　表10-2

检修设备	检修内容	标准作业程序	图例
密闭式污水提升装置	1.对超声波液位计进行功能测试和水泵运行电流测试	(1)模拟低水位,同时控制回路保证2台泵均处于停泵状态; (2)模拟启泵水位,一台泵启动,电控箱上的运行指示灯亮,与环调确认BAS界面,水位和水泵运行状态应与现场一致; (3)模拟停泵水位,水泵停止工作,运行指示灯灭,与环调确认BAS界面,水位和水泵运行状态应和现场一致; (4)模拟高水位,两台泵同时启动,电控箱上的运行指示灯亮,环调确认BAS界面,水位和水泵运行状态应和现场一致; (5)模拟超高水位,两台泵同时启动并报警,电控箱上的运行指示灯亮,报警指示灯亮蜂鸣器响,环调确认BAS界面,报警信息、水位和水泵运行状态应与现场一致; (6)模拟停泵水泵,高水位报警指示灯、水泵运行指示灯灭,与环调确认BAS界面,水位和水泵运行状态应与现场一致; (7)打开钳形电流表,将量程开关转到"20A"的位置,用钳形电流表分别夹住运行水泵的三相动力电缆,记录每相的运行电流值	
	2.对浮球开关进行功能测试	(1)查看浮球状态,污水泵的运行状态; (2)提出浮球,倒转浮球,模拟起泵水位,污水泵启动; (3)下垂浮球,污水泵停止运行	

续上表

检修设备	检修内容	标准作业程序	图 例
密闭式污水提升装置	3.联系环调分别对密闭式污水提升装置进行远程启、停泵测试	由环调远程操作	
	4.进行手动状态下启、停泵测试	(1)将控制面板上的转换开关拨到"手动"位置; (2)按下电控箱面板上的A泵启泵按钮,A泵启动,按下A泵停泵按钮,A泵停止; (3)按下电控箱面板上的B泵启泵按钮,B泵启动;按下B泵停泵按钮,B泵停止	
	5.检查管路阀	阀门处于"开"位,对阀门进行开关操作,检查阀门的灵活度	
	6.检查水箱内的垃圾	若有较多垃圾,需放水冲洗水箱	
	7.检查水箱与污水泵连接固件是否松动	手动检测	

续上表

检修设备	检修内容	标准作业程序	图 例
密闭式污水提升装置	8.根据使用需要,调整超声波设定数据	手动调整数据参数	
	9.调整污水泵叶轮和耐磨环间隙,清理蜗壳里的杂物	手动调整	
	10.填写相应检修表格		

(二)潜污泵

(1)潜污泵检修所需工器具,见表10-3。

潜污泵检修所需工器具　　　　表10-3

名称	照 片	名称	照 片
强光手电筒		钳行电流表	
试电笔		兆欧表	
万用表		内六角扳手	

续上表

名称	照片	名称	照片
对讲机		套筒扳手	
警示牌		工具包	

(2)潜污泵检修流程见表 10-4。

潜污泵检修流程　　　　　　　　　　　　表 10-4

检修设备	检修内容	标准作业程序	图例
潜污泵	1. 检查电控箱	望:查看电源指示灯是否正常; 闻:控制柜接线端子是否有异味	
	2. 检查超声波液位计	手动触碰查看液位计是否有松动、晃动	
	3. 对超声波液位计进行功能测试和水泵运行电流测试	(1)模拟超低水位,超低水位时报警,同时控制回路保证 2(3)台泵都处于停泵状态; (2)模拟液面在超低水位以上,超低水位报警停止,通过 BAS 界面,与环调确认两台泵都处于停泵状态,与现场一致; (3)模拟启泵水位,一台泵启动,电控箱上的运行指示灯亮,与环调确认 BAS 界面,水位和水泵运行状态应与现场一致; (4)模拟停泵水位,水泵停止工作,运行指示灯灭,与环调确认 BAS 界面,水位和水泵运行状态应与现场一致; (5)模拟高水位,2(3)台泵同时启动,电控箱上的运行指示灯亮,与环调确认 BAS 界面,水位和水泵运行状态应与现场一致;	

续上表

检修设备	检修内容	标准作业程序	图例
潜污泵		（6）模拟超高水位，2（3）台泵同时启动并报警，电控箱运行指示灯亮，报警指示灯亮蜂鸣器响，与环调确认BAS界面，报警信息、水位和水泵运行状态应与现场一致； （7）模拟停泵水泵，高水位报警指示灯、水泵运行指示灯灭，与环调确认BAS界面，水位和水泵运行状态应和现场一致； （8）打开钳形电流表，将量程开关转到"20A"的位置，用钳形电流表分别夹住运行水泵的三相动力电缆，记录每相的运行电流值，对比运行电流值，和上次的额定电流值偏差不大于10%	
	4. 远程控制测试	联系环调，分别对2（3）台泵进行远程启、停泵测试	
	5. 进行手动状态下启、停泵测试	（1）将控制面板上的转换开关拨到"手动"位置。 （2）按下电控箱面板上的A泵启泵按钮，A泵启动；按下A泵停泵按钮，A泵停止。 （3）按下电控箱面板上的B泵启泵按钮，B泵启动；按下B泵停泵按钮，B泵停止。 （4）按下电控箱面板上的C泵启泵按钮，C泵启动；按下C泵停泵按钮，C泵停止	
	6. 检查阀门及清理垃圾	检查管路阀门，冲洗管阀门处于"关"位、主管阀门处于"开"位，对阀门进行开关操作，检查阀门的灵活度；检查并清理集水坑内的漂浮垃圾	
	7. 进行手动状态下启、停泵测试	确认水泵在手动位置，通过控制按钮，操作水泵进行启动、停止	

续上表

检修设备	检修内容	标准作业程序	图 例
潜污泵	8. 调整潜污泵叶轮和耐磨环间隙，清理蜗壳里杂物	(1)用手拉葫芦将水泵吊到泵房地坪上； (2)用内六角扳手松开水泵叶轮的锁紧螺钉； (3)用二爪拉马取出水泵叶轮； (4)清理蜗壳里的杂物； (5)装上水泵叶轮； (6)检查水泵叶轮与耐磨环的间隙，间隙应在0.3～0.5mm之间； (7)如果间隙过小或过大，用内六角扳手松开水泵前端盖板固定螺钉； (8)转动前端盖板，以获得适当的间隙； (9)拧紧前端盖板紧固螺钉； (10)大于5.5kW的水泵出现间隙过大时，直接更换耐磨环	
	9. 检查阀门及清理垃圾	检查管路阀门，冲洗管阀门处于"关"位、主管阀门处于"开"位，对阀门进行开关操作，检查阀门的灵活度；检查并清理集水坑内的漂浮垃圾；检查潜污泵的出水量	
	10. 填写相应检修表格		

（三）消防泵

（1）消防泵检修所需工器具，见表10-5。

消防泵检修所需工器具   表10-5

名称	照 片	名称	照 片
兆欧表		手电筒	

续上表

名称	照片	名称	照片
套筒扳手		对讲机	
工具包		黄油	

(2)消防泵检修流程见表10-6。

消防泵检修流程　　　　表10-6

检修设备	检修内容	标准作业程序	图例
消防泵	1.清洁消防水泵外壳	手动清理消防水泵外壳	
	2.检查消防水泵联轴器,外观上无损裂	检查消防水泵联轴器,外观上无损裂	
	3.切断消防主泵(稳压泵不需测试)的主回路,手动盘车、空载测试电控柜功能	(1)将消防主泵控制箱电源切断,验电复核; (2)在电控箱里将消防主泵动力电源线断开,并确保动力线接线端子距离电控箱0.5m以上; (3)将联轴器处的安全挡板拆卸,手动转动联轴器,对消防主泵进行手动盘车,水泵运行应无卡阻; (4)人员距离消防主泵1m以上的距离; (5)接通控制箱电源,将电控箱上的转换开关转到"手动"位置; (6)按下A泵启动按钮,控制主回路上的A泵交流接触器有吸合的声响,电控箱面板上的运行指示灯亮;按下A泵停止按钮,交流接触器有断路的声响,运行指示灯灭;	

续上表

检修设备	检修内容	标准作业程序	图例
消防泵		（7）按下B泵启动按钮，控制主回路上的B泵交流接触器有吸合的声响，电控箱面板上的运行指示灯亮；按下B泵停止按钮，交流接触器有断路的声响，运行指示灯灭； （8）将转换开关转到"自动"； （9）通知联系环控调度，分别对2台泵进行远程启、停泵测试	
	4.观察消防泵填料盒渗漏水情况	观察并手动修复：观察消防水泵填料盒渗漏水情况，滴水应小于或等于1滴/min，否则，通过压盖上的螺栓调整压盖的松紧度	
	5.检查消防泵地脚螺栓、减振器	检查消防泵地脚螺栓、减振器，螺栓和减振弹簧应无损坏	
	6.检查消防泵电机接线	检查消防泵电机接线的接地情况，无线头松脱	
	7.检测消防泵	（1）检查消防泵三相电流，误差≤10%； （2）将湿式报警阀前的信号闸阀关闭； （3）将电控箱上的转换开关转到"手动"位置； （4）按下A泵启动按钮，A泵启动，运行指示灯亮； （5）打开钳形电流表，将量程开关转到"120A"位置； （6）用钳形电流表分别夹住消防泵的三相动力线，记录运行电流值； （7）重复步骤（3）、（4）、（5），测下B泵的运行电流值，对比上次测量值，误差≤10%	
	8.检查消防泵电机绝缘性能	（1）切断消防水泵电源； （2）打开控制箱（柜）门，根据标识找到U1、V1、W1线及接地线端子； （3）调校好兆欧表； （4）测U1和V1端子之间的电阻，电阻值应≥0.5MΩ； （5）测U1和W1端子之间的电阻，电阻值应≥0.5MΩ	

续上表

检修设备	检修内容	标准作业程序	图 例
消防泵		(6) 测 V1 和 W1 端子之间的电阻,电阻值应≥0.5MΩ; (7) 测 U1 端子和接线端子之间的电阻,电阻值应≥0.5MΩ; (8) 测 V1 端子和接线端子之间的电阻,电阻值应≥0.5MΩ; (9) 测 W1 端子和接线端子之间的电阻,电阻值应≥0.5MΩ; (10) 根据标识找到 U2、V2、W2 线和接地线端子; (11) 调校好兆欧表; (12) 测 U2 和 V2 端子之间的电阻,电阻值应≥0.5MΩ; (13) 测 U2 和 W2 端子之间的电阻,电阻值应≥0.5MΩ; (14) 测 V2 和 W2 端子之间的电阻,电阻值应≥0.5MΩ; (15) 测 U2 端子和接线端子之间的电阻,电阻值应≥0.5MΩ; (16) 测 V2 端子和接线端子之间的电阻,电阻值应≥0.5MΩ; (17) 测 W2 端子和接线端子之间的电阻,电阻值应≥0.5MΩ; (18) 检测结束后,恢复水泵控制箱供电	
	9. 消防水泵轴承加润滑油	(1) 用一字形螺丝刀打开注油孔; (2) 加入约 30g 黄油; (3) 用一字形螺丝刀拧紧注油孔	
	10. 填写相应检修表格		

二、消防设施

(1) 消火栓检修所需工具,见表 10-7。

消火栓检修所需工器具 表 10-7

名称	照片	名称	照片
毛刷		手电筒	
套筒扳手		工具包	

（2）消火栓检修流程，见表 10-8。

消火栓检修流程 表 10-8

检修设备	检修内容	标准作业程序	图例
消火栓箱	1.检查消火栓箱周围	及时清理阻挡物	
	2.检查消火栓头	查看有无漏水，发现有漏水时应及时维修或更换	

续上表

检修设备	检修内容	标准作业程序	图 例
消火栓箱	3.检查消火栓箱内配件,发现损坏、遗失,应及时维修或更换	(1)水带表面无霉变、无蛀孔,两端接扣无锈蚀,接扣端面内的橡胶密封圈无破损,接扣和水带连接处的不锈钢卡箍及紧固螺栓无锈蚀; (2)灭火卷盘胶管无龟裂,无滴漏水,铜水枪完好; (3)水枪无锈蚀,接扣端面内的橡胶密封圈无破损	
	4.擦拭箱体外表,保持箱体外表无灰尘	手动清理箱体外表灰尘	
	5.在站厅、站台、区间随机各选择一个消火栓箱,进行测压实验	(1)水带表面无霉变、无蛀孔,两端接扣无锈蚀,接扣端面里的橡胶密封圈无破损,接扣和水带连接处的不锈钢卡箍及紧固螺栓无锈蚀; (2)灭火卷盘胶管无龟裂、无滴漏水,铜水枪完好; (3)水枪无锈蚀,接扣端面内的橡胶密封圈无破损; (4)在站厅、站台进行测压实验时,打开消火栓箱,先接好测压接头,在确认接头牢固后,缓慢打开消火栓进行测压实验	
	6.确认消火栓无漏水	在测压完成后,确认关闭消火栓无漏水,关上消火栓箱门	

续上表

检修设备	检修内容	标准作业程序	图 例
消火栓箱	7.灭火器检查	(1)检查铭牌是否完好,外观是否有漆皮脱落,漆膜应光滑、平整、色泽一致,无气泡、流痕、皱纹等缺陷,涂漆不应覆盖铭牌; (2)压力指示器外表面不得有变形、损伤等缺陷;压力值的显示应正常,在红、绿、黄中绿色指示范围内,若出现超压、欠压,及时修复或更换; (3)检查喷嘴和喷射软管是否有变形、开裂、损伤等缺陷; (4)灭火器的压把、提把等金属件不得有严重损伤、变形、锈蚀; (5)检查密封片、密封垫是否开裂、损坏; (6)灭火器的虹吸管不应有弯折、堵塞、损伤、裂纹等缺陷; (7)检查灭火器出粉管、进气管、喷嘴、喷枪有无堵塞、破裂; (8)检查保险销及铅封是否完好; (9)检查干粉是否吸湿结块	

第十一章　给排水通用维修工具及仪器仪表的使用

> **岗位应知应会**
>
> 1. 掌握常用工器具及本专业专用工器具的使用方法。
> 2. 能够正确熟练操作本章介绍的工器具。
>
> **重难点**
>
> 重点：熟练掌握常用工器具及专业专用工器具的使用方法。
> 难点：专业工器具的使用方法。

第一节　常用维修工具

一、螺丝旋具

螺丝旋具（图11-1）又称螺丝刀、螺丝批、起子和改锥等，是设备日常维护及故障抢修的常用工具，是用来紧固和拆卸各种紧固力较小螺钉。螺丝旋具由刀柄和刀体组成，刀口形状有"一"字形、"十"字形、内六角形等。根据刀体长度和刀口大小的不同，对应不同型号。电气维护用的螺丝旋具刀体部分用绝缘管套住。

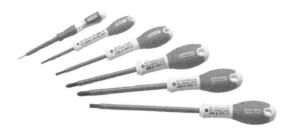

图 11-1　螺丝旋具

使用时，首先根据螺钉头部槽的形状和大小，选择合适的旋具，否则会损坏旋具或螺钉槽。然后用大拇指、食指和中指夹住刀柄，手掌顶着刀柄末端，最后把刀口放入螺钉头部槽内，使用合适的压力旋紧或旋松螺钉。

螺丝旋具用力时不能对着别人或自己，以防脱落伤人。一般螺丝旋具不允许用锤子等工具敲击。不允许用螺丝旋具代替凿子或撬棍。

二、扳手

扳手（图 11-2）是用于旋紧或拧松有角螺丝钉或螺母的工具。常用的扳手有活动扳手、呆扳手、梅花扳手、两用扳手、套管扳手、内六角扳手、棘轮扳手、扭力扳手和专用扳手等。使用扳手时，手握扳手手柄，手越靠后，扳动起来越省力。不允许将扳手当作撬棍或锤子使用。

三、钳

钳（图 11-3）按功能和形状可以分为克丝钳、尖嘴钳、扁嘴钳、鹰嘴钳、剥线钳、斜口钳、压线钳等。克丝钳具有较强夹和剪切功能，常用来夹持小的器件、剪切金属线、弯绞金属线、紧固和拧松螺母等。尖嘴钳的头部尖细，适合狭小空间操作，可以用来夹持小的器件、剪切细小金属线、修整导线形状、紧固和拧松小螺母。扁嘴钳的头部扁平，有带齿和不带齿两种，适合用来夹持和修整器件；不带齿的扁嘴钳不会在器件上留下夹压的痕迹。鹰嘴钳的头部尖细且弯曲，适合用来夹持小的器件。斜口钳的头部有锋刃，用来剪切金属线。剥线钳用于剥除截面面积在 $6mm^2$ 以下导线的绝缘层，可避免芯线损伤。压接钳用来压接各类接头，有机械式和油压式两种。根据压接接头、线径不同，使用不同的压线钳。常用的有网线接头压线钳。不同的钳有不同功能，切不可混用。不允许用锤子等工具敲击钳，或将钳当锤子敲击。

四、锤子

锤子（图 11-4）是一种敲击工具，为了适应不同的工作要求，它们有不同类型、规格和形状，具体分为羊角锤、圆头锤、钳工锤、泥工锤、除锈锤、安装锤等。不同类型的锤子适用于不同的工作条件，错误使用锤子，可能会导致打击面破碎，还可能导致眼睛和其他部位受到严重的伤害。

图 11-2　扳手

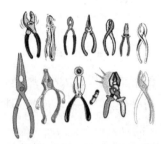

图 11-3　钳

图 11-4　锤子

五、扭力扳手

(一)用途

扭力扳手又称为扭矩扳手,是一种测量扭力值的工具。当达到预设值时,它能把负荷在扳手另一头的力值通过自身的内部机构表现出来。

(二)使用方法

(1)在使用扭力扳手时,先将受力棘爪连接好辅助配件(如内六角套筒、一字头、十字头、梅花头、标准头等),确保连接无问题。

(2)在加固扭力之前,拧动扭矩扳手手柄,按照标尺设定好需要加固的扭力值,并锁好紧锁装置,然后调整好方向转换钮到加力的方向。

(3)当拧紧螺纹紧固件时,手要把握住把手的有效范围,沿垂直于管身方向慢慢加力,若实际扭矩达到设定值时,扳手发出"咔嗒"报警响声,此时应立即停止扳动。

(4)为了使测量结果准确,使用扭力扳手时,应施加一个稳定力。

(三)使用注意事项

(1)扭力扳手是精密机械仪器,操作时应小心谨慎,不可突然施加作用力,否则会导致测量不准,甚至造成扭力扳手内部机构失灵。

(2)不准把扭力扳手当作铁锤进行敲击,使用时应轻拿轻放,不可乱丢。

(3)出现故障时不能随意拆卸,需送计量部门进行维修和校准,确认其功能是否满足要求。

(4)不能超量程工作,当达到设定值和听到"咔嗒"报警响声后,应停止加力。

(5)不可用异物堵塞、粘接固定扭矩调节套筒或把手。

(6)在使用扭力扳手前应确认扭矩值设置是否正确,特别注意的是扭力扳手上往往会有多个扭力单位,要选择正确的扭力单位。

(7)需定期送计量部门进行校准。

第二节 专用维修工具

一、兆欧表的使用

兆欧表又称绝缘电阻摇表(图11-5),是一种测量高电阻的仪表,经常用它测量电气设备或供电线路的对地绝缘电阻值。兆欧表是一种可携带式的仪表,兆欧表的表盘刻度以兆欧(MΩ)为单位。

(一)兆欧表的选用

兆欧表的选用,主要需考虑其电压及测量范围。高压电气设备需使用电压高的兆欧表,低压电气设备需使用电压低的兆欧表。一般选择原则:500V 以下的电气设备,选用 500～1000V 的兆欧表;瓷瓶、母线、刀闸,选用 2500V 以上的兆欧表。

兆欧表测量范围的选择原则:要使测量范围适用于被测绝缘电阻的数值,以免读数时产生较大的误差。如有些兆欧表的读数不是从零开始,而是从 1MΩ 或 2MΩ 开始,这种表就不适宜用于测定处在潮湿环境中的低压电气设备的绝缘电阻。因为这种设备的绝缘电阻有可能小于 1MΩ,使仪表得不到读数,容易误认为绝缘电阻为零,而得出错误结论。

电阻量程范围的选择:兆欧表的表盘刻度线上有两个小黑点,小黑点之间的区域为准确测量区域。在选表时,应使被测设备的绝缘电阻值在准确测量区域内。

兆欧表在工作时,自身产生高电压,而测量对象又是电气设备,所以必须正确使用,否则就会造成人身伤害或设备事故。

图 11-5 兆欧表

(二)使用兆欧表要做的准备

(1)测量前必须将被测设备电源切断,并对地短路放电,决不允许设备带电进行测量,以保证人身和设备的安全。

(2)对可能感应出高压电的设备,必须消除这种可能性后,才能进行测量。

(3)被测物表面要清洁,减少接触电阻,确保测量结果的正确性。

(4)测量前要检查兆欧表是否处于正常工作状态,主要检查其"0"和"∞"两点,即摇动手柄,使电机达到额定转速。兆欧表在短路时应指在"0"位置,开路时应指在"∞"位置。

(5)兆欧表引线应用多股软线,而且应有良好的绝缘。

(6)不能全部停电的双回架空线路和母线,在被测回路的感应电压超过 12V 时,或当雷雨发生时的架空线路及与架空线路相连接的电气设备,禁止进行测量。

(7)兆欧表使用时应放在平稳、牢固的地方,且远离大的外电流导体和外磁场。

(三)使用兆欧表测量电阻时的步骤

(1)兆欧表的选择。主要根据不同的电气设备,选择兆欧表的电压及其测量范围。对于额定电压在 500V 以下的电气设备,应选用电压等级为 500V 或 1000V 的兆欧表;额定电压在 500V 以上的电气设备,应选用 1000～2500V 的兆欧表。

(2)测试前的准备。测量前将被测设备切断电源,并短路接地放电 3～4min,特别是电容量大的设备，更应充分放电，以消除残余静电荷引起的误差，确保正确的测量结果，以及人身和设备的安全；被测物表面应擦拭干净，绝缘物表面的污染、潮湿，对绝缘的影响较大，而测量的目的是了解电气设备内部的绝缘性能，一般都要求测量前用干净的布或棉纱擦净被测物，否则达不到检查的目的。

（3）兆欧表在使用前，应平稳放置在远离大电流导体和有外磁场的地点；测量前对兆欧表本身进行检查。开路检查，两根线不要绞在一起，将发电机摇动到额定转速，指针应指在"∞"位置。短路检查，将表笔短接，缓慢转动发电机手柄，看指针是否到"0"位置。若零位或无穷大均达不到，说明兆欧表有故障，必须进行检修。

（4）接线：一般兆欧表上有三个接线柱，"L"表示"线"或"火线"接线柱；"E"表示"地"接线柱，"G"表示屏蔽接线柱。一般情况下，用有足够绝缘强度的单相绝缘线将"L"和"E"分别接到被测物导体部分和被测物的外壳或其他导体部分。

（5）在特殊情况下，如被测物表面受到污染不能擦拭干净、空气太潮湿或者有外电磁场干扰等，就必须将"G"接线柱接到被测物的金属屏蔽保护环上，以消除表面漏流或干扰对测量结果的影响。

（6）测量：摇动发电机，使转速达到额定转速（120r/min）并保持稳定。一般以1min以后的读数为准，当被测物电容量较大时，应延长时间，以指针稳定不变时为准。

（7）拆线：在兆欧表未停止转动和被测物没有放电以前，不能用手触及被测物和进行拆线工作，必须先将被测物对地短路放电，然后再停止兆欧表的转动，防止电容放电损坏兆欧表。

（8）测量电动机的绝缘电阻时，E端接电动机的外壳，L端接电动机的绕组。

（四）测量电缆的绝缘电阻时兆欧表使用方法

兆欧表有三个接线柱：一个为"L"，一个为"E"，还有一个为"G"（屏蔽）。测量电力线路或照明线路的绝缘电阻时"L"接被测线路上，"E"接地线。测量电缆的绝缘电阻时，为使测量结果精确，应消除线芯绝缘层表面漏电所引起的测量误差，还应将"G"接到电缆的绝缘纸上。在测量时要注意以下几点：

（1）测量电气设备的绝缘电阻，必须先切断电源，遇到有电容性质的设备，如电缆，线路必须先进行放电。

（2）兆欧表使用时，必须平放。

（3）兆欧表在使用之前要先转动几下，察看指针是否在最大处的位置，然后再将"L"和"E"两个接线柱短路，慢慢地转动兆欧表手柄，查看指针是否在"零"处。

（4）兆欧表引线必须绝缘良好，两根线不要绞在一起。

（5）兆欧表进行测量时，要以转动1min后的读数为准。

（6）在测量时，应使兆欧表转数达到120r/min。

（7）兆欧表的量程往往达几千兆欧，最小刻度在1MΩ左右，因而不适合测量100kΩ以下的电阻。

(五)兆欧表使用注意事项

(1)禁止在雷电时或高压设备附近测绝缘电阻,只能在设备不带电,也没有感应电的情况下测量。

(2)摇测过程中,被测设备上不能有人工作。

(3)兆欧表线不能绞在一起,要分开。

(4)兆欧表未停止转动之前或被测设备未放电之前,严禁用手触及兆欧表。拆线时,也不要触及引线的金属部分。

(5)测量结束时,对于大电容设备要放电。

(6)要定期校验兆欧表的准确度。

二、拉马

拉马是机械维修中经常使用的工具,主要用来将损坏的轴承从轴上沿轴向拆卸下来。拉马主要由旋柄、螺旋杆和拉爪构成,有两爪拉马、三爪拉马之分,图11-6为三爪拉马。拉马的主要尺寸有拉爪长度、拉爪间距、螺杆长度,可适应不同直径及不同轴向安装深度的轴承。

图11-6 三爪拉马

(一)使用方法

(1)使用拉马时,将螺杆顶尖定位在轴端顶尖孔,调整拉爪位置。

(2)使拉爪挂钩在轴承外环。

(3)旋转旋柄,使拉爪带动轴承沿轴向向外移动拆除。

(二)使用注意事项

工作中应防止钳爪打滑,避免安全事故的发生。

三、套丝机

(一)套丝机组成

套丝机(图11-7)由机体、电动机、减速箱、管子卡盘、板牙头、割刀架、进刀装置、冷却系统组成。

(二)使用方法

(1)套丝机工作时,先把要加工螺纹的管子放进管子卡盘,撞击卡紧,按下启动开关,管子随卡盘转动。

（2）调节好板牙头上的板牙开口大小，设定好丝口长短，然后顺时针扳动进刀手轮，使板牙头上的板牙刀以恒力贴紧转动的管子端部，板牙刀就自动切削套丝。

（3）同时冷却系统自动为板牙刀喷油冷却，等丝口加工到预先设定的长度时，板牙刀就会自动张开，丝口加工结束。

（4）关闭电源，撞开卡盘，取出管子。

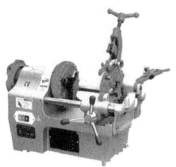

图 11-7　套丝机

套丝机还具有管子切断功能：把管子放入管子卡盘，撞击卡紧，启动开关，放下进刀装置上的割刀架，扳动进刀手轮，使割刀架上的刀片移动至想要割断的长度点，渐渐旋转割刀上的手柄，使刀片挤压转动的管子，管子转动4～5圈后被刀片挤压切断。

（三）使用注意事项

（1）使用人员应认真阅读设备操作规程。

（2）保持工作场地整洁、明亮。

（3）避免将设备暴露在雨中或潮湿的环境中，以免操作时触电。

（4）严禁使用已损坏的电动套丝机部件。

第十二章　水泵控制柜液位仪测试平台

> **岗位应知应会**
>
> 1. 熟练掌握液位仪的工作原理、使用方法及调试方法。
> 2. 能够正确熟练操作液位仪。
>
> **重难点**
>
> 重点：水泵液位设置注意事项。
> 难点：如何根据现场情况设置液位。

第一节　水泵控制柜液位仪测试目的

水泵控制柜液位仪的液位控制是基于超声波液位仪的反馈。超声波液位仪（图 12-1）可测量液体和固体的物位，广泛用于给排水系统，具有抗干扰性强，可任意设置上下限节点及在线输出调节，并带有现场显示，可选择模拟量、开关量及 RS485 输出，与相关设施接口便捷。它不必接触介质就能满足大部分物位测量要求，从而彻底解决了压力式、电容式、浮子式等传统测量方式带来的缠绕、堵塞、泄露、介质腐蚀、维护不便等问题。

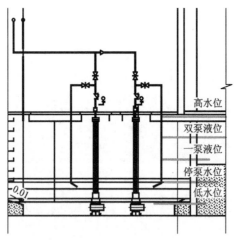

图 12-1　超声波液位仪

尽管有如此多的优点，但是超声波液位计最易出现的问题就是设定液位不满足生产需求。实际生产中易出现停泵液位达不到、停泵液位过低，导致水泵无法散热等故障，因此液位设置完成后，需对液位控制进行调节。

第二节 水泵控制柜液位仪实操项目

下面对各操作项目加以说明：

1. 低水位

"低水位"具有最高优先级，自动状态（控制箱分手动操作和自动操作）始终处于停泵状态（水泵停止时为停泵状态，启动时为启泵状态）。

车控室 BAS 工作站会发出报警信息。

2. 停泵水位

水泵开启后，水排至该液位以下后停泵。

3. 一泵启水位

水位达到该液位后开始启泵。

4. 双泵启水位

处于该液位时，单泵已无法排水或排水量小于进水量。

5. 高水位

该液位已经无法满足正常排水功能，需现场确认。

"高水位"具有最高优先级，始终处于启泵状态，且车控室 BAS 工作站会发出报警信息。

超声波液位仪操作面板如图 12-2 所示。

图 12-2　超声波液位仪操作面板

第十三章　给排水设备常见故障与分析

> **岗位应知应会**
>
> 1. 深入了解给排水设备常见故障,对照基础知识篇中给排水系统原理、设备原理,加深理论学习,有针对性地提高专业能力。
> 2. 熟练掌握水泵、管道、污水提升装置常见故障及处理方法。
>
> **重难点**
>
> 重点:水泵常见故障分析。
> 难点:管道漏水故障的处理。

第一节　水泵常见故障与分析

一、给排水系统常见故障

水泵是给排水系统中的核心设备,也是系统中成本最高的一部分,其最容易发生故障。水泵常见故障如表 13-1 所示。

给排水常见故障分析　　　　　　　　表 13-1

故障现象	原因	排除方法
流量不足或不出水	叶轮反转	调整任意两相相序
	流道堵塞	清除杂物
	被抽介质浓度过大	用水冲稀,降低浓度
	扬程过高	改泵或降低扬程
	叶轮严重磨损	更换叶轮
不能启动	无法启动缺相	检查接线
	叶轮卡住	清除杂物
	绕组接头或电缆断路	用兆欧表检查并修复
	定子绕组烧坏	进行修理、更换绕组
	电器控制故障	检查控制柜,修理后调换电器零件

续上表

故障现象	原因	排除方法
定子烧坏	缺相运行	查清线路，清除故障
	被抽介质浓度较大	用水稀释
	叶轮卡死或松动	清除脏物，拧紧螺母
	密封损坏电机进水	更换机械密封或O形密封圈
	紧固件松动，造成电机进水	拧紧所有的紧固件
电流过大	管道、叶轮被堵	清理管道和叶轮中的堵塞物
	抽送介质的液体密度或黏度较高	改变抽送液体的密度或黏度
	流量过大	关小出口阀，减小流量

二、车站水泵故障分析

（一）出入口水泵排水量小

出入口水泵排水量很小，导致积水无法正常排除，威胁扶梯设备的安全。经分析，可能有以下原因：

（1）管道内壁结垢严重，不但减小了水流的过流面积，而且增加了管道内壁的粗糙系数，使水力损失大大增加，导致排水量减小。

（2）水泵中存在漏水点。

（3）电泵反转。

（4）实际使用扬程过高，或是设计时有未考虑到的水头损失。

（5）泵进水口露出水面。

对应解决方法如下：

（1）对管道进行除垢疏通，若不行，则更换管道。

（2）找出水泵中的漏水点，若是接口漏水，可重新连接或更换连接件；若是管道漏水，则更换管道。

（3）调换任意两相电源相序。

（4）重新选用适当扬程的水泵。

（5）调低电泵到离动水面0.5m以下。

（二）排水泵无法排水

巡检时发现风亭里的一台排水泵不能正常运行，无法启动，检测水泵的三相绕组的电阻值，发现其中有一相电阻值明显偏小。经分析，可能有以下原因：

（1）电缆绝缘破损。

(2)接头密封受损。

(3)电磁线绝缘下降或破损。

对应解决方法如下:

(1)找出擦破处,进行包扎或大补(保证三相绝缘)。

(2)重新包扎接头密封。

(3)更换绕组。

第二节　管道常见故障与分析

一、管道震动大故障分析

消火栓水管晃动剧烈,发出非常大的噪声,带动天花震动。由于管道上下、前后晃动,导致支架产生位移,管道接头随时有松脱的危险。经分析,可能有以下原因:

(1)供水管路上一截止阀阀瓣脱落,水流冲击时造成震动。

(2)市政进水过滤器前聚集了部分砂石,水流冲击滤网,造成震动。

(3)部分管道固定支架已经松脱,造成管道晃动。

对应解决方法如下:

(1)更换损坏的截止阀。

(2)在管道转弯处增加三个固定支架,消除震动。

(3)将滤网前的砂石垃圾进行清除。

二、漏水故障分析

行车调度:左线和出入场线交叉口处消防水管(N1型压兰连接的球墨铸铁管)接头冲脱,消防水在区间左线形成高压水柱,列车无法通过该区,直接影响行车达40min。经分析,可能有以下原因:

(1)在施工过程中,固定压兰的螺栓拧得不够牢固。

(2)接头附近没有安装固定支架。

(3)承插口处胶圈损坏。

(4)管道在区间里,在列车运行时产生的震动较大。

解决方法如下:

(1)紧固螺栓,若无效果,可松开接头使水管插口对准水管承口后,重新安装胶圈,并用压兰和螺栓将其固定好。

（2）加装固定支架。

（3）更换承插口处的胶圈。

（4）在管道与支架的接触面上加橡胶垫；管道每隔一段距离可安装橡胶接头，以减少震动传播。

第三节　密闭污水提升装置常见故障与分析

公共卫生间密闭式污水提升装置故障，即公共卫生间污水泵房发生高水位报警。经分析，可能有以下原因：

（1）水泵叶轮被硬物击坏，影响水泵的工作效率。

（2）止回阀损坏，造成管道中还未排到地面的污水在停泵后，又流回水箱。

（3）管道内壁结垢严重，影响出水效率。

对应解决方法如下：

（1）更换叶轮。

（2）维修或更换止回阀。

（3）疏通或更换管道。

第十四章　城市轨道交通给排水系统应急措施

> **岗位应知应会**
>
> 1. 了解给排水系统常见故障和应急处理原则。
> 2. 了解给排水系统常见故障的应急措施。
>
> **重难点**
>
> 重点：给排水系统的应急处理原则。
> 难点：给排水系统的应急操作流程。

相对于城市轨道交通的其他专业，给排水专业的设备有着鲜明特点：部分设备对运营影响非常小（如生产给水系统），部分设备对运营影响非常小（如区间排水系统）。在给排水设备发生故障时，应遵循"先通后复"的原则，根据故障设备所属的不同系统，采取相应的应急措施。

第一节　车站给排水系统应急措施

一、站外管道漏水

1. 故障现象

站外管道、阀门故障，造成管网漏水。

2. 应急措施

（1）确定漏水范围，以确认是否需要联系市政部门报修。

（2）关闭漏水管段两端的阀门，如对冷却塔供水产生影响，则从车站内采用临时措施补水。

（3）检查漏水是否影响车站设备，如有影响，处理受影响的设备。

（4）组织保洁人员一起清扫现场积水。

（5）确认故障在可控范围内，待乘客较少或运营结束后，进一步处理。

二、站内消防管网漏水

1. 故障现象
车站消防管道、阀门故障,导致管网漏水。

2. 应急措施
(1)安排专人在消防泵房监视消防泵状态。
(2)关闭漏水管段两端的阀门。
(3)组织人员一起清扫现场积水,避免乘客滑倒。
(4)确认故障无其他影响,待运营结束后,进一步处理。

三、站内生产、生活管网

1. 故障现象
车站生产、生活管网的管道、阀门故障,导致管网漏水。

2. 应急措施
(1)关闭漏水点上端阀门。
(2)对漏水部位采用临时加固或关闭支路阀门措施。
(3)如漏水发生在公共区,组织清扫现场积水,避免乘客滑倒。
(4)确认故障是否影响卫生间使用,应尽量保障至少一个水龙头和便池具备使用条件;若不具备条件,及时告知客运部门引导乘客去或其他车站使用卫生间。

四、站内重力排水管漏水

1. 故障现象
车站重力排水管道破裂,导致管道漏水。

2. 应急措施
(1)及时查看漏水情况,将漏水量及漏水位置告知相关调度。
(2)现场能够处理的,应立即使用PVC胶水进行修复。
(3)如漏水位置在站台轨行区的,应及时将管道上端地漏进行临时封堵,将排水沟内积水引致其他地漏,避免破裂处仍有漏水。
(4)根据故障情况,及时处理,视情况,申请接触网专业人员配合。

第二节　区间给排水系统应急措施

一、区间消防管道漏水

1. 故障现象

区间消防管道、消火栓故障,导致管网漏水。

2. 应急措施

(1)通知环调关闭相应轨行区的电动蝶阀,如不能关闭,应关闭区间消防管进水管。

(2)组织人员通过添乘电客车,观察漏水量是否有下降趋势,道床是否有积水。

(3)通知环调监控区间泵房水位是否到达高水位,泵房水位已达到高水位且排水泵未启动,应远程启动水泵。

(4)再次添乘电客车,观察漏水量是否有下降趋势,道床是否有积水。

(5)确认故障无其他影响,备齐工器具及材料,待运营结束后进一步处理。

二、区间排水管道漏水

1. 故障现象

区间排水管道、阀门故障,导致管网漏水。

2. 应急措施

(1)通知环调确认相应区间的水位及水泵状态。

(2)通知环调监控区间泵房水泵是否启动,如水泵启动,应远程强制关闭水泵,必要时,可申请对400V开关柜进行断电。

(3)组织人员通过添乘电客车,观察漏水量是否有下降趋势,道床是否有积水。

(4)及时向相关调度反馈现场情况。

(5)如区间道床无积水,且积水无上涨趋势,应做好防护,停运后及时处理。

(6)如区间积水有影响行车的趋势,应携带临时泵和相关工器具,利用行车间隔或添乘电客车时间,进行抢修。

第三部分

低压配电

第一篇 | 基础知识篇

第十五章　城市轨道交通低压配电系统概述

> **岗位应知应会**
>
> 1. 了解低压配电的发展背景及在城市轨道交通行业的应用。
> 2. 了解城市轨道交通低压配电系统的技术特点。
> 3. 熟知城市轨道交通低压配电系统的技术标准、功能实现。
>
> **重难点**
>
> 重点：地下车站低压配电系统的组成。
> 难点：城市轨道交通隧道、车站供电方式及设备控制原则。

第一节　低压配电系统概述

低压配电系统在城市轨道交通中占有举足轻重的地位，它的可靠性、安全性决定了通信、信号、屏蔽门、综合监控、自动售检票、电扶梯、火灾报警以及消防等系统的运行质量，它是城市轨道交通正常运营不可缺少的重要保障。

第二节　城市轨道交通低压配电系统主要技术标准

低压配电系统设备的设计、制造、安装、试验和验收，应符合如下标准：
《地铁设计规范》（GB 50157—2013）；
《供配电系统设计规范》（GB 50052—2009）；
《电力装置的继电保护和自动装置设计规范》（GB/T 50062—2008）；
《低压配电设计规范》（GB 50054—2011）；
《电气简图用图形符号第 6 部分：电能的发生与转化》（GB/T 4728.6—2022）；
《民用建筑电气设计标准》（GB 51348—2019）；
《电能质量　公用电网谐波》（GB/T 14549—1993）；
《电能质量　供电电压偏差》（GB 12325—2008）；
《交流电气装置的接地设计规范》（GB/T 50065—2011）；

《电力工程电缆设计标准》（GB 50217—2018）；

《建筑物防雷设计规范》（GB 50057—2010）；

《建筑照明设计标准》（GB 50034—2013）；

《城市轨道交通照明》（GB/T 16275—2008）；

《建筑设计防火规范》（2018 年版）（GB 50016—2018）；

《建筑电气工程施工质量验收规范》（GB 50303—2015）。

此外，有关城市轨道交通领域的其他国家标准，以及其他地方标准、行业标准、国际标准等对低压配电系统也有相关定义和规范要求，此处不再赘述。

第三节　城市轨道交通低压配电系统功能及其实现

一、动力配电设计

（一）供电方式

配电电压均采用 380V/220V，应选择适当截面的电缆电线，减少线路的电压损失，以保证用电设备的末端电压水平，使设备工作在规定的电压范围内。配电系统设计要首先保证其安全性和供电可靠性，还应尽可能做到接线简单和操作方便。配电系统一般按 3 级配电，从变压器二次侧到车间或单体建筑的配电间（室）为 1 级配电，以放射式配电；从车间配电室到用电设备为 2 级配电，以放射式配电为主要配电方式，个别用电设备可采用链式供电；有小负荷的设备，可采用 3 级配电。较大容量的设备可直接从变电所低压配电室配电。

（二）控制方式

根据需要，动力设备采用就地控制和远程控制，控制方式采用自动或手动方式。根据工艺性质和设备容量的大小，可采用软启动、降压启动和直接启动方式。

（三）保护方式

对低压进线和母联开关设失压、过负荷、接地及短路保护，对配电线路设过负荷、短路保护。对于可造成人身间接电击、电气火灾、线路损坏等事故的线路加设接地保护。设备保护开关一般采用低压断路器和热继电器，设过负荷、短路、接地和缺相保护。动力插座、插座箱和移动式用电设备设漏电保护开关。

二、照明配电设计

（一）照明电源电压及配电形式

照明电压一般为 220V，检修坑内照明及插座采用交流 24V 配电。接地故障的保护方式采用 TN-S 接地故障保护系统。照明电缆采用五芯铜芯交联聚乙烯阻燃电缆。照明负荷较大的大型车间，如停车列检库、定临修库，或是照明负荷较重要的其他用电单位，均用 2 个回路交叉供电，2 个回路的电缆分别接自变电所的不同母线段，两路电源各带 50% 的负荷；照明灯具和插座一般用不同的分支回路配电。室内照明采用树干式和放射式相结合的供电方式。场区照明采用三相方式供电。

（二）照明光源

为推广"绿色照明"计划，优先选用高光效、长寿命、节省电能的照明光源。在办公室及其他生活用房，尽可能选用荧光灯；高大的厂房车间选用金属卤化物灯及高压气体放电灯照明；设备及管理用房、附属房屋的工作照明光源一般以荧光灯为主，白炽灯为辅。车场空旷区域设置高杆灯照明，道路设金属杆路灯，光源采用高压钠灯。

（三）照度计算

大型车间的一般照明，采用均匀布灯的方式，采用单位容量法计算平均照度。根据车间内不同工段的需要，有的工段要多布灯，或是增加局部照明，以提高该区域的照度。

（四）照明的控制方式

大型库房的照明采用分区控制，每个分区采用分组控制，控制地点设在配电室或其他便于控制的地点；其他用房的照明根据情况，采用分组控制；道路照明宜在降压变电所、混合变电所或经常有人值班的门卫室分区集中手动控制，或采用光时控开关进行自动控制。

（五）事故照明（应急照明）

事故照明是为了在正常电源故障或火灾情况下，为人员的安全疏散以及故障的及时处理提供应急照明。大型检修车间、办公综合楼、消防泵房等重要场所设事故照明，事故照明蓄电池逆变输出供电时间不小于 90min。事故照明作为正常照明的一部分，当发生火灾事故或电源故障时，自动点亮。

三、电力外线设计

电力外线是指从混合变电所或降压变电所引出到各负荷区域的电力干线。电力外线路径的设计直接关系到变压器的使用效率及整个车辆段用电的安全性、合理性和经济性,对今后车辆段的实际运行意义重大。电力外线路径设计的基本原则为:主干线走向与段内道路平行,同一方向的干线应设置在一条电缆沟内,并在转弯、分支及直线每隔50m处设置电缆检查井,沟外敷设的电缆均应穿钢管保护。

第四节　城市轨道交通低压配电系统的节能技术与保护

低压配电系统主要由动力照明配电系统和降压变电所两部分组成,具备为城市轨道交通车站进行照明与供电活动的重要功能,在进行城市轨道交通的低压配电节能工作时,首先要对城市轨道交通本身的实际情况进行分析,按照城市轨道交通的实际规模,配以相应的科学技术,并对其经济环境等因素进行综合考虑,来进一步提高供电的可靠性,并采取有效的节能措施,从而实现更好的节能效果。

一、城市轨道交通低压配电系统中的节能技术

随着经济水平的提高,我国的科学技术也实现了不断地创新与发展,为了使城市轨道交通的低压配电系统中的节能效果更加显著,要求我们对节能技术进行积极的发展与创新。在已有的工作经验基础上,根据城市轨道交通行业的发展现状,并结合相应的技术条件,对城市轨道交通低压配电系统中的节能技术进行完善与创新,从而实现更好的节能效果,进一步促进城市轨道交通行业的发展与进步。

(一)低压动态的无功补偿技术

城市轨道交通低压配电系统中的低压动态无功补偿技术是指将计算机设备等智能控制系统运用到城市轨道交通的扶梯与照明系统中,对电能损耗量进行控制与降低,实现配电系统的无功补偿。但是,因为使用低压动态无功补偿技术时,往往需要采用相应的智能控制系统,这就要求我们依照城市轨道交通本身的实际运营情况,来对其职能控制系统进行合理的选择,从而确保节能技术的有效实施。

(二)良好的照明技术

进行合理的照明节能工作是进行城市轨道交通低压配电系统的节能环保工作中的重要举措之一。为了更好地方便人们的出行活动,在城市轨道交通的运行过程中,通常采用大量的照明设施,对车厢及城市轨道交通车站进行照明。为了更好地实现城市轨道交通低压配电系统的节能环保工作,就要求我们在进行照明灯具的选择时,应对灯具的质量以及节能效果进行相

应的检测,选择使用节能效果更好的灯具。目前,城市轨道交通照明节能主要采用LED照明灯具,它具有节能、环保、寿命长、电源效率高、发光效率高等优点。

(三)科学规范的管理技术

为了使城市轨道交通低压配电系统的节能环保能够更好地开展,在要求其采用相关技术措施的同时,也要对其管理技术进行相应的要求。由于城市轨道交通在运营过程中所需耗费的电量总数十分巨大,且普遍存在电量浪费现象,对城市轨道交通企业的发展产生不小的影响,这就要求我们建立合理的用电制度,严格控制每天的用电量,并严格执行赏罚制度,根据实际情况,对电量的浪费行为制定有效的惩处办法,以进一步提高工作人员的节能意识,为城市轨道交通节能工作的顺利开展提供重要保障。

二、城市轨道交通低压配电系统的节能保护的实现

(一)对自然照明资源进行合理利用

虽然城市轨道交通空间具有一定的封闭性特征,但是在进行城市轨道交通低压配电系统的节能过程中,仍旧有很多地方可以对自然光进行充分、合理的利用。例如,在城市轨道交通车站的进出站口等地点,因其受到的光照较多,我们可以减少部分照明灯具的设置,做到在不影响城市轨道交通正常运营的前提下,对照明灯具进行合理的选择,并对其低压配电系统进行合理设置。另外,可对照明系统设置多条控制回路,根据时间段及自然光照的不同,选择不同回路开启模式,在实现城市轨道交通地铁系统节能的同时,对经济效益提高也有一定的推动作用。

(二)运用恰当的变频设备

在对城市轨道交通低压配电系统进行节能保护过程中,要积极采用变频设备,根据自身的实际情况,在城市轨道交通的扶梯中安装相应的变频装置,来实现变频调节,以使扶梯在空载时有效地减缓速度,降低损能。同时,通过降低系统中的无功损耗等,来提高城市轨道交通的功率因数。借助完善的管理系统进行城市轨道交通低压配电系统的节能效果分析。

(三)调控好功能使用与节能设计之间的关系

为了能够更好地实现对城市轨道交通低压配电系统的节能保护,要求我们正确地处理好功能使用与节能设计之间的关系,做到在对城市轨道交通功能使用不造成影响的前提下,采取相应的节能措施,对其进行相关的节能保护,避免因节能措施的选取与使用不当而影响城市轨道交通的正常运营与服务质量。因此,我们在对城市轨道交通的低压配电系统进行节能保护之前,首先要进行相应的调查研究,并对调查结果进行有效分析,在保证其功能使

用良好的基础上,采取有效的节能措施,进一步对城市轨道交通低压配电系统进行有效的节能保护。

(四)进行有效的电路保护

在对城市轨道交通的低压配电线路的保护中,要求一旦发生电路故障,必须立刻对故障点进行有选择性的自动切断。对低压配电线路保护的选择性一般指的是在进行线路的配电过程中,配电网络的某一配电点发生电流故障时,其保护电器就会根据事先设定的动作次序,实施有选择性的保护动作,并严格禁止越级动作的发生,对配电故障所造成的停电范围进行限制,从而降低配电故障造成的影响,实现有效的电路保护,提高低压配电线路的节能效果。

在当前我国建设节约型社会的大背景下,如何建设节能型城市轨道交通系统已经成为城市轨道交通系统规划设计与建设管理中的一个重要研究课题,也是行业发展的方向和追求目标。随着科技的不断进步、设计的逐步提高、管理的水平不断提升,相信在未来城市轨道交通建设和现有城市轨道交通改造中会出现更多的节能措施,以进一步达到节能优化的目标。

第十六章　城市轨道交通低压配电系统设备

> **岗位应知应会**
>
> 1. 了解低压配电系统组成及设备分类。
> 2. 熟知环控电控柜的组成及设备功能。
> 3. 熟知车站 EPS 应急电源的组成及设备功能。
>
> **重难点**
>
> 重点：地下车站环控电控柜系统的组成、作用及控制模式。
> 难点：EPS 应急电源的运行方式。

第一节　环控电控柜设备

一、环控电控柜设备的组成及作用

地下车站一般在站厅层两端各设置一座环控电控室，环控电控室内设环控电控柜，作为接收和分配 0.4kV 系统的电能，负责通风空调设备如空调机组的送风机、排风机、电动风阀、制冷机组、冷却/冷却水泵、冷却塔等空调设备的集中供电和智能控制。

根据环控电控柜功能不同，其可分为进线柜、馈线柜、软启动柜、变频柜。进线柜主要用于电控柜控制设备的供电，零部件主要有双电源自动转换装置；软启柜主要用于隧道风机的配电及控制，零部件主要有软启动器；变频柜主要用于轨道排风机、组合式空调机、回排风兼排烟风机的配电及控制，零部件主要有变频器；馈线柜主要用于其他风机、风阀的配电及控制，零部件主要有可编程控控制器（简称"PLC"）、电机保护器。

环控电控柜结构紧凑、安全可靠，完全由标准化和模数化的模块构成，检测与维护轻松方便。所有模块均符合施耐德设计指标，各种模块可灵活组合，以满足不同要求。独特的器件隔室布局，不仅隔室的尺寸大，更可按模数结构分隔。电控柜内采用优质的施耐德元器件，可保证设备长期、可靠运行。环控电控柜见图 16-1。

图 16-1　环控电控柜

二、环控电控柜主要元器件及功能

环控电控柜内的主要元器件为断路器、快速熔断器、软启动器、变频器、接触器、电力测控仪表、智能元器件、通信管理器。这些元器件主要包括通信模块、电机保护器、PLC、智能输入/输出模块(后简称"智能 I/O")等。

(一)环控电控柜主要参数

环控柜成套装置为框架结构柜体,柜体采用冷轧钢板,厚度 2mm,外表面防护采用环氧树脂粉末高温聚合,涂层均匀,附着力强,耐磨性好。

(1)环控电控柜基本技术参数,见表 16-1。

环控电控柜基本技术参数　　　　表 16-1

序号	项　目	内　容
1	污染等级	3
2	额定冲击耐受电压	≥8kV
3	电气间隙	≥10mm
4	爬电距离	≥12mm
5	隔离距离	应符合《低压空气式隔离器、开关、隔离开关及熔断器组合电器》(JB 4012—85)的有关要求,同时考虑到制造公差和由于磨损而造成的尺寸变化
6	耐压水平	2.5kV、50Hz、1min
7	温升	符合 GB/T 20641—2004 中 7.2 的规定
8	外壳防护等级	IP42
9	内部防护等级	IP2X
10	区间射流风机控制柜外壳防护等级	IP65

(2)环控电控柜主要电气参数,见表 16-2。

环控电控柜主要电气参数　　　　表 16-2

序号	项　目	内　容
1	额定电压	0.4kV
2	额定绝缘电压	690V
3	水平母线最大工作电流	5000A
4	垂直母线最大工作电流	1500A
5	水平母线额定短时耐受电流(1s)	100kA
6	水平母线额定峰值耐受电流	220kA
7	垂直母线额定短时耐受电流(1s)	50kA
8	垂直母线短时峰值电流	105kA
9	辅助回路的额定电压	交流 220V 或直流 24V

(二)环控电控柜架结构

环控电控柜(简称环控柜)为柜式结构,柜架的外形尺寸参考如下:宽:400、600、800、1000mm;深:1000mm;高:2200mm。

柜架结构由以下几部分组成:

1. 骨架

骨架是环控柜的承重部分,它是由钢板型材相互连接而成,环控电控柜的骨架结构尺寸精确而稳固。它有两种结构形式,即螺钉连接式和焊接式。

(1)型材布满间距为25mm的模数孔,以满足扩展的需要;

(2)旋柄弹簧锁能可靠地防止由于疏忽或其他原因而使门意外弹开;

(3)顶板装有释压装置。

环控柜骨架的焊接结构、螺钉连接结构见图16-2。

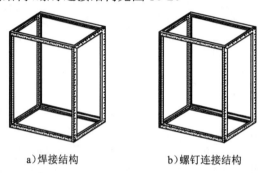

a)焊接结构　　　　b)螺钉连接结构

图16-2　环控电控柜骨架连接结构示意图

2. 外壳

环控柜的外壳由以下几部分组成:

(1)顶板。顶板是从上方用螺钉固定在骨架上,不用拆卸顶板就可起吊开关柜。

(2)底板。为了将低压环控柜从下部进行封闭,可以用螺钉在骨架上固定多块钢板,底板上可以打孔,以便穿引电缆。对在有较高的防护等级要求时,在现场将底板开孔后,用市售的密封填料堵塞。

(3)后板与侧板。低压环控柜的背板和侧板是用不倒角的钢板制成,并用螺钉平整地连接在支撑结构上。

(4)门。根据需要,环控电控柜正面使用一扇或多扇门进行封闭,所有的门可选择左开式或右开式,门需弯边25mm。弹簧门锁可以完全防止由于疏忽或其他原因而使门意外弹开,同时在产生故障电弧时,可以实现压力平衡。门的开启角度:在单柜安装时约为180°,在成排安装时为140°。

(5)隔板。根据环控柜内部分隔形式的不同,对于成排安装的低压环控柜,柜间的隔离采用隔板形式。隔板安装在骨架的左外侧。

低压环控柜架结构如图16-3所示。

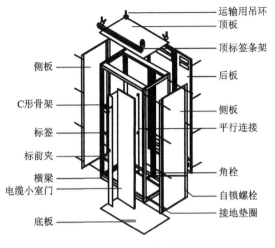

图 16-3　低压环控柜架结构

（三）环控柜内零件

（1）抽插分隔固定柜内的主要零部件为断路器、接触器、电流互感器、智能元件、数字监控仪表、智能接口模块、不间断电源 UPS（Uninterruptible Power System）、按钮/信号灯、电力测控仪表等。智能元件主要包括智能电力测控仪表等。

（2）抽屉柜内的主要零部件为断路器、快速熔断器、电流互感器、软启动器、接触器、多功能仪表（可显示电压、电流）、智能元件。智能元件主要包括电机保护控制模块、小型 PLC 或智能 I/O、现场总线、网关等。

（3）框架断路器、塑壳断路器及其配套的所有附件都选用配套产品。

（4）为满足城市轨道交通远期用电负荷的调整和变化，框架式断路器的脱扣整定电流采用现场可调型，并有宽阔的电流和时间调节范围。

（5）为便于电气设备的维修、维护，断路器电器的连接方式满足以下要求：

①抽出式低压断路器使能装置小室门在关闭状态下抽出断路器（主回路与二次回路均可断开）；

②插入式断路器拔出后，设备小室不得有带电体外露；

③抽屉式断路器——功能小室内的断路器及其他电器连同抽屉一同抽出（主回路与二次回路均可断开）；

④智能元件采用模块结构，导轨安装，可带电插拔。

（6）全部智能元件均采用标准开放的现场总线产品。

（四）固定式安装柜和插入式技术

1. 固定式安装柜

固定式安装柜有以下 4 种形式：

(1) 固定安装柜 OFF1。采用固定安装技术的馈电柜可安装塑壳断路器,熔断器式负荷隔离开关。结构和功能根据开关电器型号与相应的额定电流,可在高为 1650mm 的电器安装隔室中配装馈电回路。

(2) 固定安装柜 OFF2。采用固定安装技术的馈出回路用配电柜可安装塑壳式断路器,熔断器式负荷隔离开关。结构和功能根据开关电器型号与相应的额定电流可在高为 1700mm 的电器安装隔室中配装电缆馈电回路。

(3) 固定安装柜 OFF3。馈出回路固定安装柜由模块化的器件隔室和位于柜体后部的电缆隔室组成。结构及功能 1800mm 高的器件隔室可根据器件的型号及额定电流分成模块,模块根据所安装器件的型号可以是 400mm 或 800mm 宽,器件的操作可选在器件开门正面旋转操作、关门正面旋转操作和电动操作。

(4) 固定安装柜 OFF4。馈出回路固定安装柜由模块化的器件隔室和位于柜体前部的电缆隔室组成。结构及功能 1700mm 高的器件隔室可根据器件的型号及额定电流分成模块。模块根据所安装器件的型号可以是 400mm 或 800mm 宽。器件的操作可选在器件开门正面旋转操作、关门正面旋转操作或电动操作。

2. 插入式技术

环控电控柜采用条形插入式技术,在进线侧采用插入式触头的条形开关电器技术可与抽出式技术相媲美,它采用模块化设计,可以在运行状态下,便于实现维护或更换器件。结构和功能高度为 1700mm 的器件隔室专为相间距为 185mm 的条形插入式器件设计,电缆连接隔室位于右侧。

3. 抽屉式组件

环控电控柜可借助围绕在骨架上的 25mm 间隔的模数孔来满足所需的各种功能,低压环控抽屉式馈电柜见图 16-4。

抽出式组件由组件本身和组件安装小室两部分组成,动力单元和控制单元的组件为抽出式安装,标准规格为 8E/4、8E/2、4E、8E、12E、16E、20E、24E。4 个 8E/4 或 2 个 8E/2 组件可以水平安装在 600mm 宽的装置小室内,组件高度为 8E(200mm)。4E、8E、12E、16E、20E、24E 的单个组件需要 600mm 宽的装置小室,组件的高度就是组件规格所指的尺寸。抽出式组件作抽出操作时,开关柜的主电源不必切断。在相邻组件不断电的情况下,操作组件插入/抽出,不会发生触电的危险。

8E/4、8E/2 装置小室包括底板、导轨、前档和插头转接组件。动力和控制回路与配电母线、组件与电缆小室之间的电气连接由插头转接件完成。抽出式插头组件电流最大至 125A,它可容纳 4 个 8E/4(电流至 45A)或 2 个 8E/2(电流至 63A)的插头,每个 8E/4 组件配备一个 20 芯的端子,每个 8E/2 组件配备一个或两个 20 芯的控制端子。进、出线电缆的连接侧位于

图 16-4 低压环控柜抽屉式馈电柜

抽出式插头组件内,并有抗故障电弧保护功能。环控电控柜抽出式组件见图16-5。

环控电控柜的抽屉功能单元有5个明显的位置,即合闸位置、分闸位置、试验位置抽出位置、隔离位置。开关手柄如图16-6所示。

图16-5 环控电控柜抽出式组件

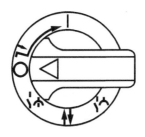
图16-6 开关手柄

环控电控柜主开关的操作由安装在仪表板上的手柄来实现,该手柄具有电气及机械连锁功能,电气连锁采用带一个常开、一个常闭触点的微动开关来完成。操作手柄向里按动后,方能从O位置转向I位置,操作手柄上可给主开关分闸、试验、隔离三个位置加挂锁,以作为安全保护,最多可加3把锁。开关手柄位置说明如表16-3所示。

开关手柄位置　　　　　　　　　　　表16-3

图例	位置说明	功能说明
◐I	工作位置	主开关合闸,控制回路接通,组件锁定
◐O	分闸位置	主开关断开,控制回路接通,组件锁定
◐⋔	试验位置	主开关分闸,控制回路接通,组件锁定
◐↕	抽出位置	主回路和控制回路均断开
◐⋒	隔离位置	抽出30mm距离,主回路及控制回路均断开,完成隔离

装有电动机和馈电回路的抽出式开关柜在安全和灵活的前提下,提供便利的操作,通过抽出式设计,可实现方便、快速的更换和调整,也就是说在操作期间,可对每一模块进行增补和更换,或对隔室进行转换。环控电控柜抽屉式结构见图16-7。

环控电控柜的面板上设有红灯和绿灯,分别表示断路器的合、分闸位置;面板上还设置数字显示表,见图16-8。

图16-7 环控电控柜抽屉式结构

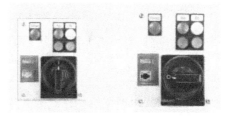
图16-8 环控电控柜抽屉柜面板

(五)环控电控柜内低压配电主要部件

1. 低压交流框架式断路器

低压交流框架式断路器主要用于主进线、馈出回路等电流大于 400A 的回路。低压交流框架式断路器符合下列主要技术要求：

(1) 满足系统电压、电流、频率以及分断能力的性能水平要求。

(2) 额定运行短路分断能力 I_{cs} 为 40～75kA，400～415V 范围内额定极限短路分断能力 (I_{cu}) 等于额定运行短路分断能力 (I_{cs})。

(3) 框架式断路器控制单元应不需要辅助电源，其功能包括：可调整长延时保护、短延时保护、瞬时脱扣及零序保护。在短延时保护和接地保护时应具有区域选择性闭锁功能，具有额定电流值插件和合闸就绪按钮，还应具有电流测量、故障显示和自检功能。

(4) 有宽阔的电流和时间调节范围，具体见表 16-4。

框架式断路器参数调节　　表 16-4

功　能	电流及时间调节范围	
长延时	$(0.4～1.0)I_r$	3～20s
短延时	$(1.25～12)I_r$	0.1～0.4s
短路瞬时	$(1.5～10)I_r$	
接地	$(0.2～1)I_r$	0.1～0.5s

(5) 低压交流框架断路器 (图 16-9) 采用模块化结构设计，便于断路器功能的扩充，而无须改变断路器结构和低压开关柜结构。对于不同框架等级额定电流的断路器采用标准化、模块化的附件，有利于运营维护和管理。

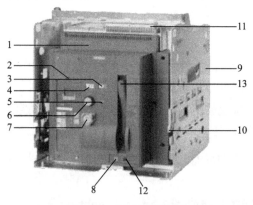

图 16-9　低压智能断路器

1-抽出式断路器；2-跳闸机械指示及复位按钮；3-储能弹簧指示器；4-触点位置指示器；5-合闸准备就绪指示器；6-机械合闸(ON)按钮；7-机械分闸(OFF)按钮；8-断路器位置指示器；9-导向框架；10-导轨；11-辅助回路插接系统；12-手摇曲柄操作孔；13-手动储能操作手柄

(6) 断路器可显示断路器动作次数。

(7) 具有故障诊断功能，可快速确定故障类型。

（8）断路器为抗湿热型产品。

（9）不同额定电流和分断容量的抽出型断路器,具有相同的固定部分。

（10）框架断路器与智能仪表配合使用,能与上位监控系统进行双向通信。框架断路器可接收监控系统发送的开启或闭合命令,并动作断路器;接收监控系统发送的电流设定值、保护设定值、单元配置参数等。框架断路器与智能仪表组合使用系统可以向监控系统传送断路器位置状态、运行状态、储能装置状态、保护动作、参数设定值、电流值、电压、功率因数、有功电度、无功电度、谐波量等。

（11）断路器有易于操作的人机界面,便于进行参数设定、查看有关历史记录、显示运行参数及测量数值等,具有编辑、记忆、显示、预告、报警等功能。

2. 双电源自动切换装置

双电源自动切换装置（图 16-10）采用 ASCO 300 系列 PC 级双电源自动转换开关,进线端加装施耐德塑壳断路器,断路器为三段式保护断路器,额定极限短路分断能力（ICU）为 50kA,额定运行短路分断能力 $I_{cs} \geqslant 75\% I_{cu}$。

图 16-10　双电源自动切换装置

注:300 系列微处理机控制器,符合 GB、UL、IEC、EMC 检测标准。

双电源自动转换装置具备可靠的机械、电气双重连锁机构,具备 3 个可靠的工作位置,且"常用、备用电源双分"位置可实现可靠、机械的保持,确保人员及设备的安全。双电源自动转换开关具备自动、手动两种操作方式,具备自投自复、自投不自复和互为备用的功能,并且三种功能现场可调；能实现双电源的手、自动切换和安全隔离。

3. 低压交流塑壳式断路器

施耐德 NSX 系列塑壳式断路器（图 16-11）为模块化结构设计、安装方便,并可在不拆卸塑壳式断路器外壳的情况下,加装各种附件（如分励脱扣器、辅助触头、报警触头）,而无须改变断路器结构和低压开关柜结构。同时,面板、附件为标准化设计。低压交流塑壳式断路器主要用于固定(抽插分隔)柜及抽屉柜的馈出回路。塑壳式断路器应符合下列主要技术要求:

（1）满足系统电压、电流、频率以及分断能力的性能要求。

（2）塑壳式断路器应有限流分断能力。

(3) 塑壳式断路器分断能力为 40kA；400～415V 范围内，$I_{cs} = I_{cu}$。

(4) 当采用固定抽出式安装时，其二次回路应具有插接式整体连接装置。

(5) 电动机出线回路应选用有电动机保护特性的塑壳式断路器。

(6) 塑壳式断路器应为抗湿热型产品。

(7) 断路器无飞弧或飞弧距离不大于 50mm。

(8) 低压交流塑壳式断路器的电气技术性能及参数见表 16-5。

(9) 塑壳式断路器保护功能应包括：长延时保护、瞬时脱扣。

NS80　　NSX100/160/250　　NSX400/630　　NS 630b-1600

图 16-11　施耐德 NSX 系列塑壳式断路器

塑壳式断路器的技术性能及参数　　表 16-5

框架等级额定电流 I_{nm}		100	160	250	400	630
额定电流 I_n		100	160	250	400	630
额定工作电压 U (kV)		0.4（交流）				
额定绝缘电压 U_i (kV)		800（交流）				
冲击耐受电压 U_{imp} (kV)		8000（交流）				
极数		进线开关为 4 极，其余选用 3 极				
额定极限短路分断能力(kA)		40	40	40	40	40
机械使用寿命(次)		50000	40000	20000	15000	15000
免维护循环操作寿命		30000	20000	10000	6000	4000
可配附件	分励脱扣器	√	√	√	√	√
	辅助触点	√	√	√	√	√
	报警触点	√	√	√	√	√
安装形式		固定/抽出式，抽屉式				

4. 接触器、中间继电器

环控电控柜内选用的接触器、中间继电器应满足有关规程、规范的要求，满足控制回路对接点数量的需要。中间继电器采用小型、超薄型继电器，如图 16-12 所示。

(1) 接触器

接触器是在工业控制中应用非常广泛的一种电器，用来频繁地接通或切断带有负载的主电路、辅助电路或大容量的控制电路。与其他开关电器相比，它具有动作频繁、通断较大电流、实现一定距离控制等特点。

①触头装置。触头装置分主触头和连锁触头。主触头一般由动静主触头等组成,用以直接控制相应电路的通断;连锁触头用以控制其他电器、信号或电气连锁等。

②传动装置。传动装置包括驱使触头闭合的装置、开断触头的弹簧机构及缓冲装置,可用来可靠驱使触头按规定要求动作。

③灭弧装置。灭弧装置。一般与主触头配合使用,在主触头断开电路产生电弧时,及时熄灭电弧,切断电路并保护触头。根据电流的性质、灭弧方法和原理,可以制成各种灭弧装置。

④安装固定装置。安装固定装置属于非工作部分,用以合理地安装和布置电器各部件。

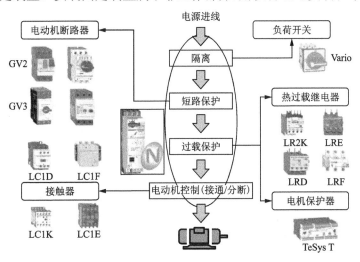

图 16-12 接触器

接触器电气技术性能及参数见表 16-6。

接触器电气技术性能及参数 表 16-6

额定电流(A)		9～620	
额定工作电压(V)		230/400（交流）	
额定绝缘电压(V)		690	
动作时间(ms)	打开	9～95A:≤20	95～620A:<200
	关闭	9～95A:≤50	95～620A:<80
电寿命(万次)	AC-3	≥60	
	AC-4	≥10	
机械寿命(万次)		≥500	
操作频率(次/h)	电寿命	AC-3	≥600
		AC-4	≥600
	机械寿命	≥300	

（2）中间继电器

①具有足够的爬电距离，一般要求爬电距离不小于 3mm。

②继电器工作电源为交流 220V。

③所有继电器应为插入式，DIN 导轨安装。

④继电器的固有动作时间应小于 100ms，其绝缘耐压有效值为 2000V。

⑤具备长期耐受气候的能力，线圈防霉断，绝缘抗电水平长期、稳定、可靠。

⑥中间继电器采用小型、超薄型产品。

⑦中间继电器应满足接点数量的需要，同时满足现场设备需求特点。

⑧阀类回路中间继电器采用闪光继电器，且应具有手动开断功能，以方便调试。

（3）指示灯

指示灯采用高亮度 LED 指示灯。根据盘面布置情况，可选用 ϕ16mm 或 ϕ22mm 规格。

5. 软启动器

软启动器主要用于检测风机的运行状态、故障、电流、电压，远程控制风机的启动停止，通过 Device Net 网络将风机的运行状态上传至综合监控系统。电动机容量大于或等于 75kW 的电机采用软启动方式，现以 AB 品牌的 SMC Flex 系列软启动器为例，加以说明。该系列软启动器具备常规电机保护功能和高级保护功能，如过载保护、电流不平衡保护、相故障保护、接地故障保护、堵转保护、电机热保护、相序监测、三相不平衡、超温、失速保护、过热以及电机 PTC 检测等保护功能，并可实现电机运行状态显示和故障显示。SMC Flex 系列软启动器外观如图 16-13 所示。

图 16-13 SMC Flex 系列软启动器

该系列软启动器主要技术要求：

（1）输入电源电压 380V，电流等级范围 1～1250 A，频率：50Hz。

（2）选型按照重载选型，标称电流满足并高于实际电机功率要求。

（3）有宽阔的启动电压、启动电流和启动时间调节范围，有全压、限流、软启动等启动方式，可在 5%～95% 的力矩范围选择，可设置 50%～600% 的电流范围，具有 0～30s 的启动时间设置、0～120s 的停止时间设置功能等。

（4）具有 4 个数字量输入点，满足启动、停止、复位和控制转换等要求；具有 4 个可编程输出，作为故障、运行等信号指示。具有 LCD 状态显示设置功能，具有美观且操作简便的用户界面，提供 3 行 16 字符；背光 LCD 显示器提供中文显示功能，可以快速方便地设置参数，无须使用参考手册。

（5）对电机具有过负荷、缺相、三相不平衡、相序监测、三相不平衡、超温等多种保护功能，软启动器有启动时间过长保护功能。

（6）不仅具备故障诊断的功能，而且可快速确定故障类型。用户可以根据 LCD 操作员界面，快速获取相关诊断信息，方便现场快速排查及解决相应问题，大大缩减了维护检修时间。

（7）该系列软启动器的工作湿度：0～95%无冷凝；工作温度范围：-5～50℃；为抗湿热型产品。

该系列软启动器能够实现平滑的启动曲线，可以在1h内启动99次，并保证设备在连续两次启动后继续运行（正转启动—自由停车—反转启动—连续运行）。同时，具有紧急制动功能的软启动器，可在紧急情况下快速停车，具备在小于60s时间内制动停车的功能，可使隧道风机在60s内完成从正转到反转（正转额定转速—关—反转启动—反转额定转速）的切换要求。

软启动器具有内置旁路功能，进而延长软启动器的使用寿命；具有失电数据保存功能，在失电的情况下保存原有设置参数，重新上电恢复正常运行；具有紧急制动功能，能够实现紧急制动停车，减少停车时间；在软启动器的控制电源前增加一小型隔离变压器，其具有抗过电压功能，可保护控制电源。

6. 变频器

变频器选择AB品牌PF753系列高端产品，其主要用于排热风机、组合空调机组、回排风机供电回路，对所供电电机实施实时保护，并可将电机运行的各种参数通过Device Net网络上传至BAS系统，并可在上一级BAS系统主机上通过网络在线，对变频器的参数进行修改和整定。PF753系列变频器的外观如图16-14所示。

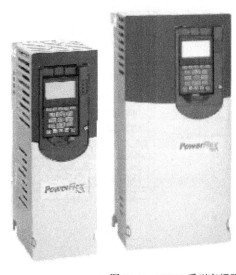

图16-14　PF753系列变频器

考虑到风机功率较大，为保证变频器可靠运行，按照比所配电的电机功率放大一级进行配置。

为了避免空调、风机系统制动时因过电压而跳闸或损害变频器，变频器具有缓冲直流母线电压波动功能。

变频器柜带相位检测装置，可确保在变频器出现故障时能及时切换到工频。

变频器具有密码锁功能,变频器具有中文面板。

另外BAS系统设置的程序,根据各种运行模式表,通过网络自动控制变频器的输出功率,改变通风风量及方向,并且能够在车站控制室内远程对变频器参数进行必要的修改。

变频器具备间断自动跳跃功能,具有3段跳跃频率和跳频幅宽调整功能:在某些可能发生故障(如共振、电压波动等)的频率处,可以自动跳过,保护设备。

变频器具有完善的保护功能,具有缺相、短路、接地、控制电源短路和过载、主电源过压、欠压、缺相、输入不平衡、变频器过载、中间直流电压过高/低、变频器冷却风扇故障、变频器温升过高、变频器故障、通信超时故障保护等功能。

变频标准内置双直流电抗器用于抑制谐波,输出容量不会因该部件而降低。

变频器配置了满足《工科医(ISM)射频设备的干扰限值和测量方法》(EN55011—2007)标准的B级RFI(抗无线电干扰)滤波器。

7. 电机保护器

电动机保护模块选用AB品牌的E3+系列高端产品,是工业级产品。其主要用于电动机回路,对电动机实施实时保护,并可将电机的运行状态、故障、电流及电压等参数通过Device Net网络上传至综合监控系统。电机保护器如图16-15所示。

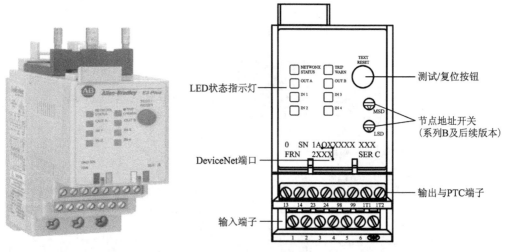

图16-15 电机保护器

电机保护器基本要求如下:

(1)通过内置或外置电流互感器自动采集电机一次侧电流,包括每相电流值、每相电流对电机额定电流的百分比、平均电流值、平均电流对电机额定电流的百分比;完成过载保护、电流不平衡保护、相故障保护、接地故障保护、堵转保护、电机热保护等保护功能;实现电机运行状态显示和故障显示。

(2)通过Device Net总线,将电机运行状态、运行电参数、运行时间、控制状态及最后5次故障记录等参数,传送通信管理器的PLC和BAS系统。

(3)实现风机、风阀之间的连锁,即风机必须在其联动风阀开启后才能启动,风阀必须在其联动风机停机后才能关闭。当电机电流小于或等于 90A 时，需内置 CT。

（4）不同风机不可共用智能电机保护器，采用独立配置智能电机保护器，双速风机需配置两个电机保护器。

（5）具有存储功能，能存储最后 5 次故障信息，包含故障类型、故障代码。

（6）具有自动复位和远方复位功能、故障自动诊断功能。E3+ 系列电机保护控制模块具有就地按钮、自动复位、远方自动复位功能、故障自动诊断功能，提示故障类型及原因。

（7）电机保护器配置输入点数为 4 点，输出点数为 3 点（含故障输出点）。对输入、输出点数有特殊要求的回路（如隧道风机、射流风机、双速风机等），上述输入、输出点不满足要求时，增加 I/O 模块。

（8）电机保护器内置处理器具有故障区分的功能，如判断过载保护、电流不平衡保护、相故障保护等；在回路发生故障时，将故障类型上传至监控系统。

（9）电机保护器需要时可进行现场就地安装，并可通过总线进行远方维护、参数设置，具备参数随设备自动替换功能，即无须通过用户编程，就可使更换设备后的系统自动设置原来的参数，确保参数设置的准确性并简化了维护步骤，有助于模块发生故障后的快速恢复。

（10）在总线故障或通信管理器发生故障时，通过模块还能实现就地安全预知功能。

（11）电机保护器若采用直流供电，直流电源不得与 PLC 控制系统合用，且应在每个开关柜内独立设置开关电源装置，分别为电机保护器提供电源。

8. PLC 要求

（1）CPU 模块

PLC 控制器选用 AB 品牌产品，该产品为不存在安全漏洞的 Control Logix PLC 系列高端工业级产品。PLC 控制器为模块化结构，所有硬件为标准化产品或标准选件；满足现场仪表所需接口及与上级 BAS 的接口。运行环境：环境温度 0 ~ 60℃；相对湿度 0 ~ 95%。工作电源：交流 220V，变化范围 ±20%。

Control Logix PLC 控制器外观如图 16-16 所示。

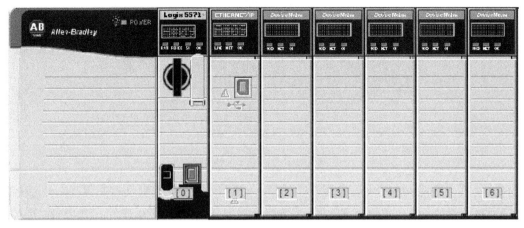

图 16-16　Control Logix PLC 控制器

Control Logix PLC 中的所有模块（CPU、I/O、通信、电源等）都是插接式，可以实现热插拔；所有模块均通过权威机构的安全认证，具体包括：UL、CSA、CE 等。

Control Logix PLC 控制器具备强大的诊断功能，当 CPU 出现故障时，在故障诊断缓冲区内可读出故障内容、故障原因、故障代码，便于现场维护人员迅速处理故障。

电源故障属系统的可恢复性故障，即属于免维护系统，一旦 PLC 重新受电，Control Logix PLC 控制器模块能自动恢复正常工作而无需运行人员的任何干预。

通过 Device Net 现场总线，完成对电机保护控制模块各种参数的设定。

CPU 提供 2 个以太网通信接口与 BAS 系统连接，支持通用开放的协议。完成与 BAS 的通信协议转换，把底层 Device Net 总线协议转换为 BAS 要求的总线协议，即标准、开放、可实现软件解码的协议。

完成智能化模块（包括电机保护控制模块、软启动器、PLC、智能 I/O、变频器等）与 BAS 的数据交换及管理；完成数据分类汇总和打包上传给 BAS 系统。

（2）智能小 PLC 或智能 I/O 模块

智能 I/O 模块采用 1734 系列智能 I/O 模块，该模块为 AB 公司生产的不存在安全漏洞的高端产品。为保证环控电控柜系统良好的兼容性，1734 系列智能 I/O 模块与 Control Logix PLC 为同一厂家的工业级产品。1734 系列智能 I/O 模块外观如图 16-17 所示。

图 16-17　1734 系列智能 I/O 模块

1734 系列智能 I/O 模块可实现带手操器单体风阀的三级控制及控制转换。三级控制为：车站控制室控制、环控电控室控制、设备就地控制；控制优先级顺序为：就地控制、环控电控室控制、车站控制室控制，即就地控制优先级别最高。

1734 系列智能 I/O 模块可实现不带手操器单体风阀、组合风阀、电动蝶阀等设备的两级控制及控制转换。两级控制为：车站控制室控制、环控电控室控制；控制优先级顺序为：环控电控室控制、车站控制室控制，即环控电控室控制优先级别较高。

环控电控室触摸屏实现设备运行状态显示和故障显示。将设备运行状态、故障信息、控制状态等参数通过 Device Net 总线送通信管理器和 BAS，实现风机、风阀之间的连锁，即风机必须在其联动风阀开启后才能启动，风阀必须在其联动风机停机后才能关闭。

1734 系列智能 I/O 模块具有存储功能，至少能够储存最后一次故障的有关信息。

在总线故障或通信管理器故障时，通过 I/O 模块实现就地、环控电控室两级监控功能，同时实现风机与风阀之间的连锁。

分布式 I/O 模块只负责本柜设备，各柜设置独立的 1734 系列分布式 I/O 模块。对于不同点数的智能 I/O 模块采用同一品牌（AB 品牌）、同为 1734 系列工业型产品。同时 I/O 模块的点数有一定的余量（DI/DO 模块点数为 8 点），低压控制模块可编程的 I/O 模块或 PLC 余量为 30%。

为了提高控制可靠性，所有开关量输出均采用中间继电器方式。

每一面含有风机、风阀控制回路的环控电控柜，至少需配置一个或者一个以上的智能 I/O 模块或 PLC。

（3）人机界面

每个环控电控室，设一个可编程序终端 2711P 系列触摸屏，为工业级平板电脑。触摸屏配置 15 英寸 TFT LCD 触摸中文显示屏——高亮度真彩色液晶显示触摸屏，内存容量为 512M，可支持外部扩展，配置 USB 接口、RS232 接口、以太网接口。触摸屏接口满足与通信管理器之间的通信。

2711P 系列触摸屏处理器速度的提升，使终端响应更快并且控制功能更强，从而为操作员带来了更好的体验；改善数据的可视化，为更好、更快地进行决策提供了平台。触摸屏外观如图 16-18 所示。

触摸屏技术指标如下：

①有效显示区域为 330mm×228mm，显示分辨率为 1024×768，64k 色彩。

②存储器容量按 100 个画面设计，主要显示设备运行状态、故障状态、参数设置等。内存 512MB 从而支持运行较大图形、文件，显著提高了终端处理能力。

③触摸屏模块化设计使升级更加简便，并使零件更换更为灵活；SD 存储器提供了坚固耐用的固态存储器。这些特性带来了稳定可靠的性能表现，可提高正常运行的时间。

安装方式：触摸屏安装在环控电控室控制柜上。

（4）现场总线

现场总线选用专用 Device Net 总线屏蔽电缆。

每个环控电控室主 PLC 向下馈出 3 条相同总线（不含区间射流风机控制箱总线）。现场总线采用 3 总线形式，配置 3 块独立的 Device Net 总线通信模块，每个 Device Net 总线通信模块对应一条独立的 Device Net 总线,降低由于总线故障造成的风险,从而保证总线的可靠性。

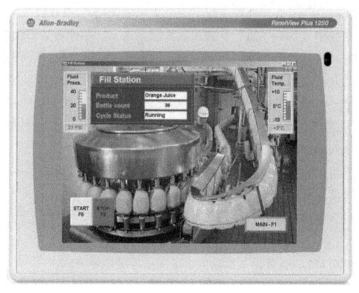

图 16-18　触摸屏

9. 控制电源

控制电源安装在环控电控室的控制柜中,负责提供环控电控柜部分控制回路、智能接口模块的连续不间断、安全可靠运行。智能接口模块电源为交流 220V。每个环控电控室设置一套控制电源,控制电源采用 UPS,UPS 按备用 90min 设计。

UPS 的基本要求:电源可靠性高,具有模块化功能,不因更换电源,而影响系统的正常运行。UPS 为在线式、机架式。

(1)电气性能

①电源设备的输入电源为单相交流电源,输入电压可调范围为 ±15%。

②输入频率为 50Hz,可调范围为 ±5%,输入功率因数应不小于 0.9。

③有旁路输入断路器和市电输入断路器。

④输出为单相三线制交流电源(220V),输出波形为正弦波,变化范围 ±2%(典型),频率为 50Hz,变化范围 ±0.5%(电池模式下)。

⑤输出频率为 50Hz±0.5Hz(电池逆变工作),输出波形失真度 ≤3%。

⑥市电电池切换时间 <4ms,旁路逆变切换时间 <4ms(逆变器故障时)。

⑦瞬变响应恢复时间 ≤40ms(电池逆变工作)。

⑧电源设备的效率 ≥90%,输出功率因数 ≥0.8。

⑨电源设备工作噪声 <55dB,设计使用寿命周期内,满负荷备用时间不低于 90min。

(2)电源设备的电磁兼容性

传导干扰:在 150kHz～30MHz 频段内,系统电源线上的传导干扰电平应符合表 16-7

的要求。

表 16-7

频率范围(MHz)	限值 dB（μV）	
	准峰值	平均值
0.15～0.5	79	66
0.5～30	73	60

电磁辐射干扰：在 30～1000MHz 频段内，系统的电磁辐射干扰电平应符合表 16-8 的要求。

表 16-8

频率范围(MHz)	准峰限值 dB（μV/m）
30～230	40
230～1000	47

抗干扰性能：抗干扰性能符合《通信电源设备电磁兼容性要求及测量方法》（YD/T 983—2013）中 7.2 表 2 中规定的判断准则。

（3）保护功能

①电源设备具有输出短路保护功能，在输出负载短路时，立即自动关闭输出，同时发出声光告警信号。

②电源设备具有输出过载保护功能，在输出负载超过额定负载时，发出声光告警；超出过载能力时，转为旁路供电。

③在电源设备处于逆变工作方式时，电池电压降至保护点时发出声光告警，停止供电。

④电源设备的输出电压超过设定的电压（过压、欠压）值时，发出声光告警，并转为旁路供电。

⑤电源设备机内温度过高时，发出声光告警，并转为旁路供电。

10. 通风空调智能控制系统构成

车站通风空调智能控制系统结构如图 16-19 所示。

各站两端、区间风井环控电控室内各设置一套 Control Logix PLC 控制系统，各系统中有一面 PLC 主控柜和若干面电机（包含风机、电动风阀、空调器等，下同）控制柜。主控柜内安装一套 Control Logix PLC 通信管理器和 2711P 系列触摸屏，电机控制柜中设分布式 1734 系列智能 I/O 模块、Power Flex 753 变频器、SMC Flex 软启动器、E3 Plus 智能电机保护器，以及接触器、继电器等电机启 / 停控制和保护器件。通信协议选用 Device Net 协议，该协议是通用、标准、主流的开放式协议，Device Net 总线协议网速为 500kbps，在城市轨道交通行业的环控电控柜智能控制系统中有着广泛的应用，是成熟、稳定、可靠的总线协议，符合国际标准《现场总线标准》（IEC 61158）。主控柜 Control Logix PLC 通过两个以太网通信口

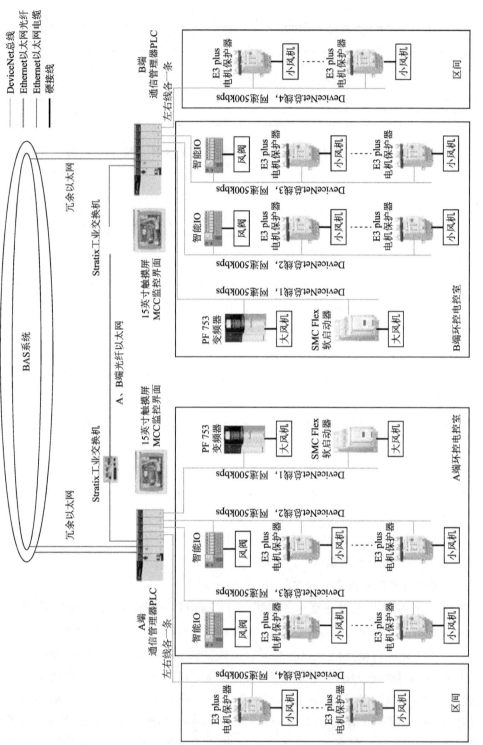

图 16-19 车站通风空调智能控制系统结构

注：以郑州市轨道交通 2 号线环控柜智能控制系统为例。

与 BAS 系统相连，不占用 CPU 上的通信口，当一条链路通信故障时，可以切换至另一路通信链路。PLC 主控柜与各电机控制柜中的分布式 I/O 模块、变频器、智能电机保护器等采用 Device Net 总线方式连接，每个环控电控室 Control Logix PLC 向车站馈出 3 条 Device Net 总线，配置 3 块独立的 Device Net 总线通信模块，每个 Device Net 总线通信模块对应一条独立的 Device Net 总线，降低由于总线故障造成的风险，从而保证总线的可靠性。有区间射流风机的车站，另加 2 条独立的 Device Net 总线。

三、环控设备运行的控制方式与显示功能

（一）控制方式

通风空调智能控制系统主要实现对通风空调等设备的监视、测量、保护及控制；实现对智能模块的参数设定、复位等；智能控制系统实现通风空调设备三级控制［设就地控制、环控电控室控制、上位监控系统（BAS）控制］转换及运行状态显示，风阀、电动蝶阀现场不设就地控制箱。

1. 现场手动控制功能

现场手动控制箱设选择开关，当选择开关置于"就地"位置时，该单元的风机只能通过安装在风机就地操作箱上的手动按钮，实现启、停，高速、低速、停止，正转、反转等功能，实现风机的现场控制，环控柜部分、BAS 控制失效。现场手动一般用于设备检修和调试阶段。当此选择开关在"BAS/环控"位置时，就地手动控制功能失效，可由环控电控柜、触摸屏式 BAS 控制。

2. 在环控电控柜、BAS 控制功能

在环控电控柜设选择开关，当选择开关位于在"环控"时，可在环控电控柜上或在触摸屏上直接对风机进行操作，当选择开关在"BAS"时，可由 BAS 进行控制。

（二）显示功能

根据各风机的控制要求，环控电控柜、现场操作箱各单元面板针对风机、空调机组、空调器等设备，设"远控、运行、停止、故障、正转、反转、高速、低速、旁路主电源合闸、旁路位置、旁路正转、旁路故障、旁路反转、变频主电源合闸、变频正转、变频反转、变频反转控制、旁路正转控制、旁路反转控制"等指示灯，针对风阀设"开到位、关到位、开/关/故障"指示灯。开/关/故障指示灯指示状态为：在阀门开或关过程中，该灯闪烁；开或关到位后，该灯熄灭；风阀故障时，该灯常亮。调节阀还应显示阀门开度。

车站两端触摸屏都可分别显示任意端设备的状态，以及任意端系统运行模拟图、操作画面、故障信息。

第二节　EPS 应急电源设备

应急电源设备(Emergency Power Supply,以下简称"EPS")输出额定电压为380V/220V,额定频率为50Hz。该设备柜体部分采用高质量的敷铝锌板,全部金属结构件都经过特殊防腐处理。开关柜具有足够的机械强度,保证元件安装后及操作时无摇晃、不变形,通过了抗震试验、摇摆试验和内部燃弧试验。应急电源设备柜体采用封闭式结构,EPS 电源柜采用全开门方式,便于维护,柜门开启灵活,门的开启角度大于 90°,柜体通风良好。紧固连接牢固、可靠。机柜顶部加防尘、防滴水的顶罩。主机柜、电池柜并屏,通过螺栓连在一起,底部由地脚螺栓固定,保证电源装置安装稳定。

EPS 应急照明电源装置为柜式结构,每个应急电源单体机柜的外形尺寸要求如图 16-20 所示。各机柜尺寸如下:

馈线柜:高 × 深 × 宽 =2200mm×600mm×800mm。
主机柜:高 × 深 × 宽 =2200mm×600mm×800mm。
电池柜(1):高 × 深 × 宽 =2200mm×600mm×800mm。
电池柜(2):高 × 深 × 宽 =2200mm×600mm×800mm。

图 16-20　EPS 应急电源成套装置

一、EPS 的组成及作用

EPS 主要包括:交流双电源自动切换装置、整流/充电机、逆变器(带输出隔离变压器)、蓄电池组、监控装置及馈线单元等部分。

EPS 作用是在市电断电或消防状态时,向城市轨道交通车站应急照明、疏散指示、导向标识提供后备电源,保证特殊情况下城市轨道交通乘客和员工能安全疏散,供电维持时间不小于 90min。

(一)双电源自动切换装置

双电源自动切换装置(开关)简称 ATS,是为了保证重要用电场所的供电可持续性。当主电源断电、过压、欠压、缺相时,ATS 能够把负载电路自动转换至备用电源。主电源重新通电,ATS 把负载切换至主电源。一般不允许断电的地点都能用到双电源切换开关。

(二)静态切换装置(开关)

静态开关又称静止开关,它是一种无触点开关,是用两个可控硅(SCR)反向并联组成的一种交流开关,其闭合和断开由逻辑控制器控制。静态开关分为转换型和并机型两种。

转换型开关主要用于两路电源供电的系统,其作用是实现从一路到另一路的自动切换;并机型静态开关主要用于并联逆变器与市电并联、多台逆变器之间并联。

静态转换型开关的主要作用是一旦 EPS 发生故障、负载过载或使电池放电结束时,使负载能无中断地自动转到静态旁路,由旁路电源(市电)供电;提高系统的可靠性同时,也提高了 EPS 的过载能力。

(三)整流/充电机

整流/充电机将 EPS 输入的交流电转换为直流电。

(四)逆变器

逆变器将蓄电池组的直流电转换为稳定的交流电 220V/380V。

(五)蓄电池

蓄电池为车站照明提供后备电源。当市电停电时,EPS 通过蓄电池逆变对外供电;市电正常时,对蓄电池进行充电。

二、EPS 主要元器件功能

(一)交流双电源自动切换装置

EPS 应急电源由车站低压配电系统引入,从变电所不同的两段母线各引入一路独立的 0.4kV 电源至 EPS,在 EPS 内设自动切换装置,当其中一路电源失电时,进行自动切换。两回路电源互为备用,可自动和手动切换。电源自动切换时间在 0～1800s 内可调。电源切换开关为四极,控制器为外置式安装,采用励磁驱动机构及中性线重叠转换装置。在电源切换过程中应保证先断后合,可自投自复。交流双电源自动切换装置如图 16-21 所示。

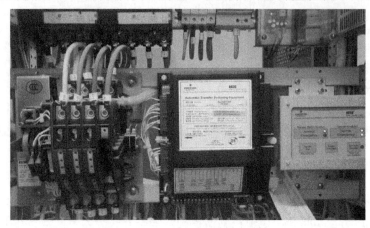

图 16-21　交流双电源自动切换装置

艾默生(ASCO)300 系列技术先进,完全按照国家标准《低压开关设备和控制设备　第 6-1 部分:多功能电器　转换开关电器》(GB/T 14048.11—2016)要求设计制造,并取得国家 CQC 质量认证的智能一体化 PC 级,其可靠性和稳定性历经实践的考验,用户已遍及全国的工业、医疗、邮电、石油、煤矿、冶金、铁道、计算机中心、船舶、军事设施、机场、消防、民用建筑等交流 50Hz/60Hz、0.4kV 以下的配电系统中。

(二)静态切换装置(开关)

来自交流电源自动切换装置的电源为主电源,蓄电池经过逆变器输出的电源为应急电源,并通过控制电路对市电供电电源进行同步跟踪。当控制器检测到主电源电压过低或停电时,静态开关动作,馈线回路由蓄电池通过逆变器供电;当主电源恢复时,控制器断开蓄电池电源,静态开关动作,恢复由主电源向负荷供电电源,自动切换时间不大于 0.02s。静态切换开关原理如图 16-22 所示。

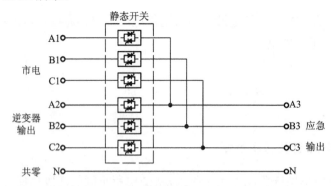

图 16-22　静态切换开关原理框图

静态切换开关单元的面板指示灯操作说明如图 16-23 所示。

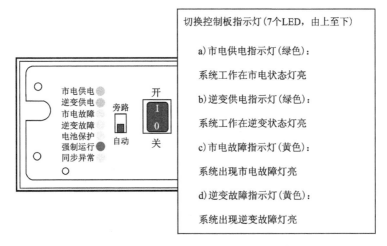

图 16-23　静态切换开关单元的面板指示灯操作说明

应急电源的静态切换开关的电力模块采用双向可控晶闸管,该电力模块体积小,使用方便,并且功耗低,导通速度快,性能安全可靠。车站现场安装的切换单元如图 16-24 所示。

图 16-24　车站现场安装的切换单元

(三) 整流/充电机

整流器(Rectifier)是一个整流装置,简单地说就是将交流转化为直流的装置。它有两个主要功能:①将交流电变成直流电,经滤波后供给负载,或者供给逆变器;②给蓄电池提供充电电压。因此,它同时又起到一个充电器的作用,可用于供电装置及侦测无线电信号等。整流器可以由真空管、引燃管、固态矽半导体二极管、汞弧等制成。相反,一套把直流电转换成交流电的装置,则称为"逆变器(Inverter)"。

在备用 EPS 中只需要给蓄电池充电,不需要给负载供电,因此只有充电机。在双变换 EPS 中,此装置既为逆变器供电,又给蓄电池充电,故称为整流/充电机。

整流/充电机工作原理如图 16-25 所示。

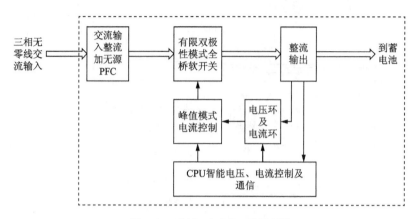

图 16-25 整流/充电机工作原理图

充电单元由充电器(图 16-26)、电池检测板(图 16-27)组成。

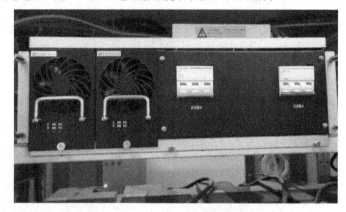

图 16-26 充电器

图 16-27 电池检测板连接结构图

主板(图 16-28)可以设置电池组别,每块副板(图 16-29)要设置对应的位置。每个电池柜配一块主板和四块副板。主板检测第 1 节、第 2 节电池电压。每块副板依次检测 4 块电池电压。每块副板有一个电池负极检测线。

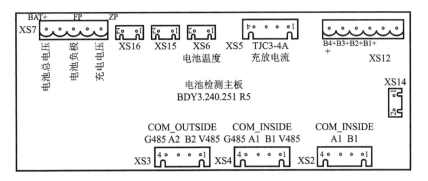

图 16-28　电池检测主板

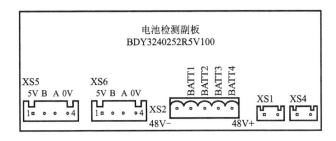

图 16-29　电池检测副板

(1)电池检测副板连接关系说明,如表 16-9 所示。

电池检测副板接口说明　　　　　表 16-9

接　口	说　明	另　一　端
XS2	电池检测输入	电池组
XS1	启停控制干结点	电池检测主板的 XS14
XS4	启停控制干结点	另一块电池检测副板的 XS1
XS5、XS6	内部 485 通信	XS5 接充电器,XS6 接下一块块电池检测副板的 XS5

(2)电池检测主板接口说明,如图 16-30、表 16-10 所示。

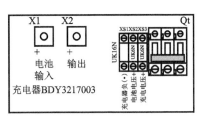

接口	说明	B端
X1	电池输入端子	电池组总正
X2	直流输出端子	电池保护熔丝
XS1	充电器负输出	电池组总负（电池负排）
XS2	电池电压检测输入	电池检测主板 XS7
XS3	充电电压检测输入	电池检测主板 XS7
Q1	交流输入空开	主柜充电空开

图 16-30　电池检测主板接口说明图

电池检测主板接口说明表　　　　　　　　　表 16-10

接 口	说　　明	另　一　端
XS7	直流电源输入	充电器、主板 XS12
XS6	温度检测输入	温度检测探头
XS5	放电电流输入	充电器内霍尔
XS3	内部 485 输入	电池检测副板 XS6
XS12	电池检测输入	电池的第一、第二节正板、主板的 XS7
XS14	启停控制干结点	电池检测副板的 XS1
XS2、XS4	外部 485 输出	XS2 未用、XS4 接至系统控制器的 XS4
XS16、XS15	输入干结点	XS15 未用、XS16 接至逆变器的 XS2

（3）板件地址确定。

①电池检测板主板地址设置。

电池检测板主板上的 S1 拨码以二进制的方式,确定主板在电池检测系统中的地址,如表 16-11 所示。

电池检测板主板地址设置　　　　　　　　　表 16-11

S1 位置	ON	OFF	系 统 地 址
1234	1234	—	第一组电池
1234	234	1	第二组电池
1234	134	2	第三组电池
1234	34	12	第四组电池

②电池检测板副板地址设置。

电池检测板副板上的 S1 拨码以二进制的方式,确定副板在电池检测系统中的地址,如表 16-12 所示。

电池检测板副板地址设置　　　　　　　　　表 16-12

S1 位置	ON	OFF	板 址 确 定
1234	1234	—	第一块
1234	234	1	第二块
1234	134	2	第三块
1234	34	12	第四块

（四）逆变器

逆变器是一种将直流转换成交流的装置,它与转换器其实都是一种电压逆变的过程。整流器作用是将电网的交流电压转变为稳定的 12V 直流输出,而逆变器是将输出的 12V 直流电压转变为高频的高压交流电。两个装置均采用了较为常用的脉宽调制（PWM）技术。该技术的核心部分是一个 PWM 集成控制器,整流器用的是 UC3842 芯片,逆变器则采用

TL5001 芯片。TL5001 芯片的工作电压在 3.6～40V，其内部设有一个误差放大器、一个调节器、振荡器、有死区控制的 PWM 发生器、低压保护回路及短路保护回路等。逆变器工作原理如图 16-31 所示。

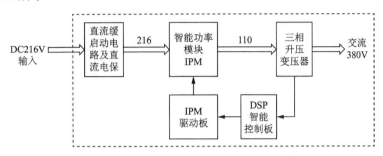

图 16-31　逆变器工作原理

逆变器采用工频设计方案，逆变输出采用工频变压器隔离输出，能保证设备在应急供电时可抵抗感性负载的动态电流的干扰、冲击，并且可防止电流突变对逆变器带来的伤害。逆变器还设有滤波器，可把总谐波畸变率限制在 3%（100% 非线性）以下，确保应急电源可靠、持续给负载供电。逆变器适应各类照明负荷（感性、容性及非线性负荷）供电，负荷功率因数范围为 0.8～1。逆变器有以下特点：逆变器设有多重滤波，总谐波畸变率小于 3%（100% 非线性）；逆变器采用全桥式逆变拓扑结构，输出标准的正弦波电源；每个逆变桥臂都设有吸收和保护电路，防止因过流损坏 IPM 模块；逆变器的输出回路设有熔断器或断路器等过流保护装置，熔断器设有熔断指示，便于维修人员进行维修和维护。

（五）蓄电池

蓄电池（图 16-32）是保障 EPS 电源对外供电的关键设备，是一种储能装置，可实现电能与化学能的转换。充电时，电能转换为化学能储存起来；停电时，蓄电池放电，化学能转换为电能。目前多采用免维护铅酸蓄电池。

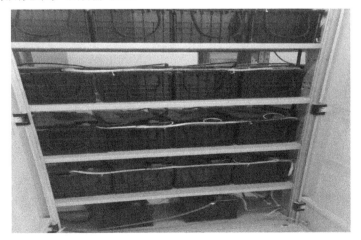

图 16-32　蓄电池组

1. 蓄电池主要特点

（1）12V 蓄电池的设计寿命可达 12 年。

（2）深度放电后回充性强,甚至在放电后、在未及时补充电的情况下容量能 100% 得到回充,是最理想的、用于循环使用的电池(适于每天使用)。

（3）具有长时间放电优越的性能。

（4）更适合在高温环境下使用。

（5）无须平衡充电。

（6）自放电小。

（7）内阻低,充电接受能力强。

（8）超高机械强度隔板的应用,避免了短路的产生。在没有完全充足电的情况下,可以对电池进行放电,且对电池不会有任何损坏。这里完全的密封、免维护设计。

2. 蓄电池容量的计算方法

应急电源所配置的蓄电池采用每组电池组 18 节串联组成的 216V 直流供电系统时,蓄电池的容量按照下列公式计算:

$$C = \frac{P_e}{N \times 1.7 \times 6 \times \eta} \times T$$

式中：C —— 电池计算容量（AH）；

P_e —— EPS 功率（kW）；

N —— 每组蓄电池的串联个数,系统中采用电压等级 216V，N=18；

η —— 逆变器的效率 $\geqslant$ 92%,选择 η=92%；

T —— 应急时间（h），T=1.5h。

三、EPS 运行控制模式

EPS 运行控制模式有三种,即正常工作模式、旁路维修模式、应急工作模式。

（一）正常工作模式

正常情况下,EPS 由牵引降压混合变电所或降压变电所的两段交流低压母线各供一路三相电源（手动选择任一路电源为主用电源）。当主用电源产生故障时,由进线电源自动投切装置进行控制,备用电源自动投入,保证一路电源的正常工作,蓄电池处于浮充状态,应急照明负荷和疏散标志照明由交流低压母线供电。如图 16-33 所示。

（二）旁路维修模式

为便于维修,EPS 设置了维修旁路开关,可保证在维修旁路时 EPS 主机完全与市电脱离,确保维修人员安全。旁路维修模式如图 16-34 所示。

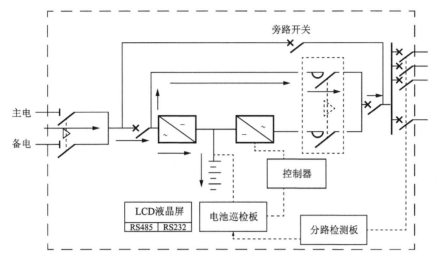

图 16-33 正常工作模式

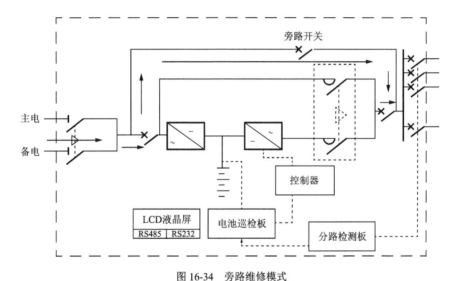

图 16-34 旁路维修模式

(三)应急工作模式

双路进线电源均发生故障时,自动切换装置动作,EPS 的电池组通过逆变器向应急照明与疏散标志照明设备供电。应急照明电源装置的输出频率由内部振荡器控制,输出电压波形为标准正弦波。应急工作模式如图 16-35 所示。

地下/高架车站 EPS 容量保证应急照明和疏散标志照明满负荷运行 90min 的用电需求,当任一单体电池放电至额定最低电池电压时,系统自动停机,以保护电池(紧急情况除外),并发出报警信号。交流进线电源从故障状态恢复正常时,逆变器自动退出运行,应急照明负荷和疏散标志照明由交流低压 0.4kV 母线供电,同时整流/充电器向电池组充电,电池组充电完成后,整流/充电器应自动调整电压,向蓄电池浮充电。

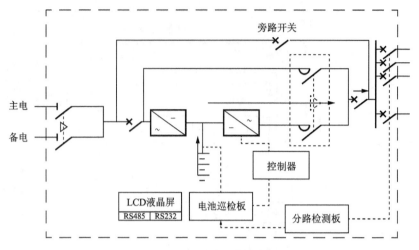

图 16-35 应急工作模式

第三节 车站低压配电系统设备

一、车站低压配电系统介绍

（一）低压配电系统的应用范围

低压配电动力系统采用 380V 三相五线制、220V 单相三线制方式供电，主要为车站、车辆段、控制中心、停车场等场所的环控、给排水、电扶梯、屏蔽门、消防、自动售检票及通信、信号等系统设备提供动力电源。

（二）负荷分类

根据用电设备的不同用途和重要性，低压配电系统用电负荷分为三级：

一级负荷：包括通信、信号、FAS 系统、气体灭火、BAS 系统、综合监控、屏蔽门、自动扶梯、消防泵、车控室等；

二级负荷：包括污水泵、集水泵、维修电源等；

三级负荷：包括冷水机组、冷冻水泵、冷却水泵、冷却塔风机等。

（三）配电方式

低压配电系统所供配电可分为由 0.4kV 开关柜直接供电的设备和环控电控柜供电的设备。

1. 0.4kV 开关柜供电方式

对于 0.4kV 直接供配电的一级负荷设备，低压配电系统由 0.4kV 低压柜两段母线各馈出一路电源至设备附近的双电源切换箱，经双电源切换箱，实现双电源末端切换后，再馈出给设备。两路电源正常时一路工作，一路备用，并可互为备用。

对于 0.4kV 直接供配电的二级负荷设备，低压配电系统由 0.4kV 低压柜其中一段母线馈出一路电源至设备附近的电源配电箱后，再馈出给设备。当该段母线失压后，母线分段断路器（母联断路器、连接两段母线）自动合闸，可由另一段母线继续供电。

对于 0.4kV 直接供配电的三级负荷设备，系统由 0.4kV 低压柜其中一段母线馈出一路电源至设备附近的电源配电箱后，再馈出给设备。当 0.4kV 低压柜任一段母线失压或发生故障时，均联跳中断所有三级负荷设备供电。

2. 环控电控柜供电方式

对于环控电控柜直接供配电的消防设备及一、二级负荷系统，由 0.4kV 低压母线各馈出一路电源至双电源切换装置，实现两路电源互备供电。

对于环控电控柜直接供配电的三级负荷，由 0.4kV 低压柜其中一段母线馈出一路电源形式供电。当该母线失压或故障，中断供电；当电网只有一路电源供电时，也联跳中断电源。

二、车站低压配电系统的运行模式

动力配电设备分三级控制，分别如下：

1. 就地级控制
各设备附近都设有就地控制箱，可控制相应设备。

2. 环控控制
环控电控室设有环控电控柜，可在环控电控室内控制相应设备（风机、风阀）的启停/开关。

3. BAS 控制
在 BAS 系统上可监控车站、控制中心等动力设备的工作状态，可以远程控制设备的启停。

正常情况下，环控电控柜所有开关应全部合上，转换开关应在 BAS 位，以便通过 BAS 集中控制相应设备及模式。

三、车站主要低压配电设备及设施

（一）环控电控柜

环控电控柜安装在环控电控室内，为环控设备提供所需的电源，可实现对通风空调设备的电气控制及远距离操作控制，具体如图 16-36～图 16-38 所示。

图 16-36　环控电控柜总图　　图 16-37　环控电控柜风机抽屉柜　　图 16-38　环控电控柜风阀抽屉柜

(二)通风空调设备就地控制箱

该控制箱安装在各通风空调设备附近,用于维修调试各通风空调设备时的就地控制操作。如图 16-39～16-41 所示。

图 16-39　就地控制箱　　图 16-40　雨水泵控制箱控制面板　　图 16-41　雨水泵控制箱内部

(三)雨水泵控制箱

雨水泵控制箱安装在地下隧道入口、风亭处,用于对地下隧道入口、风亭处雨水泵的控制。

(四)废水泵、污水泵、消防泵控制箱

该控制箱安装在废水泵、污水泵、消防泵用电设备附近,用于废水泵、污水泵、消防泵运行控制。

（五）电源配电箱、双电源切换箱

该切换箱安装在各动力用电设备附近，提供设备所需 0.4kV 电源。如图 16-42、图 16-43 所示。

（六）区间维修电源箱

区间维修电源箱安装在正线区间隧道内，每两台间隔约 100m，提供隧道内设备维修所需的电源。维修插座箱如图 16-44 所示。

图 16-42 双电源配电箱控制面板

图 16-43 双电源配电箱内部

图 16-44 维修插座箱

第四节 车站低压照明设备

一、车站低压照明介绍

车站低压照明系统按区域可分为：车站公共区照明、车站设备区照明、变电所电缆夹层和站台板下 24V 特低压照明、区间照明。

二、车站低压照明的运行模式

车站低压照明按照四种模式运行，即正常模式、节能模式、停运模式和火灾模式。主要内容如下,详见表 16-13。

车站智能照明模式   表 16-13

车站智能 照明模式表	公共区 工作照明	公共区 节电照明	出入口 通道工作照明	出入口 通道节电照明	出入口 飞顶照明	正常 导向照明
正常模式	开	开	开	开	时间设定	开
节能模式	关	开	关	开	时间设定	开
停运模式	关	关	关	关	关	关
火灾模式	关	关	关	关	关	关

(1)正常模式:用于正常运营时的客流高峰期和节假日。客流高峰期间一般指每天 7:00～9:00、17:00～19:00 时间段,客流高峰时间段数及时间范围可调。

(2)节能模式:用于正常运营时的非客流高峰期。非客流高峰期为每天 5:30～7:00、9:00～17:00、19:00～23:30。

(3)停运模式:用于停止运营时间段,为每天 23:30～5:30。停运模式随实际运营时间表确定,时间可调。

(4)火灾模式:智能照明控制系统只监视不控制(只显示系统的工作状态),可有选择地手动切断有关非消防照明电源。火灾发生区域分为车站和隧道区间。车站又分为公共区(含车站站台轨道区)和设备区。火灾模式下,广告照明全部切断,车站工作照明(公共区工作照明、公共区节电照明)延时切除,延时时间可调。

三、车站主要低压照明设备

车站主要低压照明设备包括照明配电箱、照明灯具、疏散指示、安全出口灯、导向照明、广告照明和智能照明系统等。

(一)照明配电箱

照明配电箱,一般包括照明配电箱和广告照明配电箱。该配电箱安装在车站照明配电室、车辆段照明控制室、个别设备房等处,用于集中控制相应场所的工作照明、节电照明、导向照明、广告照明。可实现照明配电室就地控制和车控室集中控制。一般情况下,照明配电箱为工作照明、节电照明和导向照明提供电源;广告照明配电箱为车站广告照明提供电源。照明配电箱见图 16-45。

(二)照明灯具

1. 正常照明灯具

正常照明灯具正常工作时为乘客与工作人员提供照明(图 16-46)。

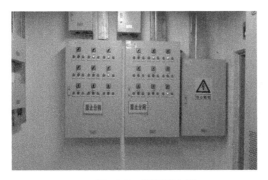
图 16-45　照明配电箱

图 16-46　公共区照明

2. 应急照明灯具

在正常照明因故障熄灭后，应急照明供工作人员暂时继续工作或疏散人员的照明（图 16-47）。

图 16-47　应急照明

（三）疏散指示

疏散指示（图 16-48）：在事故情况下，给疏散人员提供疏散方向的照明。

图 16-48　疏散指示灯

（四）导向照明

导向照明如图 16-49 所示。

图 16-49　导向照明

（五）广告照明

广告照明如图 16-50 所示。

图 16-50　广告照明

（六）智能照明系统

智能照明系统包括以下主要部分：网关（含耦合、接口模块）、开关驱动模块、系统电源模块、时间控制模块、照明手动控制面板、彩色可视化触摸屏等。

1. 主要元器件技术参数

（1）开关驱动模块

开关驱动模块能实现回路的开闭控制，回路负载特性适合于荧光灯、LED 灯负载，开关驱动器的每回路控制容量不小于 16A，满足设计的回路数量，并具有手动/自动转换开关，便于线路检修。

开关驱动模块具有分组及延时开灯功能，可防止灯具集中启动时的浪涌电流。另外，模块上有手动控制，在系统出现故障时，可以人工手动开、闭照明回路，每回路可通过总线在 BAS 系统上显示出各回路的工作状态。模块在外部线路故障的情况下，可以切换并保持预先设定好的工作模式。

开关驱动模块的短路耐受能力不低于前方微型断路器。在回路发生短路时，微型断路器正常动作，控制模块不会被烧毁。

智能照明控制模块有通信检测功能。

（2）时间控制模块

智能照明系统定时采用独立的时间控制器，不依赖于中央监控软件。时间控制器可自由定义，可以以周、月、年、夏令时、节假日为单位进行设置，具有 16 个及以上独立通道，可存储 500 个开关时间。

（3）中文液晶触摸屏

中文液晶触摸屏具有可视化集中控制功能，具备中文显示、彩色界面、可任意编辑中文文字、可导入图片、状态显示、历史记录的功能。

（4）手动控制面板

手动控制面板为总线智能型，其功能和控制对象的改变只需通过软件加以设定，而无须改变接线方式，可对单一回路或多回路的开关、模式、总控等进行操作。

（5）耦合模块、电源模块等

按智能照明系统要求配置相应的耦合模块、电源模块等。

2. 网络

（1）采用先进、成熟的分布式照明自动监控系统。通过网络总线将分布在各现场的控制器连接起来，共同完成中央集中管理和分区本地控制。

（2）所有照明回路采用多种控制形式，可实现集中控制、区域就地控制；中央监控功能停止工作不影响各分区功能和设备运行，总线通信控制也不应因此而中断。

（3）智能照明系统具有可扩展性。

（4）智能照明系统可提供开放的通信网关，或具有通信网关功能的软件和硬件设备。该通信网关能满足与标准、通用、开放的通信协议进行通信，如 Modbus、Devicenet 等，从而对本系统的数据进行读写及操作。

（5）智能照明系统具有编程插口，便于进行系统维护。

除控制面板外，电源模块、网关、时间控制模块等安装在智能照明自带的箱体内，自带箱体安装在靠近车站控制室端的照明配电室内。开关驱动模块安装在照明配电箱内，手动控制模块安装在照明配电室内，可视化集中监控触摸屏安装在车控室内。

第二篇 实 务 篇

第十七章　低压配电设备维护

> **岗位应知应会**
>
> 1. 了解城市轨道交通低压配电系统设备维护标准、周期、方法以及流程。
> 2. 了解城市轨道交通低压配电系统设备巡检流程。
> 3. 熟知城市轨道交通低压配电系统设备检修作业流程。
>
> **重难点**
>
> 重点：城市轨道交通低压配电系统设备检修作业流程。
> 难点：城市轨道交通低压配电系统检修管理制度。

第一节　低压配电设备巡检流程及方法

低压配电系统设备巡检是指按照一定的标准、一定的周期、一定的方法对设备规定的部位、项目进行检查，开展预防性维修，以便预防事故发生，减少停机时间，延长设备寿命，降低维修费用，保证通风空调系统设备正常运行。

一、作业前准备工作流程

（1）作业前，准备好劳保用品、工器具及材料，确保该项检修所带防护用品、工具及材料齐全。

（2）召开班前安全会，将本次作业的工作要点和安全注意事项对作业人员进行交底，要求作业人员熟知并能复述。

二、作业时基本工作流程

（1）携带有效施工负责人证，至车控室办理请点手续。

（2）如需焊接管道支架，需提前办理临时动火证，动火作业时按照规定做好安全防护；登高作业需挂置安全带并做好防护，梯子上严禁放置工器具及材料。

（3）进行风机、风阀等通风设备功能测试时需与环调联系，告知其作业区域及对其他作业的影响。

三、作业后收尾工作流程

（1）作业完毕,确保将系统和设备恢复到正常使用的状态,规范填写低压配电各项检修记录表。

（2）清点工器具,清理现场,保持现场清洁和卫生。

（3）做好销点手续,召开班后总结会。

（4）对检修记录表整理装订并存档。

四、巡检方式

巡检就是要及时发现系统设备运行的异常现象,并在安全、不影响正常运营情况下及时进行维修,以确保系统正常运营。巡检以"望、闻、问、切、嗅"为主要手段,必要时,使用仪器进行检查。

（1）望：以眼观察各类照明灯具工作是否正常、指示灯指示是否正常、电流表和电压表指示是否正常、转换开关及空气开关位置是否正确、接触器和继电器及开关触点是否有电弧灼痕、水位及水位指示是否正常等。

（2）闻：以耳聆听接触器和继电器线圈及灯具镇流器交流声是否正常、接触器和继电器吸合声是否正常、各类电机及相关机械工作声音是否正常等。

（3）问：询问车站值班人员及其他工作人员是否存在设备故障及故障现象等。

（4）切：以手转动各开关和按动各按钮,检查其功能是否正常；触摸蓄电池侧表面检查其温升是否正常；触摸各开关及电力和电线绝缘表面,检查其温升是否正常；触摸各电机外表面,检查其温升是否正常等。

（5）嗅：以鼻嗅吸检查是否有电气烧焦臭味、机械摩擦产生的异味等。

第二节　环控电控柜设备维护

环控电控柜主要分布在各车站站厅层两端的设备区环控电控室内。

一、环控电控柜检修

环控电控柜检修分为计划修和故障修,其中计划修是一种预防性检修,是一种在一定的检修周期内对电源系统进行检修,从而达到预防故障发生的维修活动。根据检修周期的不同,维护项目也不同。常见检修形式有日常巡视（每日）、二级保养（月检）、三级保养（季度检)、四级保养(年检)。

(一)日常巡视(每日)

日常巡视的内容及要求如下。

(1)检查运行指示灯状态:红灯为运行,绿灯为停止,黄灯为故障,指示灯均不亮为设备未通电。

(2)检查各电压表、电流表显示状态:三相用电设备电压表电压为380V,电流表电流为设备铭牌功率的1.8～2倍;单相用电设备电压表电压为220V,电流表电流为设备铭牌功率。

(3)检查继电器、接触器、继电器线圈工作状态:运行正常、无异响、无异味。

(4)检查各转换开关状态:正常时,均处"自动状态"。

(5)检查开关状态:处于合闸状态,无跳闸情况。

(二)二级保养(月检)

二级保养内容及要求如下。

(1)重复日常巡检全部内容。

(2)柜内元器件:无破损、无松动。

(3)转换开关功能:转换灵活、无卡滞。

(4)指示灯、开关、按钮等元器件标识:齐全、完好。

(三)三级保养(季检)

三级保养内容及要求如下。

(1)重复月检全部内容。

(2)设备清洁:设备表面无积尘。

(3)检查元器件之间线路:主开关及抽屉开关的一次、二次回路接线牢固、无松动。

(4)检查环控电控柜抽屉:操作手柄转动灵活,抽屉抽出、推入顺畅,抽屉滑动触点无灼烧痕迹,用红外测温仪测试密集型母线槽及连接螺栓温度,确定母线槽线路及连接螺栓温度无异常。

(5)环控电控柜抽屉滑动触点涂抹优质透明凡士林。

(6)检查进线柜的双电源切换:Ⅰ路市电断电,Ⅱ路市电自动投入。

(7)检查环控电控柜的断路器、进出线电缆:断路器合、分操作正常,进出电缆无损坏。

(四)四级保养(年检)

四级保养内容及要求如下。

(1)重复季检全部内容。

(2)所有主、控回路接线端子、元器件紧固。

二、环控电控柜检修注意事项

(1) 进入环控电控室前,须将门口"气体灭火控制盘"转换开关由"自动"状态转至"手动"状态;离开环控电控室后,须将门口"气体灭火控制盘"转换开关由"手动"状态转至"自动"状态。

(2) 在环控电控柜日常巡视中,人与带电体保持可靠安全距离 0.7m 以上,禁止将头部与身体部位伸进电缆小室内,只能在电缆小室外察看。

(3) 先将环控电控柜供电运行中的末端设备停机,再对环控电控柜断电,断电后进行验电、挂警示牌。

(4) 检修抽出式抽屉时,小心操作,禁用猛力操作,以防损坏设备。

(5) 严禁带电维修和更换元器件,停送电时,由一人操作、一人监护。恢复送电时,先要确认工器具及人员出清,并保持安全距离。

(6) 作业完毕,确保将系统和设备恢复到正常使用的状态,规范填写低压配电各项检修记录表。

三、环控电控柜的操作

环控电控柜主要用于各类风机的电源分配及控制。由于设备工作性质,环控电控柜需使用双路电源供电,双路电源切换就使用到双电源自动切换装置(图 17-1),双电源自动切换装置采用的是美国 ASCO 300 系列自动转换开关(ATS),具体操作如下。

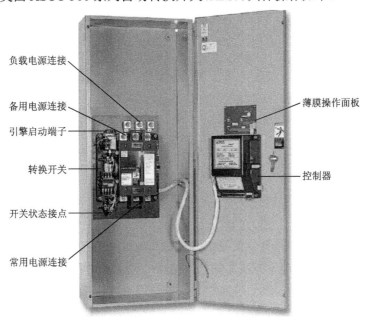

图 17-1　双电源自动切换装置

(一)双电源功能检测

双电源功能测试包括一项检查、两项操作,分别为电压检查、手动操作、电气操作。

1. 手动操作测试

转换开关上的维护手柄,专为维护用。在通电前,应检测转换开关的手动操作(在两路电源断开前,不得手动操作转换开关)。

(1)切断两路电源后,打开机柜门,找到位于转换开关左侧的维护手柄。

(2)握住维护手柄,并用拇指和手指转动手柄,以进行手动操作,维持手柄的转动与配重块的方向相反。如图17-2所示,以手动操作向上或向下转动转换开关。操作应顺畅且无停滞。

(3)将转换开关拨到"常用电源"位置。

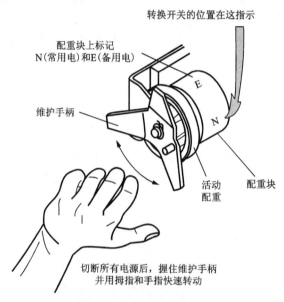

图17-2 维护手柄和位置

2. 电压检查

双电源控制及显示面板如图17-3所示。电压检查步骤如下:

(1)闭合常用电源断路器,负载使用常用电源及常用电源有效,灯会亮。

(2)用精确的电压表在常用电源接头处测量相间电压及线间电压,然后断开常用电源断路器。

(3)闭合备用电源断路器,负载使用常用电源及备用电源有效,灯会亮。

(4)用精确电压表在备用电源接头处测量相间电压及线间电压。

(5)用相序表检查备用电源的相序,它必须与常用电源的相序相同。

(6)停止引擎运行(如果已运行),备用电源有效,指示灯熄灭。然后将引擎启动操作开关置于自动位置,关上柜门。

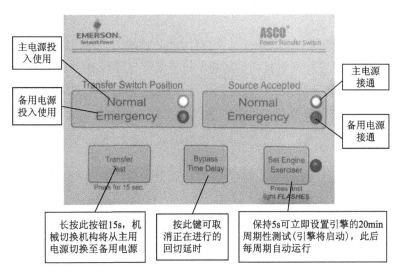

图 17-3 双电源控制及显示面板

3. 电气操作测试

电气操作测试步骤如下：

（1）常用电源必须有效，且引擎处于准备启动状态。常用电源有效，指示灯点亮。

（2）按住转换开关测试按键，直到引擎启动并运行。这一过程应在 15s 内完成。

（3）备用电源有效，指示灯应点亮。

（4）如果转换至备用电源延时已启用（最长 5min），转换将在这个延时过后发生。按下延时旁路按键，转换将立刻发生。

（5）转换开关转换至备用电源侧。负载使用常用电源，指示灯灭；负载使用备用电源，指示灯亮。

（6）如果转换至常用电源延时已启用（最长 30min），转换将在这个延时过后发生。按下延时旁路按键，转换将立刻发生。

（7）转换开关转换至常用电源侧。负载使用常用电源，指示灯亮；负载使用备用电源，指示灯灭。

（8）空载运行延时将使引擎继续运行 5min（冷却周期）。然后引擎停机，备用电源有效，指示灯灭。

（二）抽屉单元

抽屉单元有可靠的机械连锁装置，通过操作手柄控制，具有明显的准确合闸、试验、抽出和隔离等位置。为加强安全防范，操作手柄定位后可加上挂锁，最多可加 3 把锁。抽屉单元手柄位置如图 17-4 所示。

1. 抽屉单元手动合分闸操作步骤

第 1 步，将手柄顺时针旋转至"抽出位置"，此时抽屉单元可以插入或抽出。抽屉处于分离位置,如图 17-5 所示。

第 2 步,再将手柄顺时针旋转至"试验位置",此时抽屉的一次回路与主回路断开,其二次回路与主回路接通,可进行不带负荷的试验。抽屉处于试验位置,如图 17-6 所示。

第 3 步,在"分离位置"顺时针旋转手柄至"连接位置",此时可对抽屉内断路器进行合闸操作。抽屉处于连接位置,如图 17-7 所示。

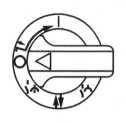

工作位置——主开关合闸,控制回路接通,组件锁定。

分闸位置——主开关断开,控制回路接通,组件锁定。

试验位置——主开关分闸,控制回路接通,组件锁定。

抽出位置——主回路和控制回路均断开。

隔离位置——抽出30mm距离,主回路及控制回路均断开,完成隔离。

图 17-4 抽屉单元手柄位置图

图 17-5 抽屉处于分离位置　　图 17-6 抽屉处于试验位置　　图 17-7 抽屉处于连接位置

第 4 步,在"分闸位置"顺时针旋转开关操作手柄至"合闸位置",此时可听到抽屉内断路器合闸的声音,此时抽屉的一次回路、二次回路均与主回路接通,一次回路带电可带下级负荷。抽屉合闸操作如图 17-8 所示。

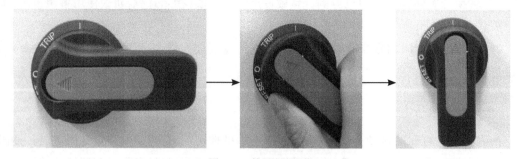

图 17-8 抽屉合闸操作

若需将主回路断开,则只需执行第 4 步逆时针旋转至"分闸位置";若需将抽屉抽出,可按由第 4 步—第 3 步—第 2 步—第 1 步的反顺序操作。

注意:抽屉单元的操作必须严格按照规程操作,强制操作容易导致结构件的损坏。

2. 带分励单元的抽屉及抽屉内断路器故障后的操作流程

带分励单元的抽屉及抽屉内断路器故障后,其断路器一次回路断开。在故障排除后,断路器需先复位后,才可进行合分闸操作。断路器复位时,应严格按以下顺序操作:

(1)断路器分励线圈动作后或断路器故障动作后,其一次回路断开,但此时抽屉手柄的位置还在"合闸位置",如图17-9所示。第1步,开关逆时针旋转,如图17-10所示。

图17-9 开关合闸位置　　　　图17-10 开关逆时针旋转

(2)按第1步要求,将手柄向"分闸位置"旋转,并在到"分闸位置"时,再逆时针旋转手柄到"Reset"位置为止(注意:此过程中操作手柄逆时针旋转,如图17-11所示)。以上操作完成后,抽屉内的断路器复位(Reset)完成。完成复位后,需再进行以下步骤操作(此时要求断路器下端所有负荷保证断开)。

(3)复位完成后,须将断路器进行一次合闸操作,如图17-12所示。

(4)合闸步骤完成后,再将断路器分闸,此时断路器具备投运条件,如图17-13所示。

图17-11 开关逆时针旋转至"Reset"　　图17-12 开关合闸位置　　图17-13 开关分闸位置

注意:以上步骤必须按要求完成,在进行断路器复位过程中,应该可以听到断路器复位后合分闸时比较大的响声。若无此声音或声音很小,表明断路器复位不成功,需再按复位步骤操作一遍。

四、环控电控柜使用与维护

(一)作业前准备

作业前准备见表17-1。

作 业 前 准 备　　　　　　　　表 17-1

作业内容	标准作业程序	图　例	注意事项
作业令	核对作业令（作业时间、作业区域、作业人数、作业内容、主辅站）		1.携带施工负责人证； 2.检查工器具是否准备齐全； 3.强调作业安全注意事项
召开班前会	班前会明确安全防护、作业内容、作业区域、人员分工,准备好工器具,确保该项检修工作所带工具齐全		
安全预想	（1）作业人员需穿着工装和绝缘鞋,戴安全帽； （2）进入环控电控室前,须用FAS钥匙将"气体消防"由"自动"状态转至"手动"状态； （3）作业结束、出环控电控室后,须用FAS钥匙将"气体消防"由"手动"状态转至"自动"状态； （4）作业前,须在供电人员配合下,到低压配电室,由供电专业人员将进线柜ATS两路进线电源的开关分闸、挂牌,警示牌谁挂谁取； （5）作业开始前对作业设备进行验电,确认无电后,才能进行作业； （6）严禁带电维修和更换元器件,停送电时由一人操作、一人监护； （7）作业时须与其他带电体保持可靠安全距离； （8）操作抽屉时,注意小心操作,禁用猛力操作,以防损坏设备； （9）恢复送电时要确认工器具及人员已出清,并保持安全距离		
危险源	（1）未按安全规定穿戴劳保用品或未做好安全防护措施； （2）作业前未挂警示牌； （3）作业材料及工器具遗留环控电控柜中,导致设备短路		

(二)工器具

所需工器具见表 17-2。

工 器 具　　　　　　　表 17-2

名称	照片	名称	照片
强光手电筒		红外线测温仪	
钢丝钳		油漆笔	
尖嘴钳		内六角扳手	
十字形、一字形螺丝刀		兆欧表	
毛刷		套筒扳手	

续上表

名称	照 片	名称	照 片
工业吸尘器		扭力扳手	
警示牌		凡士林(白色)	
试电笔		万用表	

（三）维护标准及流程

维护标准及流程见表 17-3。

维护标准及流程　　　　　　　　　表 17-3

检修周期	检修内容	标准作业程序	图 例
日检	室内温、湿度、卫生及设备外观和运行指示灯	(1)观察电控室内有无"跑、冒、滴、漏、异响、异味"等异常现象。检查室内是否异常情况，预防故障的发生 (2)查看温、湿度表数值（温度小于30℃，湿度小于90%为正常），查看室内卫生与灯光是否良好（干净、灯亮为正常）	
	设备标识和消防设备	(3)查看配电室各类标识、消防、防护用品是否完好齐全	

续上表

检修周期	检修内容	标准作业程序	图例
日检	配电线路	(4)巡查路线:查看Ⅰ路进线端子是否变色、电缆是否破损,查看Ⅱ路进线端子是否变色、电缆是否破损,查看其他环控电控柜端子、电缆是否正常	
	开关和指示灯状态	(5)查看各开关指示灯有无黄灯故障显示,各抽屉开关位置是否正确	
	室内接地线	(6)查看配电室内的接地线有无断裂和锈蚀	
	设备运行状态	(7)依次查看各环控设备(风机、风阀、水泵)的运行状态是否处于正常状态(开关状态、运行频率、电流)	
	双电源切换开关的运行状态	(8)查看各回路电流表是否正常,查看进线柜ATS切换开关是否在"自动"位,主、备用回路的指示灯是否正常	
	配电柜电缆接线端子	(9)用柜门钥匙打开电缆小室,察看抽屉柜输出接线端子是否有变色或松脱现象。确保接线紧固,无虚接,松脱,保证接线端子接触良好	
	配电柜卫生情况	(10)查看各个配电柜的柜体及开关是否干燥、清洁。保证柜内干燥、清洁,防止配电柜内湿度过大,造成电气短路故障	
	记录设备运行电压、电流	(11)查看抄录进线ATS柜开关的电压、电流和功率因数	
	变频器状态	(12)检查环控机房、风道等处各变频柜,检查变频器的通风散热是否良好,运行状态是否正常	

续上表

检修周期	检修内容	标准作业程序	图例
月检	停机停电、挂牌	(1)将待检修的本段环控电控柜配电柜上的环控设备停机;遵循倒闸顺序,关闭作业区域内柜子上所有设备,确保设备处于停机状态	
		(2)将进线柜 ATS 的两路进线电源开关分闸、挂牌,并验电。取下风机柜内二次回路保险,放入作业人员的工具包内;按图纸将环控电控柜二次控制电源断开,并挂牌。作业防止触电,悬挂"禁止合闸,有人工作"警示牌;断开一次、二次回路电源,确保检修工作安全。警示牌谁挂谁取	
	验电	(3)对待检修的本段环控电控柜配电柜进行验电,确认无电压后,开始作业	
	检查元器件和标识	(4)固定好松动的元器件,补齐贴好各类标识	

续上表

检修周期	检修内容	标准作业程序	图 例
月检	ATS双电源开关	(5)清理主开关柜及UPS柜内积尘。软启动器及ATS切换开关的清洁需小心拆除塑料防护盖板进行,清洁完毕后及时盖回盖板。盖回盖板时需重点检查是否有遗留物。保持柜内清洁。检查端子和线路,是否有烧灼痕迹,如有烧灼痕迹,则检查处理	
	环控柜抽屉	(6)将变频柜的开关分闸。10min后对就地变频柜验电,确认无电压,维保步骤参照本表(4)~(5)进行。预防灰尘进入元器件内部,用毛刷和干毛巾及吸尘器清理灰尘。变频器清理时,内部电容存有残余电量,断电后自然放电,验电无电后进行清理和检修	
		(7)检查各柜内接线端子是否有变色或变形。检查端子和线路,是否有变色和烧灼痕迹,如有烧灼痕迹,则检查处理	
	母线槽	(8)对各配电柜及抽屉的维保清洁结束后,恢复各抽屉、开关至原来状态,清点工器具,确认无遗留在配电柜及抽屉、设备内部,关好柜门,作业人员离开设备至安全距离	

续上表

检修周期	检修内容	标准作业程序	图例
月检	配电柜电缆接线端子	(9)确认人员及工器具出清后,恢复二次控制回路保险,确认无异常情况后,将 ATS 两路进线电源分段恢复,并测试两路进线自动切换是否正常	
	二次控制接线端子	(10)确认各通信状态是否正常。恢复各环控设备至正常工作状态。检查通信是否有故障,查看 PLC 网络模块指示灯状态,及时发现问题	
季检	停电	(1)将待检修的本段环控电控柜配电柜上的环控设备停机。作业时防止触电,悬挂"禁止合闸,有人工作"警示牌	
		(2)在供电人员配合下到低压配电室,由供电专业人员将进线柜 ATS 两路进线电源的开关分闸、挂牌,警示牌谁挂谁取。取下风机柜内二次回路保险放入作业人员的工具包内。断开一次、二次回路电源,确保检修工作安全	
	验电	(3)对待检修的本段环控电控柜配电柜进行验电,确认无电压后,开始作业	
	检查元器件和标识	(4)固定好松动的元器件,补齐贴好各类标识	

续上表

检修周期	检修内容	标准作业程序	图 例
季检	ATS 双电源开关	(5)检查 ATS 进线双电源转换开关的一次、二次回路接线是否松动,转换开关端子是否有灼烧痕迹。检查端子和线路是否有烧灼痕迹,如有烧灼痕迹,则检查处理	
	环控柜抽屉	(6)检查各抽屉柜内接触器、继电器的端子是否有灼烧痕迹,不能修复,则更换	
		(7)检查各抽屉式开关柜抽屉(包括抽屉抽出、推入是否顺畅,抽屉滑动触头是否有灼烧痕迹),如果有需要,在抽屉滑动触头涂抹优质白色凡士林	
	母线槽	(8)用红外线测温仪检查密集型母线槽温度,确保母线槽内线路温度无异常。预防线路因过热而产生故障和加速老化	
	配电柜电缆接线端子	(9)打开各配电柜电缆小室,检查、紧固输出接线端子,对紧固好的主电路接线端子用油漆笔进行划线标识。主回路的接线牢固,用扳手紧固压线螺母	
	二次控制接线端子	(10)检查、紧固各二次控制接线端子,注意紧固端子时的力量控制,禁止用力过猛而损坏接线端子。紧固二次回路接线端子时,用力要适当,不要用力过猛损坏接线端子	

续上表

检修周期	检修内容	标准作业程序	图例
季检	主开关柜内部卫生清理	(11)清理主开关柜、各抽屉柜内及UPS柜内积尘。软启动器及ATS切换开关的清洁,需小心拆除塑料防护盖板进行,清洁完毕后及时盖回盖板,盖回盖板时需重点检查是否有遗留物	
		(12)将变频柜的开关分闸。10min后对就地变频柜验电,确认无电压,维保步骤参照(4)~(11)进行	
	清点工器具、恢复设备	(13)对各配电柜及抽屉的维保清洁结束后,恢复各抽屉、开关至原来状态,清点工器具,确认在配电柜及抽屉、设备内部无遗留物,关好柜门,作业人员离开设备至安全距离	
		(14)确认人员及工器具出清后,一人操作,一人监护,恢复二次控制回路保险,确认无异常情况后,再到上级低压配电室,将ATS两路进线电源分段恢复,合上二次回路的控制电源	
	测试ATS切换功能	(15)在ATS的控制面板上,手动钮动转换开关测试ATS的切换功能,确保主/备之间能正常切换	
	检验通信	(16)在智能控制柜触摸屏上查看通信链路上的各控制单元是否通信连接正常。如触摸屏上无此功能,则打开该智能控制柜面板,查看通信扩展模块的通信指示灯是否正常,如无黄色报警指示灯亮,说明下端各控制单元通信正常。检查通信是否有故障,查看PLC网络模块指示灯状态,及时发现问题	

续上表

检修周期	检修内容	标准作业程序	图例
季检	恢复设备正常工作状态	(17) 在智能控制柜触摸屏上恢复各环控设备至正常工作状态。检修完毕后,恢复设备的正常工作状态	
	另一段环控电控柜	(18) 重复步骤(1)~(17),对另一段环控电控柜进行维保作业。 按照此流程对另一排环控柜做检修	
年检	停电	(1) 将待检修的本段环控电控柜配电柜上的环控设备停机。作业防止触电,悬挂"禁止合闸,有人工作"警示牌	
		(2) 在供电人员配合下到低压配电室,由供电专业人员将进线柜 ATS 两路进线电源的开关分闸,挂牌,警示牌谁挂谁取。取下风机柜内二次回路保险放入作业人员的工具包内。断开一次、二次回路电源,确保检修工作安全	
	验电	(3) 对待检修的本段环控电控柜配电柜进行验电,确认无电压后,开始作业	
	检查元器件和标识	(4) 固定好松动的元器件,补齐贴各类标识。为预防元器件接线虚接,用螺丝刀紧固接线端子。完善标识,确保设备操作的准确性	
	ATS 双电源开关	(5) 检查 ATS 进线双电源开关端子线路是否有灼烧痕迹,如有烧灼痕迹,则检查处理	

续上表

检修周期	检修内容	标准作业程序	图例
年检	环控柜抽屉	(6)检查各抽屉柜内接触器、继电器的端子是否有灼烧痕迹,不能修复则更换	
		(7)检查各抽屉式开关柜抽屉(包括抽屉抽出、推入是否顺畅,抽屉滑动触头是否有灼烧痕迹),如有需要,在抽屉滑动触头涂抹优质白色凡士林,确保抽屉闭合接触良好,润滑良好、推入顺畅	
	母线槽	(8)用红外线测温仪检查密集型母线槽温度,确保母线槽内线路温度无异常,预防线路过热而产生故障和加快老化	
	配电柜电缆接线端子	(9)打开各配电柜电缆小室,检查、紧固输出接线端子,对紧固好的主电路接线端子用油漆笔进行划线标识。主回路的接线应牢固,用扳手紧固压线螺母	
	二次控制接线端子	(10)检查、紧固各二次控制接线端子,注意紧固端子时的力量控制,禁止用力过猛而损坏接线端子。紧固二次回路接线端子时,用力要适当,不要用力过猛而损坏接线端子	
	主开关柜内部卫生清理	(11)清理主开关柜、各抽屉柜内及UPS柜内积尘。软启动器及ATS切换开关的清洁需小心拆除塑料防护盖板,清洁完毕及时盖回盖板,盖回盖板时需重点检查是否有遗留物。预防灰尘进入元器件内部,用毛刷、干毛巾及吸尘器清理灰尘	
		(12)将变频柜的开关分闸。10min后对就地变频柜验电,确认无电压,维保步骤参照(4)~(11)进行。清理变频器时,内部电容存有残余电量,断电后自然放电经验电无电后,进行清理和检修	

续上表

检修周期	检修内容	标准作业程序	图例
年检	检查主电路绝缘	(13)用兆欧表检查出现过跳闸现象的主电路绝缘是否满足要求,大于1MΩ为符合要求。检查主回路跳闸原因,用兆欧表测量绝缘值是否达到要求	
	清点工器具、恢复设备	(14)对各配电柜及抽屉的维保清洁结束后,恢复各抽屉、开关至原来状态,清点工器具,确认在配电柜及抽屉、设备内部无遗留物,关好柜门,作业人员离开设备至安全距离。为避免工器具、和其他物品落入柜中,一定要再次清点工器具,清理现场、恢复设备	
		(15)确认人员及工器具出清后,一人操作,一人监护,恢复二次控制回路保险,确认无异常情况后,再到上级低压配电室,将ATS两路进线电源分段恢复,合上二次回路的控制电源。确认柜内工器具清理完毕后,合上主回路和二次回路电源	
	测试ATS切换功能	(16)在ATS的控制面板上,手动钮动转换开关测试ATS的切换功能,确保主/备之间能正常切换。在面板上手动切换双切装置,测试其功能是否良好	
	检验通信	(17)在智能控制柜触摸屏上查看通信链路上的各控制单元是否通信连接正常,如触摸屏上无此功能,则打开该智能控制柜面板,查看通信扩展模块的通信指示灯是否正常,如无黄色报警指示灯亮,说明下端各控制单元通信正常。检查通信是否有故障,查看PLC网络模块指示灯状态,及时发现问题	
	恢复设备正常工作状态	(18)在智能控制柜触摸屏上恢复各环控设备至正常工作状态。检修完毕后,恢复设备的正常工作状态	
	另一段环控电控柜	(19)重复步骤(1)~(18),对另一段环控电控柜进行维保作业 按照此流程对另一排环控柜做检修	

第三节　EPS 应急电源设备维护

应急电源设备是采用新型元器件设计、生产的新一代应急电源,具有容量大、可靠性高、智能化程度高、维护方便等特点。

EPS 主要分布在各车站蓄电池室(或照明配电室内)。

一、EPS 柜检修

EPS 柜检修分为计划修和故障修,其中计划修是一种预防性检修,是一种在一定的检修周期内对电源系统进行检修,从而达到预防故障发生的维修活动。根据检修周期的不同,维护项目也不同。常见检修形式有日常巡视(每日)、二级保养(月检)、三级保养(季度检)、四级保养(年检)。

(一)日常巡视(每日)

日常巡视内容及要求如下。

(1)检查运行指示灯状态:绿灯为市电供电、逆变供电(市电供电、逆变供电不会同时出现),黄灯为故障。

(2)检查继电器、接触器、继电器线圈工作状态:运行正常,无异响、无异味。

(3)检查开关状态:处于合闸状态,无跳闸情况。

(4)检查电池状态:电池组端电压指示值不小于 210V,蓄电池温度不能过高,蓄电池接线端子无白色盐霜。

(5)检查逆变器状态:逆变器工作正常,风机无堵转,柜内电容器无变形、烧坏。

(6)查看 EPS 柜门面板上的液晶显示屏运行信息:交流输入电压范围为 285～455V,电池均充电压为 248V、浮充电压为 238V,交流输入过压 455V、输入欠压 285V,电池过压 13.8V、电池欠压 10.8V、充电限流 6A,及缺相报警信息。

(二)二级保养(月检)

二级保养内容及要求如下。

(1)重复日常巡检全部内容。

(2)设备清洁:设备内、外无积尘。

(3)柜内元器件:无破损、无松动,无灼烧痕迹。

(4)转换开关功能:转换灵活、无卡滞。

(5)指示灯、开关、按钮等元器件标识:齐全、完好。

(6)切换功能查看:两路交流输入电源切换和交、直输出电源切换功能正常。

(7)蓄电池端电压记录:齐全。

(三)三级保养(季检)

三级保养内容及要求如下。

(1)重复月检全部内容。

(2)检查元器件之间线路:一次、二次回路接线牢固、无松动。

(3)检查电源切换:Ⅰ路市电断电,Ⅱ路市电自动投入,两路市电断电,蓄电池对外逆变供电(逆变时间控制在 30min)。

(4)检查 EPS 的断路器、进出线电缆:断路器合、分操作正常,进出电缆无损坏。

(四)四级保养(年检)

四级保养内容及要求如下。

(1)重复季检全部内容。

(2)所有主、控回路接线端子、元器件紧固。

(3)蓄电池维护:设置蓄电池保护电压 11V 后(电池电压低于 11V,停止继续放电),进行放电实验,记录电池对外逆变供电时间,以逆变时间不小于 90min 为合格。

二、EPS 柜检修注意事项

(1)进入蓄电池室前,须将门口"气体灭火控制盘"转换开关由"自动"状态转至"手动"状态;离蓄电池室后,须将门口"气体灭火控制盘"转换开关由"手动"状态转至"自动"状态。

(2)在 EPS 柜日常巡视中,人与带电体保持可靠安全距离 0.7m 以上,禁止将头部与身体部位伸进柜内,只能在柜外察看。

(3)先将 EPS 柜馈出线路负载关停,再对 EPS 柜断电,断电后进行验电、挂警示牌。

(4)作业时禁止将蓄电池正、负极之间线路短路;柜内元器件检修时,小心谨慎,禁用猛力操作,以防损坏设备。

(5)严禁带电维修和更换元器件,停送电时由一人操作、一人监护。恢复送电时先要确认工器具及人员已出清,并保持安全距离。

(6)作业完毕,确保将系统和设备恢复到正常使用的状态,规范填写低压配电各项检修记录表。

三、EPS 柜的操作

(一)交流双电源自动切换装置(简称 ATS)操作

交流双电源自动切换装置(图 17-14)操作时,应首先检查转换开关上的铭牌。额定电压须与常用和备用电源的线电压相同。具体操作流程如下。

(1)常用电源必须有效,并且引擎处于准备启动状态。检查发现常用电源有效指示灯点亮(此时 EPS 处于市电供电状态,常用 I 路市电进线电源正常)。

(2)按住"转换开关测试按键",直到引擎启动并运行。这一过程应该在 15s 内完成。

(3)备用电源有效指示灯应点亮(此时 EPS 处于市电供电状态,备用 II 路市电进线电源正常)。

(4)如果转换至备用电源延时已启用(最长 5min),转换将在这个延时过后发生。按下延时旁路按键,转换将立刻发生。

(5)转换开关转换至备用电源侧。负载使用常用电源指示灯灭,负载使用备用电源指示灯亮(此时 EPS 处于市电供电状态,表示备用电源投用)。

(6)如果转换至常用电源延时已启用(最长 30min),转换将在这个延时过后发生。按下延时旁路按键,转换将立刻发生。

(7)转换开关转换至常用电源侧。负载使用常用电源指示灯亮,负载使用备用电源指示灯灭(此时 EPS 处于市电供电状态,表示主用电源投用)。

(8)空载运行延时将使引擎继续运行 5min(冷却周期)。然后,引擎停机,备用电源有效指示灯灭。

图 17-14　交流双电源自动切换装置

(二)静态切换装置(开关)操作

静态转换开关的主要作用是当 EPS 发生故障、负载过载或使电池放电结束时,使负载能无中断的自动转到静态旁路,由旁路电源(市电)供电。静态转换开关可提高系统的可靠性,同时也能提高 EPS 的过载能力。静态开关(切换单元)指示灯如图 17-15 所示。静态转换开关的具体操作如下。

(1)闭合市电输入,注意 U、V、W 三相的相序。

(2)闭合"O/I 开关",闭合充电器直流输出。闭合市电输入空开,观察静态开关指示灯应显示:市电供电(指示灯亮)。切换单元程序自检约 5min 后,转入市电状态。

(3)闭合"O/I 开关",闭合充电器直流输出,强制开机。切换单元程序自检约 5min,转入当前状态。闭合逆变开关,逆变器启动。闭合市电输入,切换单元转换为市电状态。

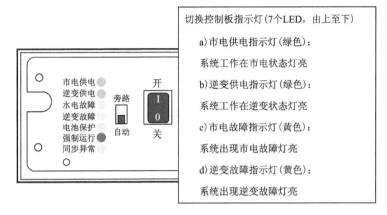

图 17-15　静态开关(切换单元)指示灯

(4)闭合充电开关。充电器和电池检测板工作。

当断开市电开关,系统会立即切换到逆变工作,静态开关指示灯显示逆变供电、市电故障和同步异常。然后,闭合市电空开,系统切回市电供电。

市电状态下,在市电电压 323～437V 范围内不会转入应急状态;当电压下降,主电电压为 228～323V 时,会转入应急状态(即蓄电池逆变供电);当电压上升,主电电压大于 437V 时,会转入应急状态;市电状态下,在 323～437V 范围内,如断开交流输入电压一相或三相,会转入应急状态。

(三)整流/充电机操作

EPS 应急电源的充电单元(图 17-16),最多能安装 2 个充电模块,最大输出电流 12A。整流/充电机操作如下:

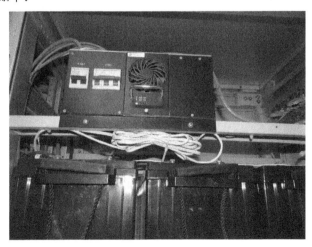

图 17-16　整流/充电机

（1）当市电供电时，闭合交流输入开关，充电模块开启；市电供电情况下，给蓄电池进行充电（浮充）。

（2）当市电失电时，闭合直流输出开关。蓄电池放电经过逆变器到静态开关，输出至负载供电。

正常工作状态下交流输入开关、直流输出开关均处于闭合位置，保证 EPS 应急装置在市电故障的情况下，能正常工作。

（四）逆变器操作

按下逆变器显示板启动按钮 ON，使辅助电源工作，风扇转动，显示板数码管显示"50.00Hz"闪动（图 17-17）。

图 17-17　逆变器显示板

驱动板辅助电源启动后，延时 25s 后，接触器吸合，接触器吸合后延时 2s，即可操作显示板上的按键。此时，逆变器方可正常工作。

（五）强制运行开关操作

在应急供电时，当设备中的电池放电完毕、进入过放电保护而停止逆变输出时，打开强制运行开关（图 17-18），可强制启动逆变器工作，从而继续为负载供电。

图 17-18　强制运行开关

注意：让过放电的电池继续工作会造成电池的永久损坏，因此，强制运行开关只在十分紧急的情况下使用。通常情况下，此开关处在"正常"状态。

（六）旁路开关的使用和操作

旁路开关只在维修时使用，通常处于"断开"状态。当闭合时，负载直接由市电供电（旁路开关和逆变开关有机械连锁作用，两者不可同时合闸）。

四、EPS 柜设备使用与维护

（一）作业前准备

作业前准备见表 17-4。

作 业 前 准 备　　　　　　　　　表 17-4

作业内容	标准作业程序	图 例
作业令	核对作业令（作业时间、作业区域、作业人数、作业内容、主辅站）	
召开班前会	班前会明确安全防护、作业内容、作业区域、人员分工，准备好工器具，确保该项检修所带工具齐全	
安全预想	（1）作业人员需穿着工装和绝缘鞋，戴安全帽，作业时一人操作、一人监护； （2）维保作业前，须在供电人员配合下到低压配电室，由供电专业人员将两路事故照明电源开关分闸并抽出，上锁，挂警示牌，警示牌谁挂谁取； （3）作业中需使用绝缘工具； （4）作业时注意不能将每个蓄电池正、负极之间及两蓄电池之间短路； （5）作业时须与其他带电体保持可靠安全距离（0.7m 以上）	
危险源	（1）未按安全规定穿戴劳保用品，或未做好安全防护措施； （2）作业前未挂警示牌； （3）作业材料及工器具遗留 EPS 柜中，导致设备短路	

(二)工器具

所需工器具见表17-5。

工 器 具　　　　表17-5

名称	照片	名称	照片
强光手电筒		红外线测温仪	
钢丝钳		试电笔	
十字形、一字形螺丝刀		内六角扳手	
毛刷		套筒扳手	
警示牌		扭力扳手	
兆欧表		万用表	
油漆笔	—	吸尘器	—

（三）维护标准及流程

维护标准及流程见表 17-6。

维护标准及流程　　　　　　　　　　　　　　　　表 17-6

检修周期	检修内容	标准作业程序	图例
日检	室内基本环境的检查	（1）到车控室请点，观察 BAS 监控界面上的事故电源装置（EPS）有无报警信息。观察设备房内有无"跑、冒、滴、漏、异响、异味"等异常现象	
	检查室内温湿度的变化	（2）查看温、湿度表数值（温度小于 30℃、湿度小于 90% 为正常），查看室内卫生与灯光是否良好（干净，灯亮为正常）	
	检查室内各种设施是否齐全	（3）查看配电室各类标示、消防、防护用品是否完好、齐全	
	检查设备的指示灯、按钮、开关等	（4）查看各指示灯、按钮、转换开关是否破损	
	检查充电模块	（5）查看充电柜上监控装置上的指示灯是否正常，若红色灯亮，则表示设备故障	
	查看显示屏上的设备信息	（6）点击查看监控模块液晶显示屏上是否有故障显示，检查监控模块中的各种设置是否正确	
	查看显示屏的故障信息	（7）点击"历史故障"选项，查看历史故障，进行故障检索分析，重要事项做记录	

续上表

检修周期	检修内容	标准作业程序	图例
日检	确保充电模正常	(8)查看各充电模块是"正常"指示灯亮,还是"故障"指示灯亮。若某个充电模块是"故障"灯亮,则在显示板上查看其故障	
	查看蓄电池组	(9)蓄电池组情况检查:查看各蓄电池是否漏液,接线端子是否变色,壳体有无鼓胀。发现问题做好记录	
	检查电池接线端子	(10)检查接线端子是否有白色盐霜。预防电池接线端子变形、漏液和烧坏。经常维护、检修电池接线端子,如有问题,立即更换	
	检查主备两路开关	(11)检查事故电源装置双路电源情况,二路市电输入,一路切换输出断路器处在合闸状态。控制面板亮两个绿色主电源工作指示灯;亮一个红色备用电源指示灯	
月检	作业清点	(1)到车控室请点,并通知环调人员	
	日常检查	(2)日检全部内容	
	查看显示屏上电池电压	(3)查看蓄电池电压	
	停电、验电、挂警示牌	(4)关闭主、备两路进线开关并验电,断开充电模块上交流输入、直流输出开关,并对负载进行验电。电源开关分闸并挂警示牌;为避免他人误操作送电,警示牌谁挂谁取	
	柜体内外清洁	(5)柜体内、外(包括逆变器、变压器、柜体风扇、每个蓄电池)清洁,无灰尘、污垢	

续上表

检修周期	检修内容	标准作业程序	图 例
月检	检查接触器、继电器	（6）检查箱体、箱体上元器件是否破损、安装是否松动	
	检查指示灯、开关按钮标识	（7）EPS柜内接触器、继电器端子是否有灼烧痕迹	
	二次控制接线端子	（8）指示灯、开关、按钮等元器件标示是否齐全、完好。确保各类指示灯、开关、按钮的标识完好无损，保证设备正常操作	
	电容器	（9）检查主、控回路接线是否松动。紧固二次回路接线端子时，用力要适当，不要用力过猛而损坏接线端子	
	事故照明电源开关	（10）检查EPS柜内电容器是否变形、漏液、烧坏，电抗器是否烧坏	
	主备两路开关合闸	（11）合上主、备两路进线开关及充电模块上的交流输入、直流输出开关	
	充电模块	（12）查看每台蓄电池端电压，并记录异常电压	
	逆变模块	（13）关闭交流输入开关，看是否能够逆变输出。测试旁路、应急和强制模式是否能正常输出	
	测试切换功能	（14）合上交流输入开关。在面板上手动切换双切装置，测试其功能是否良好	

续上表

检修周期	检修内容	标准作业程序	图　例
月检	检验电池放电	(15)确保设备恢复正常,线路出清,防护撤除。检查电池放电电流、蓄电池电压的变化情况,并记录放电后电池电压。如有电池电压迅速下降等异常情况时,应立即更换电池	
季检	查看显示屏上电池电压	(1)到车控室请点,并通知环调人员	
	停电、验电	(2)日检全部内容	
	停电、挂警示牌	(3)查看蓄电池电压,电源开关抽屉分闸并抽出、上锁,挂警示牌,为避免他人误操作送电,警示牌谁挂谁取	
	测试接线端子绝缘	(4)关闭主、备两路进线开关并验电,断开充电模块上交流输入、直流输出开关,并对负载进行验电	
	柜内外清洁	(5)柜体内、外(包括逆变器、变压器、柜体风扇、每个蓄电池)清洁,无灰尘、污垢	

续上表

检修周期	检修内容	标准作业程序	图例
季检	检查接触器、继电器	(6)检查箱体、箱体上元器件是否破损、安装是否松动。预防因接触器、继电器的端子灼烧,而造成故障,不能修复则更换端子(导线)	
	检查指示灯、开关按钮标识	(7)检查柜内接触器、继电器端子是否有灼烧痕迹。确保各类指示灯、开关、按钮的标识完好无损,保证设备正常操作	
	二次控制接线端子	(8)指示灯、开关、按钮等元器件标识是否齐全、完好。紧固二次回路接线端子时,用力要适当,不要用力过猛而损坏接线端子	
	电容器	(9)紧固蓄电池连接件、松动的元器件、各端子及主、控回路接线,使连接无松动	
	事故照明电源开关	(10)检查EPS柜内电容器是否变形、漏液、烧坏,电抗器是否烧坏	
	主备两路开关合闸	(11)将事故照明电源主、备两路开关合闸,送电检验回路是否正常,设备有无异常	
	充电模块	(12)闭合充电柜上直流输出开关,交流输入开关,充电开关,逆变开关,最后闭合交流输出开关	
	双电源装置	(13)进行主备两路交流输入电源切换功能试验,检查设备切换是否正常	

续上表

检修周期	检修内容	标准作业程序	图 例
季检	检验电池放电	(14)断开交流输入开关,检查逆变输出是否正常,并由蓄电池带负载运行20min。观察蓄电池放电电流、蓄电池电压的变化情况,并记录放电后电池电压	
	电池充电	(15)放电结束后,闭合交流输入开关,观察充电电流、蓄电池电压和电池温度,持续观察15min设备正常。检查电池放电电流、蓄电池电压的变化情况,并记录放电后的电池电压。如有电池电压迅速下降等异常情况时,应立即更换电池	
	电池充电	(16)在充电期间,每隔30min观察充电电流、蓄电池电压,用红外线测温仪测量电池温度正常,直至充电完成。检修完毕后,恢复设备的正常工作状态。电池放电30min后,观察电压和温度	
	恢复设备	(17)确保设备恢复正常,线路出清,防护撤除。检修完毕、电池充电30min后,观察电压和温度,如小于210V,立即检查电池	
年检	查看显示屏上电池电压	(1)查看蓄电池电压	
	停电、验电	(2)关闭主、备两路进线开关并验电,断开充电模块上交流输入、直流输出开关,并对负载进行验电	
	停电、挂警示牌	(3)在供电人员配合下到低压配电室,由供电专业人员将两路事故照明电源开关分闸并抽出、上锁,挂警示牌,警示牌谁挂谁取	

续上表

检修周期	检修内容	标准作业程序	图例
年检	测试接线端子绝缘	(4)紧固两路进线接线端子,并对有过跳闸记录的进线回路进行绝缘测试。检查主回路跳闸原因,用兆欧表测量绝缘值是否达到要求	
	柜内外清洁	(5)柜体内、外(包括逆变器、变压器、柜体风扇、每个蓄电池)清洁,无灰尘、污垢	
	检查接触器、继电器	(6)检查箱体上元器件是否破损、安装是否松动。柜内接触器、继电器端是否有灼烧痕迹	
	检查指示灯、开关按钮标识	(7)检查指示灯、开关、按钮等元器件标识是否齐全、完好	
	二次控制接线端子	(8)紧固蓄电池连接件、松动的元器件、各端子及主、控回路接线,连接无松动	
	电容器	(9)检查EPS柜内电容器是否变形、漏液、烧坏,电抗器是否烧坏	

续上表

检修周期	检修内容	标准作业程序	图例
年检	事故照明电源开关	(10)到低压配电室,由供电专业人员将两路事故照明电源开关合闸	
	主备两路开关合闸	(11)合上柜内主备两路进线开关	
	充电模块	(12)闭合充电柜上直流输出开关,交流输入开关,充电开关,逆变开关,最后闭合交流输出开关	
	逆变模块	(13)断开柜内所有负载,测试旁路/逆变开关功能;将正常/强制开关转至强制位,检查EPS柜能否启动	
	测试ASCO切换功能	(14)进行主备两路交流输入电源切换功能试验,检查设备切换是否正常	
	检验电池放电	(15)断开交流输入开关,由蓄电池带车站所有应急负载运行30min,观察蓄电池放电电流、蓄电池电压的变化情况,并记录放电后电池电压	
	电池放电	(16)放电30min后,闭合交流输入开关,观察充电电流、蓄电池电压和电池温度,持续观察15min,设备正常	
	电池充电	(17)在充电期间,每隔30min观察充电电流、蓄电池电压和电池温度,设备正常,直至充电完成。观察电池组端电压指示值是否小于210V	
	设备恢复正常	(18)确保设备恢复正常,线路出清,防护撤除。设备正常运行,观察30min无异常后,结束检修工作	

第四节 动力、照明配电箱设备维护

一、塑壳断路器(开关)维护

(一)塑壳断路器(开关)简介

塑壳断路器又称装置式断路器,塑壳断路器是将触头、灭弧室、过流脱扣器和操作机构等都装在一个塑料外壳内,一般不考虑维修问题,适用于作支路的保护开关。过电流脱扣器有热磁式和电子式两种。一般热磁式塑壳断路器为非选择性断路器,仅有过载长延时及短路瞬时两种保护方式;电子式塑壳断路器有过载长延时、短路短延时、短路瞬时和接地故障四种保护功能,部分电子式塑壳断路器新推出的产品还带有区域选择性连锁功能。大多数塑壳断路器为手动操作,也有部分带电动机操作机构。

(二)塑壳断路器(开关)维护

低压塑壳断路器故障跳闸后,不能简单性地合闸就结束。低压塑壳断路器的主动、静触头及副触头、连锁辅助触头、软连接片、线圈、短路环及灭弧罩等部件都易发生故障。发生故障跳闸后,首先应检查断路器外观、灭弧罩等部件有无烧坏现象,如有,则应拆下灭弧罩,对相应故障部件进行检查、检修或更换,并将污迹清除干净。

1. 启动电动机时断路器跳闸原因及处理措施

(1)带负载启动电动机

电动机带负载启动时,引起电流增大而引起断路器跳闸。在启动电动机前,应先检查电动机负载有无切断,电动机无负载情况下,再启动电动机。

(2)电压低

电压低,启动电动机时电流猛增,导致启动电流增大,造成断路器跳闸。客户受电端电压变动幅度范围应满足,三相供电低压动力客户为额定电压的 -7% ~ +7%;电压测量值超过规定值时,应采取调整变压器分接头、调整负荷等措施。

(3)断路器的瞬时保护整定倍数偏小

断路器的瞬时保护整定倍数偏小,需合理调整断路器的瞬时保护整定倍数,与现场设备运行要求相符。

(4)塑壳断路器选型错误

通常 D 型断路器适用于电机回路,C 型断路器适用于配电和照明回路。在电机回路中,如果选用的塑壳断路器不是动力型,也会导致断路器跳闸。因此,应根据设备用途,选择正确的塑壳断路器。

2. 运行中的断路器发生跳闸现象的原因及处理措施

原因如下：

（1）选用的连接电缆或铜排截面积太小容易发热，使断路器跳闸。

（2）负载端的紧固螺栓未上紧，导致接触不良而大量发热，使断路器跳闸。

（3）负荷过载跳闸。

处理措施：

（1）空气断路器发生跳闸后，可根据相关特征判断是否为误跳闸。首先，根据线路中的实时监测系统，确认在跳闸前计量表测量值正常、信号指示正常，表示系统无短路故障或长时间过载现象。随后，查看该断路器回路的电流表及有功、无功表指示为零，确认该断路器确实跳闸。最后，检测空气断路器的复位按钮是否弹出，灭弧罩是否存在拉弧痕迹，如无拉弧，表明系统无短路故障或长时间过载现象。此时，可判定空气断路器为误跳闸。

（2）若确认是由人员误碰、误操作或受机械外力影响等引起的空气断路器误跳闸，断路器可立即合闸送电。若是电气或机械部分故障引起的空气断路器误跳闸，则不可立即恢复送电，应联系相关人员将断路器停用，转为检修处理。

具体原因及相应处理对策见表 17-7。

断路器发生跳闸现象的原因及处理对策　　　　表 17-7

主 要 原 因	处 理 对 策
指示灯本体故障	更换指示灯
主电源失电	接通主电源
线路问题	使用万用表对应线路图，查找故障线路
合闸脱扣器故障	维修合闸脱扣器
欠压线圈损坏	更换欠压线圈
电子脱扣器自身故障，导致误动作	解决电子脱扣器故障
断路器静触头和动触头不配套	更换触头，使之配套
动触头与静触头连接的铜牌变形	更换铜牌

3. 低压塑壳断路器部件的维护

（1）主、副触头：表面烧伤严重的主、副触头应更换，以免打磨过多，降低接触面的压力。

（2）辅助触头：应用 00 号细砂纸（布）打磨，触头表面不能有油污。

（3）灭弧罩：有炭化现象应刮净；有受潮现象应烤干；有损坏者应重新配齐；安装角度应正确，以免妨碍触头动作。

（4）短路环和线圈：对损坏的短路环和线圈应及时更换。

（5）软连接片：软连接片损坏时，应及时更换损坏元件。

二、接触器维护

(一)交流接触器简介

1. 交流接触器结构

交流接触器结构见图 17-19,其主要由以下三部分组成:

(1)触头系统:采用双断点桥式触头结构,一般有三对常开主触头。

(2)电磁系统:包括动、静铁芯,吸引线圈和反作用弹簧。

(3)灭弧系统:大容量的接触器(20A 以上)采用缝隙灭弧罩及灭弧栅片灭弧,小容量接触器采用双断口触头灭弧、电动力灭弧、相间弧板隔弧及陶土灭弧罩灭弧。

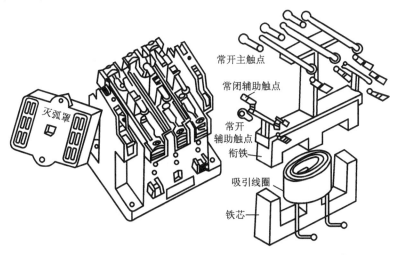

图 17-19 交流接触器的外形与结构

2. 交流接触器的工作原理

当吸引线圈两端加上额定电压时,动、静铁芯间产生大于反作用弹簧弹力的电磁吸力,动、静铁芯吸合,带动动铁芯上的触头动作,即常闭触头断开,常开触头闭合;当吸引线圈端电压消失后,电磁吸力消失,触头在反弹力作用下恢复常态。

3. 交流接触器的铁芯与衔铁

交流接触器在运行过程中,衔铁不但受到释放弹簧及其他机械阻力的作用,同时还受到交流励磁过零的影响。这些作用和影响都使衔铁有释放的趋势,从而使衔铁产生振动,发出噪声。消除这种噪声的措施是在铁芯和衔铁的不同端部各开一个槽,槽内嵌装一个用铜、康铜或镍铬合金材料制成的短路环,又称减震环或分磁环。

铁芯嵌装短路环后,线圈电流 I_1 产生磁通 ϕ_1,而 ϕ_1 的一部分通过短路环,在短路环内产生感应电流 I_2,I_2 又会产生一个磁通 ϕ_2。根据电磁感应定律可知,ϕ_1 和 ϕ_2 的相位不同,即 ϕ_1 与 ϕ_2 不同时为零。这样,在 ϕ_1 经过零值时,ϕ_2 不为零而产生吸力将衔铁吸住,保证衔铁在任何时刻都被吸住,振动和噪声显著减小。

（二）交流接触器运行维护

1. 运行中检查的项目

（1）检查通过的负荷电流是否在接触器的定值范围内；

（2）接触器的分合信号指示是否与电路状态相符；

（3）运行声音是否正常；

（4）电磁线圈有无过热现象，电磁铁的短路环有无异常；

（5）灭弧罩有无松动和损伤情况；

（6）辅助触点有无烧损情况；

（7）传动部分有无损伤；周围运行环境有无不利运行的因素，如震动过大，通风不良，灰尘过多等。

2. 接触器维护

对接触器进行维护工作，应包括以下方面：

（1）外部维护。

清除外部灰尘，检查各紧固件是否松动，特别是导体连接部分，防止接触松动而发热。

（2）触点系统维护。

检查动、静触点位置是否对正，三相是否同时闭合，如有问题应调节触点弹簧。

检查触点磨损程度，磨损深度不能超过1mm，触点有损伤，开焊脱落时，须及时更换；轻微烧损时，一般不影响使用，清理触点时不允许使用砂纸，应使用整形锉；测量相间绝缘电阻，阻值不低于10MΩ；检查辅助触点动作是否灵活，触点行程应符合规定值，检查触点有无松动脱落，发现问题应及时修理更换。

（3）铁芯部分维护清除灰尘，特别是运行部件和铁芯吸合接触面间；检查铁芯的紧固情况，铁芯松散会引起运行噪声加大；铁芯短路环有脱落或断裂要及时修复。

（4）电磁线圈维护测量线圈绝缘电阻；检查线圈绝缘物有无变色、老化现象，线圈表面温度不应超过650℃；检查线圈引线连接，如有开焊、烧损应及时修复。

（5）灭弧罩部分维护检查灭弧罩是否破损；灭弧罩位置有无松脱和位置变化；消除灭弧罩缝隙内的金属颗粒及杂物。

第十八章　低压配电系统设备故障处理

> **岗位应知应会**
>
> 1. 能够对低压配电设备常见故障做初步判断。
> 2. 熟知城市轨道交通低压配电系统各类设备容易发生的故障及处理方法。
>
> **重难点**
>
> 重点：城市轨道交通低压配电设备常见故障原因分析。
> 难点：城市轨道交通低压配电设备常见故障解决办法。

为保证城市轨道交通设备安全、优质、高效运转，对于低压配电系统在日常运行中出现的故障，需要专业的运营维护人员及时进行处理，表 18-1～表 18-20 列举了常见故障分析及处理方法。

第一节　低压配电系统常见设备故障及处理方法

一、双电源切换箱常见故障及处理方法

双电源切换箱常见故障及处理方法见表 18-1。

双电源切换箱常见故障及处理方法　　　　表 18-1

序号	故障现象	原因分析	处理方法
1	两路电源失电	两路市电失电	通知生产调度
2		两路电源熔断丝烧断	检查更换熔断丝
3		两路空气开关跳闸或故障	检查短路设备，更换故障空气开关，恢复送电
4		两路接触器故障	检查更换故障接触器
5		控制回路故障	检查控制回路故障，排除
6	一路电源失电	一路市电失电	通知生产调度
7		一路电源熔断丝烧断	检查更换熔断丝
8		一路空气开关跳闸	检查短路设备，恢复送电

续上表

序号	故障现象	原因分析	处理方法
9	一路电源失电	一路接触器故障	检查更换故障接触器
10		控制回路故障	检查控制回路故障，排除故障
11		手动/自动转换开关损坏	检查更换损坏的转换开关
12		按钮开关损坏	检查更换损坏的按钮开关
13	不能自动切换	另一路市电失电	通知生产调度
14		另一路电源熔断丝烧断	检查更换熔断丝
15		另一路空气开关跳闸或故障	检查短路设备，更换故障空气开关，恢复送电
16		手动/自动转换开关损坏	检查更换损坏的手动/自动转换开关
17		另一路电源接触器线圈回路断路	检查接通接触器线圈回路
18		另一路电源接触器线圈烧坏断路	检查更换接触器线圈
19		另一路电源接触器卡死	检查更换卡死的接触器
20	手动不能启动	市电失电	通知生产调度
21		电源熔断丝烧断	检查更换熔断丝
22		空气开关跳闸或故障	检查短路设备，更换产生故障的空气开关，恢复送电
23		接触器故障	检查更换产生故障的接触器
24		控制回路故障	检查控制回路故障，排除故障
25		手动/自动转换开关损坏	检查更换损坏的转换开关
26		按钮开关损坏	检查更换损坏的按钮开关

二、电机保护器常见故障及处理方法

（一）信号 LED 指示灯

1. 脱扣/报警 LED 指示灯

脱扣/报警 LED 指示灯可显示红、黄两种颜色。当黄色闪烁时表示出现报警情况，当红色闪烁时表示已经脱扣。通过观察指示灯在两次间歇之间的闪烁次数，判明具体的报警或脱扣情况。该 LED 指示灯闪烁代码的意义如表 18-2 所示，也可以在产品侧面的标签上查得。

脱扣/报警 LED 指示灯常见故障诊断　　表 18-2

脱扣描述	脱扣代码（红色）	报警代码（黄色）	保护功能（故障）	非易失性故障
脱扣测试	1	—	不支持	不支持
过载	2	2	支持	支持
缺相	3	—	支持	支持

续上表

脱扣描述	脱扣代码(红色)	报警代码(黄色)	保护功能(故障)	非易失性故障
接地故障	4	4	支持	支持
失速	5	—	支持	支持
堵转	6	6	支持	支持
欠载	7	7	支持	支持
PTC过热	8	8	支持	支持
电流不平衡	9	9	支持	支持
通信故障	10	10	支持	不支持
通信空闲	11	11	支持	不支持
非易失性存储器故障	12	—	不支持	不支持
硬件故障(脱扣)	13	13	不支持	不支持
配置故障(报警)	13	13	不支持	不支持
防护性维护启动次数	—	14	不支持	不支持
远程脱扣防护性维护—运行时间	15	15	不支持	不支持
报警	15	15	不支持	不支持
启动堵塞/启动禁止	16	—	不支持	不支持

2. 网络状态LED指示灯

网络状态LED指示灯有红、绿两种颜色,用于显示电机保护器与Device Net网络的连接状态。

(1)输出A(OUT A)和输出B(OUT B)的LED指示灯

当输出端子的触点闭合时,输出A(OUT A)或输出B(OUT B)的LED指示灯变为黄色。但是,当指示灯亮起时,并不能保证对应的端子有输出。

(2)输入(IN)1、2、3、4的LED指示灯

当用户连接的输入端子闭合时,对应的输入1、输入2、输入3、输入4的LED指示灯将变为黄色。

在上电之后,其启动顺序如下:

①脱扣继电器将闭合2.35s,之后脱扣/报警LED指示灯将不会闪烁(如先前没有出现"非易失性故障"以及当前时刻没有出现故障)。

②与此同时,网络状态LED指示灯将出现大约2s的绿色、(1/4)s红色的交替闪烁。如果启用自动波特率识别功能,且电机保护器连接到激活网络中,一旦波特率确定,绿色指示灯将会继续闪烁。如果,电机保护器所连接的Device Net网络没有处于活跃状态,那么,该指示灯将不会继续闪烁。

③当电机保护器已被主单元分配,则网络状态LED指示灯将变为绿色常亮状态。

(二)Device Net 运行模式

电机保护器有四种 Device Net 运行模式,即:上电复位模式、运行模式、可恢复故障模式以及不可恢复故障模式。

1. 上电复位模式

当电机保护器处于上电复位模式时,将会出现如下情况:

(1)网络状态 LED 指示灯将出现大约 2s 绿色、(1/4)s 红色的交替闪烁。如果启用自动波特率识别功能,且电机保护器连接到激活网络中,一旦波特率确定,绿色指示灯将会继续闪烁。如果电机保护器所连接的 Device Net 网络没有处于活跃状态,那么该指示灯将不会继续闪烁。

(2)当通信速率被确定后,电机保护器将检查 Device Net 网络上是否有与之节点地址(MAC ID)相重复的设备。如果检查到有节点地址与之相重复的设备,那么网络状态 LED 指示灯将变为红色常亮状态,电机保护器进入可恢复故障模式。如果成功运行该模式后,电机保护器将进入运行模式。

2. 运行模式

当处于运行模式后,电机保护器将作为主设备的从属设备运行。如果电机保护器未能和主设备建立网络连接,那么网络状态 LED 指示灯将出现绿色闪烁状态。当电机保护器与一个或多个主设备建立连接后,网络状态 LED 指示灯将变为绿色常亮状态。当电机保护器与一个或多个主设备连接出现超时时,网络状态 LED 指示灯将变为红色闪烁状态。在运行模式下,电机保护器具备如下功能:

(1)接收来自 Device Net 网络主设备的报文。

(2)向 Device Net 主设备发送响应报文、COS 状态改变报文或周期性报文。如果监测到一个通信故障,电机保护器将进入可恢复故障模式(Recoverable Error Mode)或者不可恢复故障模式(Unrecoverable Error Mode)。

3. 可恢复故障模式

当处于可恢复故障模式时,电机保护器的网络状态 LED 指示灯将变为红色常亮状态。这时,电机保护器可以对特定的离线节点设备恢复报文做出响应。

4. 不可恢复故障模式

当处于不可恢复故障模式时,电机保护器的网络状态 LED 指示灯将变为红色常亮状态。在通电情况下,电机保护器一旦进入不可恢复故障模式,将保持该状态不变。

(三)脱扣复位

可以通过采取下列任何一种措施,进行电机保护器脱扣复位:

(1)按下电机保护器面板上的"脱扣/复位(Trip/Reset)"按钮。

(2)通过 Device Net 网对电机保护器输出对象组合中的故障复位(Fault Reset)数据位进

行设置。

(3) 激活一个复位信号。

①将第 77 号参数输入 1= 脱扣复位(IN1=Trip Reset)设置为使能状态,通过给输入 1 施加信号,让电机保护器复位(仅限 A 系列固件版本为 FRN 2.××× 的设备)。

②通过相应的指定参数(83…86)设定为"脱扣复位(Trip Reset)",激活其中一个输入的复位信号(仅限固件版本为 FRN 3.×× 及其后续版本)。

(4) 将第 30 号参数过载/PTC 过热复位模式(OL/PTC Reset Mode)设置为"自动(Automatic)"方式,从而允许 E3 电机保护器在出现过载/过热脱扣后能够自动复位。

(5) 对电机保护器重新通电,可以清除非易失性故障。

(6) 将第 26 号参数脱扣复位(Trip Reset)设置为 1= 脱扣复位,从而对电机保护器进行复位。

(四)脱扣/报警 LED 指示灯故障

脱扣/报警 LED 指示灯故障原因及处理方法,见表 18-3。

脱扣/报警 LED 指示灯故障原因及处理方法　　　　表 18-3

序号	脱扣情况说明	可能原因	处理方法
1	脱扣测试	按下测试/复位(Test/Reset)按钮	按下测试/复位(Test/Reset)按钮,清除脱扣
2	过载	电机过载	检查造成过载的原因(包括负载是否过大,机械传动装置、电机轴承等是否存在问题)
2	过载	参数设置不正确	设置正确的参数值,使之与电机及其应用要求相适应
3	缺相	供电线路缺相	检查供电线路(包括熔断丝)
3	缺相	线路连接存在问题	检查从支路保护装置到电机的所有线路连接端子是否拧紧,确保电机保护器与接触器连接正常
3	缺相	接触器存在问题	检查接触器是否工作正常
3	缺相	参数设置不正确	在单相运行模式下,需要将第 27 号参数单相/三相运行模式(Single/Three Ph)设置为"单相(single phase)"
4	接地故障	电源导线或电机绕组对地短路	检查电源导线和电机绕组与地线之间的电阻是否过小
4	接地故障	电机绕组绝缘层老化	检查电机绕组绝缘层对地线的电阻是否过小
4	接地故障	有异物造成短路	检查是否有异物
4	接地故障	外置接地故障传感器(零序电流互感器)连接存在问题	检查连接电缆

续上表

序号	脱扣情况说明	可能原因	处理方法
5	失速	在到达失速监测使能时间(Stall Enabld Time)(第39号参数)之后,电机仍然不能全速运行	检查造成失速的原因(包括负载是否过大或机械传动装置等是否存在问题)
		参数设置不正确	对于具体应用项目,检查第39号参数失速监测使能时间（Stall Enabld Time)是否设置得过短;检查第28号参数满载电流设置(FL A Setting)是否正确
6	堵转	电机电流超过所设置的堵转脱扣级别	检查造成堵转的原因(包括负载是否过大,或机械传动装置等是否存在问题)
		参数设置不正确	对于具体应用项目,检查第39号参数失速监测使能时间（Stall Enabld Time)是否设置得过短;检查第28号参数满载电流设置(FL A Setting)是否正确
7	电流不平衡	供电线路电流不平衡	检查电源系统(包括熔断丝)
		电机绕组电流不平衡	对电机进行检修,如果可能的话,提高第51号参数电流脱扣水平值(CI Tirp Level)的设定值
		电机空转	提高第51号参数电流不平衡脱扣级别(CIrip Level)的设置值
		接触器或断路器存在问题	检查接触器和短路器是否工作正常
8	通信故障	通信中断	检查Device Net电缆是否连接正常
9	通信空闲	可编程控制器处于"编程"复位	当可编程控制器返回到"运行"状态后,进行脱扣复位
10	非易失性存储器故障	电机保护器内部故障	与厂家联系
11	硬件故障(脱扣)	硬件配置故障	(1)检查输入端子（1、2、3、4、5或6）是否与PTC热敏电阻输入端子（IT1、IT2）短路; (2)与厂家联系
12	配置故障(报警)	需要将第27号参数单相/三相运行模式(Single/ Three Ph)设置为"单相(Single Phase)",但实际上有L3相电流供电机运行	对于三相应用情况,需要将第27号参数单相/三相运行模式设置为"三相"(Single/ Three Ph)模式
		电机满载电流设置值超出允许范围,该参数同时受到电流互感器变流比设定值的制约	设置相应的电机满载电流
13	远程脱扣	远程传感器的触点闭合(包括振动开关等)	(1)采取纠正措施,补救导致传感器激活的原因; (2)检查传感器是否工作正常; (3)检查接线

续上表

序号	脱扣情况说明	可能原因	处理方法
14	防护性维护启动次数(报警)	第96号参数"启动计数器（Starts Counter)"的设定值大于或等于第101号参数防护性维护启动次数的设定值	设置第104号参数"清除队列（Clear Queue)"，复位第96号参数启动计数器（Starts Counter)
15	防护性维护运行时间(报警)	第95号参数"累计时间（Elapsed Time)"大于或等于第102号参数防护性维护运行时间（PM-Oper.Hours)	设置第104号参数"清除队列（Clear Quene)"，复位第95号参数累计时间（Elapsed Time)
16	启动堵塞/启动禁止	在过去时间的启动次数等于第99号参数每小时启动次数（Starts/Hour）的设定值	检查第98号参数距离启动时间（Time to Start)，等待启动需要花费的时间，或者更改配置，允许提高每小时启动次数的值
		时间到期，因为最近一次的启动时间小于在第100号参数启动时间间隔	检查第98号参数距离启动时间（Time to Start)，等待启动需要花费的时间，或者更改配置，缩短其启动之间的间隔时间

（五）Device Net 故障

通过网络状态 LED 指示灯（Network Status LED），可以帮助用户对 Device Net 网络相关的故障进行诊断，针对可能导致的原因，推荐采取的措施如表 18-4 所示。

Device Net 故障原因及处理方法　　　　　表 18-4

指示灯颜色	状态	可能原因	处理方法
无		电机保护器没有能够从 Device Net 连接器那里获得供电	检查 Device Net 网络电源和电缆连接，确认电源接头已与 Device Net 连接器连接
绿色/红色关闭	闪烁	电机保护器正常尝试确定网络的通信速率	如果 Device Net 网络上没有数据传输，那么电机保护器就不能确定网络的通信速率。通过调用 Device Net 软件中的网络功能，可以在网络中产生数据传输
绿色	闪烁	电机保护器处于在线状态，但是没有找到归属的扫描器	检查 Device Net 扫描器，查看其扫描列表中是否配置有电机保护器
绿色	常亮	正常工作状态，电机保护器已经找到归属的扫描器	无须采取任何措施
红色	闪烁	I/O 连接超时	对 Device Net 扫描器进行复位
红色	常亮	在上电/复位自检时诊断测试失败。存在内部故障	重新对网络和电机保护器上电。如果故障仍然存在，请替换 E3 电机保护器
		网络上存在与之相同的 Device Net 节点地址不正确的通信速率设置（如果已经禁止自动速率识别）	改变第57号参数非易失 MACID（NonVol MAC ID)，然后重新启动 E3 电机保护器

（六）输入和输出故障

输入和输出故障描述及处理方法见表 18-5。

输入和输出故障描述及处理方法　　　　表 18-5

序号	故障类型	故障描述	处 理 方 法
1	输入 1、2、3、4	输入端子 1、2、3 或 4 不能识别闭合触点	(1) 检查 Device Net 接头上是否有供电电压。 (2) 如果触点设备已经闭合,而电机保护器不能识别,请检查闭合情况及与触点设备连接的线路。 (3) 检查输入 1、2、3 和 4 状态 LED 指示灯,如果状态 LED 指示灯没有亮,则测量对应输入端子的电压和电流,确保其在 E3 电机保护器所规定的范围内。 (4) 如果对应输入端子的状态 LED 指示灯已经亮起,但是通过 Device Net 网络获取的输入状态不正确,则检查可编程控制的梯形图逻辑程序和 I/O 映射。
2	输入 1	脱扣复位操作	检查第 77 号参数输入 1= 脱扣复位(IN1=Trip Reset)
3	脱扣继电器	脱扣继电器工作不正常	(1) 检查脱扣/报警(Trip/Warn)、网络状态 LED 指示灯(Network Status LEDs),或者设备状态(Device Status)和脱扣状态(Trip Status)参数。如果已经发生脱扣报警,则参考脱扣和报警(Trip and Warning)故障诊断步骤。如果出现与 Device Net 网络相关的故障,则参考 Device Net 故障诊断步骤。 (2) 按下电机保护器面板上的"测试/复位(Test/Reset)"按钮。这时脱扣继电器将断开,脱扣/报警(Trip/Warn)LED 指示灯将变为单次红色闪烁代码状态。移除控制电路电源,测量 95 和 96 端子两端的电阻,确认脱扣继电器已经断开。再次按下测试/复位(Test/Reset)按钮。电机保护器将复位,脱扣继电器将闭合。测量 95 和 96 端子两端的电阻,确认脱扣继电器已经闭合。 (3) 移除控制电路电源,检查控制电路与电机保护器的脱扣继电器端子(95/96)的接线
			注意:当给电机保护器 Device Net 接头通电后,脱扣继电器触点 2.35s 后才会闭合。如果在通电前存在"非易失性故障",或在通电时存在故障状态,直到故障状态移除且脱扣复位后,脱扣继电器触点才会闭合
4	输出端子 A 或输出端子 B	输出端子 A 或输出端子 B 不能根据命令打开(闭合)	(1) 检查 Device Net 接头上是否有供电电压。 (2) 检查输出端子 A 和输出端子 B 状态 LED 指示灯。如果状态 LED 指示灯没有亮起,则检查可编程控制器梯形图逻辑程序和 I/O 映射。 (3) 如果输出端子状态 LED 指示灯已经亮起,关闭控制电路电源,检查对应输出端子是否断开(输出端子 A 为 13/14 端子,输出端子 B 为 23/24 端子)。如果输出端子处于开路状态,则需要更换电机保护器。在更换新的电机保护器之前,须再次检查电源供电是否符合接触器、输出继电器的额定要求。 (4) 移除控制电路电源,检查控制电路熔断丝,以及控制电路与 E3 电机保护器输出端子的连接线。 (5) 检查控制电路电源,确保其电压符合接触器线圈、E3 电机保护器输出端子的额定要求。 (6) 检查脱扣/报警(Trip/Warn)、网络状态 LED 指示灯(Net Work Status LEDs),或者设备状态(Device Status)和脱扣状态(Trip Status)参数。如果已经发生脱扣报警,则参考脱扣和报警(Trip and Warning)故障诊断步骤。如果出现与 Device Net 网络相关的故障,则参考 Device Net 故障诊断步骤。 (7) 检查输出端子 A 和输出端子 B 的"故障保护状态(Pr FltState)"、"故障保护值(Pr FltValue)"、"Device Net 通信故障状态(Dn FltState)"、"Device Net 通信故障保护值(Dn FltValue)"、"Device Net 通信空闲保护状态(Dn IdlState)"和"Device Net 通信空闲保护值(Dn IdlValue)"的参数设置。可编程参数"故障保护状态(Pr FltState)"和"故障保护值(Pr FltValue)"参数,将取代通信故障和通信空闲的相关参数设置。

续上表

序号	故障类型	故障描述	处理方法
5	输出 A 或输出 B	输出端子 A 或输出端子 B 不能根据命令关闭（断开）	（1）检查输出端子 A 和输出端子 B 的状态 LED 指示灯。如果状态 LED 指示灯仍然亮起，则检查可编程控制器梯形图逻辑程序和 I/O 映射。 （2）如果输出端子状态 LED 指示灯已经熄灭，关闭控制电路电源，检查对应输出端子是否断开（输出端子 A 为 13/14 端子，输出端子 B 为 23/24 端子）。如果输出端子处于闭合状态，则需要更换过载继电器。在更换新的电机保护器之前，须再次检查电源供电是否符合接触器、输出继电器的额定要求。 （3）移除控制电路电源，检查控制电路熔断丝，以及控制电路与电机保护器输出端子的连接线。 （4）检查输出端子 A 和输出端子 B 的"故障保护状态（Pr FltState）"、"故障保护值（Pr FltValue）"、"Device Net 通信故障状态（Dn FltState）""Device Net 通信故障保护值（Dn FltValue）"、"Device Net 通信空闲保护状态（Dn IdlState）"和"Device Net 通信空闲保护值（Dn IdlValue）"的参数设置。检查脱扣/报警（Trip/Warn）和网络状态 LED 指示灯（Net Work Status LED）或设备状态（Device Status）及脱扣状态（Trip Status）等参数。如果已经发生故障保护，则参考脱扣和报警故障诊断步骤。如果出现与 Device Net 网络相关的故障，则参 Device Net 故障诊断步骤
6	输出 A 或输出 B	连接到输出端子 A 或输出端子 B 接触器不停地"咔嗒"作响	（1）检查输出端子 A 或输出端子 B 的 LED 指示灯的状态是否正常。如果 LED 指示灯来回闪烁，请检查可编程控制器中的梯形图逻辑程序是否正确。 （2）检查控制电路电源电压，确保电压符合接触器线圈、E3 电机保护器输出端子的额定要求。 （3）移除控制电路电源，检查所有控制电路接线是否可靠

三、软启动器常见故障及处理方法

（一）软启动器故障

软启动器故障代码原因分析及处理方法，见表 18-6。

软启动器故障原因及处理方法　　　　　　　表 18-6

显　　　示	故障代码	可能原因	处理方法
断电（带相电压指示）	1.2.3.	电源缺相	检查线路是否断开（熔断器断开）
		电机连接不正确	①检查负载线；②向厂方咨询
SCR 短路	4.5.6.	电源模块短路	检查 SCR 是否短路，如有必要，则更换功率模块
门极开路（带相电压指示）	7.8.9.	门极电路开路	检查电阻值，如有必要，则更换功率模块
		门极导线断开	检查连接到控制模块的门极导线连接情况
PTC 电源电极 SCR 过热	10.11.	控制器通风阻塞	检查通风是否正常
		控制器使用时间过长	检查工作时间
		风扇故障	更换风扇

续上表

显 示	故障代码	可 能 原 因	处 理 方 法
PTC 电源电极 SCR 过热	10.11.	环境温度超过允许的限度	等待控制器冷却,或提供额外冷却装置
		热敏电阻失效	更换功率模块
		控制模块失效	更换控制模块
电机 PTC	12	电机通风阻塞	检查通风是否正常
		电机试用时间过长	检查工作时间
		PTC 断开	①等待控制器冷却,或提供额外冷却装置;②检查 PTC 的电阻值

(二)电机不能启动

电机不能启动的可能原因及解决方法见表 18-7。

电机不能启动(无输出电压施加到电机)的原因及处理方法　　表 18-7

序号	显示	可 能 原 因	处 理 方 法
1	显示空白	控制电压断开	①控制模块失效;②检查控制线,并在必要时进行更正;③更换控制模块
2	停车 0.0Amps	导向设备	检查接线
		SMC 使能输入端在端子 13 开路	检查接线
		端子 16 开路	检查接线
		启动停车控制没有通过	检查接线
		手动操作模块使能	检查接线
		控制电压不正确	检查控制电压
		控制模块失效	更换控制模块
3	正在启动	两相或三相电源断开	检查供电电源系统

(三)电机达不到额定转速

电机达不到额定转速的原因及处理方法见表 18-8。

电机达不到额定转速的原因及处理方法　　表 18-8

序号	显示	可 能 原 因	处 理 方 法
1	正在启动	机械故障	检查绑定或外部负载,并且在必要时更正
2		电流限幅设定值不足	
3		电机故障	检查电机
4	控制模块失效	电流整定值	调整电流限幅设定值到更高的等级
5		控制模块	更换控制模块

(四)在运行期间停车(电机停转)

电机在运行期间停车原因及处理方法见表18-9。

在运行期间停车原因及处理方法 表18-9

序号	显示	可能原因	处理方法
1	显示空白	控制电压丢失	检查控制布线,并且在必要时更正
2		控制模块失效	更换控制模块
3	停车0.0Amps	导向器设备	检查控制布线,并且在必要时更正
4		控制模块失效	更换控制模块
5	正在失效	两相或三相电源断开	检查电源系统
6		控制模块失效	更换控制模块

(五)其他情况

发生其他情况时的处理方法见表18-10。

其他情况的原因分析及处理方法 表18-10

序号	显示	可能原因	处理方法
1	在恒定负载下电机电流和电压值不断波动	电机故障	检查电机是否为标准型鼠笼感应式电机
		不规则负载	检查负载情况
2	运行不稳定	连接松动	关闭控制器所有的电源并检查
3	加速过快	启动时间	增加启动时间
		初始转矩	降低初始转矩设定值
4	电流限幅设定值	降低电流限幅设定值	减少突跳启动时间或者关闭
		突然跳动	
5	加速过慢	启动时间	降低启动时间
		初始转矩	增加初始转矩设定值
		电流限幅设定值	增加电流限幅等级
		突然跳动	增加突跳启动时间或关闭
6	风扇不能转动	接线	检查接线并更正
		风扇损坏	更换风扇
7	在有软停车功能下,点击停车过快	时间设定值有问题	检查编程设定的停车时间设定值,必要时加以修正
8	在有软停车功能下,点击停车过慢	停车时间设定值	检查编程设定的停车时间设定值,必要时加以修正
		操作错误	软停车选项用在电机断电时造成突然停车后,能够延长电机停车时间
9	在采用软停车功能时仍然出现泵中流体波动现象	操作错误	超过一定时间后,软停车使电压按斜坡降低。在泵应用场合可能降低得过快,导致无法阻止波动的产生

四、变频器常见故障及处理方法

(一) PORT 状态指示灯

PORT 状态指示灯故障原因及处理方法见表 18-11。

表 18-11 PORT 状态指示灯故障原因及处理方法

序号	状态	原 因	处 理 方 法
1	灯灭	选件模块未通电或未正确连接变频器	(1) 将选件模块牢固连接到变频器上,并可靠接地。具体方法是将其完全插入变频器端口中,并以建议扭矩拧紧两个外加螺栓; (2) 接通变频器电源
2	红色闪烁	选件模块当前未通过 DPI 与变频器进行通信	(1) 检查该选件模块是否已正确插入到变频器端口中; (2) 对变频器进行循环通电
3	红色常亮	变频器已拒绝选件模块的 I/O 连接	重要信息:请先执行以下纠正措施,然后再对变频器进行循环通电: (1) 将选件模块牢固连接到变频器上,并可靠接地。具体方法是将其完全插入变频器端口中,并以建议扭矩拧紧两个外加螺栓; (2) 检查变频器是否支持通信驱动程序
3	红色常亮	其他 DPI 外围设备使用的 DPI 端口与选件模块相同	
4	橙色常亮	选件模块与变频器不兼容	将选件模块安装到同一品牌的兼容产品中(Allen-Bradley PowerFlex 750 系列变频器)
5	绿色闪烁	选件模块正在建立与变频器的 I/O 连接	无须进行任何操作。如果未启用任何 I/O,则为正常行为
6	绿色常亮	选件模块已正确连接并正在与变频器通信	无须进行任何操作

注:红/绿双色 LED 灯指示选件模块与变频器连接的状态。

(二) MOD 状态指示灯

MOD 状态指示灯故障原因及纠正措施,见表 18-12。

表 18-12 MOD 状态指示灯故障原因及纠正措施

序号	状态	原 因	纠 正 措 施
1	灯灭	选件模块未通电或未正确连接到变频器	(1) 将选件模块牢固连接到变频器上并可靠接地,具体方法是将其完全插入变频器端口中,并以建议扭矩拧紧两个外加螺栓; (2) 接通变频器电源
2	红色闪烁	变频器处于固件升级模式下,选件模块未通过固件测试	查看选件模块事件队列,确定存在以下状况中的一种,然后,根据相应原因,采取适当的纠正措施: (1) 清除选件模块中的故障; (2) 对变频器进行循环上电; (3) 如果循环上电后未解决问题,则可能是选件模块的参数设置已被破坏,复位默认值并重新组态选件模块; (4) 如果复位默认值后未解决问题,则将选件模块更新到最新的固件版本

续上表

序号	状态	原因	纠正措施
3	红色常亮	选件模块未通过硬件测试	(1)对变频器进行循环上电； (2)更换选件模块
4	绿色闪烁	选件模块正常运行,但当前并未向控制器传送 I/O 数据	(1)将扫描器置于 Run 模式； (2)对控制器进行编程,使其识别 I/O 并将其传送至选件模块； (3)为控制器中的程序组态选件模块； (4)如果没有任何 I/O 正在传送,则为正常行为
5	绿色常亮	选件模块正在正常运行,并正在向控制器传送 I/O 数据	无须进行任何操作

注：红/绿双色 LED 灯指示选件模块的状态。

(三)NET A 状态指示灯

NET A 状态指示灯故障处理方法,见表 18-13。

NET A 状态指示灯故障原因及处理方法　　　　表 18-13

序号	状态	原因	处理方法
1	灯灭	(1)选件模块或网络未通电； (2)选件模块未正确连接到网络	(1)将选件模块牢固连接到变频器上并可靠接地,具体方法是将其完全插入变频器端口中,并以建议扭矩拧紧两个外加螺栓； (2)将 Device Net 电缆正确连接到选件模块的 Device Net 插头； (3)接通变频器电源； (4)接通变频器电源； (5)检查 Device Net 网络是否已通电
2	红色常亮	(1)选件模块未通过重复节点地址检测测试或总线关闭； (2)节点地址开关设置无效	(1)将选件模块配置为使用 Device Net 网络上的唯一节点地址； (2)将选件模块配置为使用正确的网络数据速率； (3)检查网络安装的介质是否正确； (4)检查节点地址开关设置是否位于 0~63 之间
3	红色闪烁	Device Net I/O 连接已超时	(1)将扫描器置于 Run 模式,或者为发送 I/O 的设备接通电源； (2)检查网络中的通信量
4	红色/绿色闪烁	选件模块接收到 Identify Comm Fault 请求	等待故障节点完成恢复
5	绿色闪烁	选件模块已正确连接,但未与网络上的任何设备进行通信	(1)将控制器置于 Run 模式； (2)对控制器进行编程,使其识别 I/O 并将其传送至选件模块,或者与选件模块建立报文连接； (3)为控制器中的程序组态选件模块
6	绿色常亮	选件模块已正确连接并正在网络上通信	无须进行任何操作

注：红/绿双色 LED 灯指示网络连接的状态。

(四)变频器故障处理

变频器故障处理见表 18-14。

变频器故障处理 表 18-14

设备	运行模式	故障现象	故障分析与处理
变频器	变频运行	面板显示 overload	设备过载,电流过大,可能是风阀没完全打开或者风机故障。处理方式:确保风机与风阀正常,面板按"CLR"键,清除故障
		面板显示通信"port 5"丢失,出现脱离扫描现象	通信故障,变频器通电时通信板卡没有复位或者通信线路故障。处理方式:重新为变频器通电,检查通信线端子或者通信线是否正常,面板按"CLR"键,清除故障
		变频器变频运行一小段时间,报故障	变频器变频运行开启时正常,运行一会儿就报故障,主要原因是变频运行时没有频率,变频器空载运行报故障,如果是 BAS 启动,频率必须通过通信给定,变频器面板给速度不起作用
		变频器综合故障报警	变频器操作频繁,变频器会报故障,一般变频器 1h 内启动次数不要超过 3 次,频繁启动会烧坏主板
		环控柜柜门故障灯亮	(1)端子排接线有松动,紧固接线端子即可; (2)风机过载,热继电器脱扣,检查设备正常后,为热继电器复位
	工频运行	变频器报故障	变频器由变频模式转到工频模式,由于没有停风机直接转换或者停机时间太短,变频器内部电容电量没有释放完成,严重时会烧坏主板。处理方式:在风机完全停止运行后再由变频模式转到工频模式
		电流表没有电流显示,电压没有输出	没有电流显示,电压没有输出,风机过载或接线端子松动导致熔断器烧坏。处理方式:更换损坏的熔断器并对接线端子紧固
		环控柜柜门故障灯亮	(1)端子排接线有松动,紧固接线端子即可; (2)风机过载,热继电器脱扣,检查设备正常后,为热继电器复位

五、照明灯具常见故障及处理方法

照明灯具常见故障及处理方法见表 18-15。

照明灯具常见故障及处理方法 表 18-15

序号	故障现象	原因分析	处理方法
1	不能发光或发光困难	电源电压太低或电路压降大	如有条件,改用粗导线或升高电压
2		启动器陈旧或损坏,内部电容器击穿或断开	检查后调换新的启动器,或调换内部电容器
3		接线错误或灯脚接触不良	改正电路或使灯脚接触点加固
4		灯丝已断或灯管漏气	用万用表检查,如灯丝已断,又看到荧光粉变色,表明漏气,应调换灯管
5		镇流器配用规格不合理,或镇压流器内部电路断开	调换适当镇流器
6	灯光抖动及灯管两头发光	接线错误或灯脚等松动	改正电路或加固
7		启动器接触点合或内部电容器击穿	调换启动器
8		镇流器配用规格不合理,或接线松动	调换适当镇流器或使接线加固
9		电源电压太低或线路压降较大	如有条件,改用粗导线或升高电压
10		灯丝陈旧,发射电子(放电)能力下降	调换灯管

续上表

序号	故障现象	原 因 分 析	处 理 方 法
11	灯光闪烁或光有滚动	新灯管的暂时现象	使用几次或灯管二端对调
12		单根管常有的现象	有条件和必要时,改装双管灯
13		启动器接触不良或损坏	使启动器接触点加固或调换启动器
14		镇流器配用规格不合理,或接线不牢	调换适当的镇流器或将接线加固
15	灯管两头发黑或生黑斑	灯管陈旧	调换灯管
16		若是新灯管,可能因启动器损坏,使两端发射物加速蒸发	调换启动器
17		灯管内水银凝结是细灯管常有的现象	启动后即可蒸发
18		电源电压太高	如有条件,调低电压
19		启动器不好或接线不牢,引起长时间闪烁	调换启动器或将接线加固
20		镇流器配用规格不合理	调换适宜的镇流器
21	灯光减低或色彩较差	灯管陈旧	调换新灯管
22		气温低或冷风直吹灯管	加罩或回避冷风
23		电路电压太低或电路压降较大	如有条件,调整电压或调换粗导线
24		灯管上积垢太多	清除灯管积垢
25	杂声与电磁声	镇流器质量较差,或其铁芯钢片未夹紧	调换镇流器,或夹紧铁芯钢片
26		电路电压过高引起镇流器发出声音	如有条件,设法降压
27		镇流器过载或其内部短路	调换镇流器
28		启动器不好引起开启时辉光杂声	调换启动器
29	镇流器发热	灯架内温度过高	改善装置方法,保持通风
30		电路电压过高或过载	如有条件,调低电压或调换镇流器
31		灯管闪烁时间长,或使用时间长	消除闪烁原因,或减少连续使用时间
32	灯管使用时间短	镇流器配用规格不合理,或质量差,或镇流器内部短路,致使灯管电压过高	调换镇流器
33		开关次数太多,或启动器不好,引起长时间闪烁	减少开关次数,或调换启动器
34		震动引起灯丝断掉	改善装置位置,降低受震影响
35		新灯管因接线错误而烧坏	改正接线

第二节 低压配电一般设备故障及处理方法

一、EPS 静态开关故障及处理方法

当控制器检测到主用电源电压过低或停电时,静态开关动作,馈线回路由蓄电池通过逆

变器供电；当主电源恢复时，控制器断开蓄电池电源，静态开关动作，恢复由主电源向负荷供电电源，自动切换时间不大于 0.0035s。

EPS 静态开关常见故障有：市电故障、逆变故障等。以上故障出现原因及处理方法如下：

（一）市电故障

故障原因：当两路市电中的一路市电失电时，双电源切换装置会自动投入另一路市电电源；当两路电源全部失电时，静态开关会立即切换至蓄电池供电。此时，市电供电指示灯熄灭，逆变供电指示灯和市电故障指示灯亮。

故障处理方法：出现此类故障后，应立即报告生产调度，并时刻观察蓄电池电压信息，避免蓄电池因持续放电超过 90min，而使电池亏损，降低电池使用寿命。检查 EPS 设备其他零部件是否正常，待市电恢复后，静态开关动作，恢复至市电供电，故障即可消除。

（二）逆变故障

故障原因：当市电失电后，无法自动转换至逆变供电状态时，应检查逆变器、蓄电池充电模块的直流输出、交流输入开关是否正常，整流器是否正常。转换开关是否打至逆变位置。静态开关内部的切换单元是否损坏。

故障处理方法：逆变器损坏时，检查逆变器，修复损坏元器件。如无法修复，则直接更换逆变器。如整流器损坏，则更换整流器。如充电模块有问题或故障，则直接更换充电模块。如静态开关的切换单元发生故障，则修复故障点；若无法修复，则直接更换切换单元。

逆变故障原因及处理方法见表 18-16。

逆变故障原因及处理方法　　　　表 18-16

序号	故障现象	故障原因	处理方法
1	市电失电后，逆变器无法投入，导致站厅、站台及区间应急照明熄灭	逆变器故障	更换逆变器，步骤如下： (1)关闭切换单元电源，关闭直流输出开关； (2)将主用、备用电源关闭； (3)对主用、备用电源验电； (4)拆除逆变器抽屉柜螺栓，拆除逆变器电源线； (5)更换为新的逆变器
2	电池故障报警	电池检测板故障	处理电池检测板报警故障，步骤如下： (1)在 EPS 面上查看电池故障编号； (2)打开电池柜找到与报警对应的电池，查看是否有异常； (3)对电池检测板排线进行检查，是否有破损； (4)对电池检测板插件重新插拔，如仍然无法修复； (5)更换电池检测板； (6)更换新电路板，手/自动切换双电源设备恢复正常

(三)EPS 其他故障

EPS 其他故障原因及处理方法见表 18-17。

EPS 其他故障及处理方法　　　　表 18-17

序号	故障名称	原因分析	处理方法
1	主路电压异常	主路线交流电压幅度超出 323～437V	检查主路线电压幅度
2	主路输入欠压	主路线电压幅度低于 305V，但高于 208V	检查主路线电压幅度
3	输入熔断器损坏	主路输入熔断器损坏	检查实际情况，更换保险
4	电池无	电池未接入	检查电池及电池接线通路
5	电池接反	电池正负极性接反	确认并下电改正电池极性
6	无输出	电源复位开关未打开	将 EPS 柜"电源复位"开关置"1"
7	应急无输出	直流断路器未合上	合上直流断路器
8		电池电压不足	给电池充电
9		电池柜与主机柜连线未接好	检查连线并接好
10	主电正常，但不工作	双电源互投装置未置于"自动"挡	将双电源互投装置置于"自动"挡
11	电池放电时间短	电池老化	更换电池
12	电池放电时间短	EPS 过载	检查负载水平，并移去不重要的负载
13	电池不能放电	电池开关跳闸	合上电池开关
14	电池不能放电	电池开路	更换开路电池
15	风扇不转	风扇电源断线或风扇损坏	紧固端子或更换风扇
16	风扇异响	风扇损坏	更换风扇
17	电容漏液	电容损坏	更换电容
18	EPS 报主路电压异常	输入电压超过范围	检查输入电压
19	EPS 报输入相序反	输入相序反	检查输入电压相序
20	EPS 报整流器故障	整流器损坏	更换整流器模块
21	EPS 报逆变器故障	逆变器损坏	更换逆变模块
22	EPS 报输出过载	EPS 过载	减少负载
23	EPS 报负载冲击转旁路	负载过大	减少负载
24	EPS 报过温	EPS 散热不良	检查环境和通风条件
25	电池开关跳闸	电流过流	排除过流条件后，合上开关

二、断路器/接触器常见故障及处理方法

(一)断路器故障

断路器常见故障及处理方法见表 18-18。

断路器常见故障及处理方法 表 18-18

序号	故障现象	故 障 原 因	处 理 方 法
1	断路器不能合闸	弹簧未储能	进行储能
2		欠压脱扣器处于失压状态	使欠压脱扣器得电
3		机械再闭合锁定装置动作	解除过流脱扣原因,并复位
4		电气合闸连锁被激活	关断连锁控制电压
5		机械分闸按钮被锁住	解锁
6		断路器机械连锁被激活	分断第二个断路器或将断路器摇到分离位置
7		电子过流脱扣器出错或未正确安装	配置好过流脱扣器
8		断路器处在抽出单元中间位置	将断路器摇到连接位置
9		合闸线圈工作电压不正确或无效	检查或使用正确电压
10		断路器处在抽出单元的分离位置	将断路器摇到试验或连接位置
11		二次插头脱落	插入二次插头
12	断路器不能从维修位置推进到分离位置	断路器的插入机械不在分离位置	将机械摇到分离位置
13		将不同额定电流的断路器装到抽出单元中	断路器编码必须和抽出单元相对应(相同的额定电流)
14		当从分离位置向试验位置推进时,一离开分离位置,就感觉到强大阻力	断路器未被有效推到机械限制,侧面的止挡还未约束(注意:当心损坏),使断路器到分离位置,直至机械限制为止,侧面止挡必须约束

(二)接触器故障

接触器常见故障及处理方法见表 18-19。

接触器常见故障及处理方法 表 18-19

序号	故障现象	故 障 原 因	处 理 方 法
1	线圈通电后,接触器不动作或动作不正常	线圈损坏	更换线圈
2		电源电压过低	调高电源电压
3		机械卡阻	排出卡阻物
4		触头弹簧压力过大	按要求调整触头参数
5		线圈技术参数与使用条件不符	更换线圈
6	线圈断电后,接触器不释放或释放缓慢	触头熔焊	排除熔焊故障,修理或更换触头
7		铁芯表面有油污	清理铁芯表面
8		电磁铁系统中柱无气隙,剩磁过大	更换铁芯
9		铁芯机械卡阻	排除卡阻物

续上表

序号	故障现象	故障原因	处理方法
10	电磁铁噪声过大	电源电压过低	检查线路并提高电源电压
11		短路环断裂	更换短路环或铁芯
12		铁芯机械卡阻	排除卡阻物
13		铁芯极面有油污或磨损不平	用汽油清理极面或更换铁芯
14		触头弹簧压力过大	调整触头弹簧压力
15	线圈过热或烧毁	线圈匝间短路	更换线圈,并找出故障原因
16		操作频率过高	更换合适的接触器
17		线圈参数与实际使用条件不符	更换线圈或接触器
18		机械卡阻	排除卡阻物
19		铁芯极面不平,或剩磁气隙过大	清理极面,或更换铁芯
20	触头熔焊	操作频率过高,或超负载使用	更换合适的接触器,或减少负载
21		负载侧短路	排除短路故障,更换触头
22		触头弹簧压力过小	调整触头弹簧压力
23		触头表面有金属颗粒突起	清理触头表面
24		机械卡阻	排出卡阻物

(三)低压配电箱元器件故障

低压配电箱元器件常见故障及处理方法见表18-20。

低压配电箱元器件常见故障及处理方法　　　　　表18-20

序号	故障现象	故障原因	处理方法
1	空气开关跳闸	开关本体受损	必要时更换
2		回路短路或接地故障	用万用表检查回路
3		负载设备故障	量测负载设备及线路绝缘
4		开关额定电流值与开关实际负载电流值不匹配	更换开关或调整负载
5		开关整定值(长延时倍数与动作时间、短延时倍数与动作时间、瞬动倍数与动作时间)与开关实际负载电流值及上下级开关不匹配	调整整定值
6		如检查无任何异常	可重合开关
7	空气开关不上闸	空气开关内部烧坏或机构脱扣	更换空气开关
8		线路、负载短路或接地故障	用万用表检查负载、回路
9	控制按钮失灵	进线电源缺相	用万用表检查
10		控制按钮损坏	更换控制按钮
11		二次回路熔断丝烧坏	用万用表检查,并更换熔断丝
12	指示灯不亮	进线电源缺相	用万用表检查
13		指示灯损坏	用万用表检查,如损坏,则更换指示灯

(四)配电线路常见故障

配电线路常见故障及处理方法见表18-21。

配电线路常见故障及处理方法 表18-21

序号	故障现象	故障查找方法	处 理 方 法
1	线路短路	使用电缆故障测试仪,查找短路点	绝缘处理后,予以恢复
2		沿电缆敷设路径,查找异常点	绝缘处理后,予以恢复
3		如电缆线路较长,可分段查找异常点	绝缘处理后,予以恢复
4		当异常点无法确认时	重新分段或敷设整条电缆
5	线路断路	使用电缆故障测试仪,查找短路点	绝缘处理后,予以恢复
6		沿电缆敷设路径,查找异常点	绝缘处理后,予以恢复
7		如线路较长,可将电缆分段查找异常点	重新驳接处理后,予以恢复

第十九章　低压配电系统通用维修工器具及仪器仪表的使用

> **岗位应知应会**
>
> 1. 了解城市轨道交通低压配电系统设备维修工器具及仪器仪表的使用方法。
> 2. 认识城市轨道交通低压配电系统设备维修工器具。
> 3. 会使用城市轨道交通低压配电系统设备维修所用仪器仪表。
>
> **重难点**
>
> 重点：城市轨道交通低压配电系统设备维修常用工器具的使用。
> 难点：城市轨道交通低压配电系统设备维修专用工器具的使用。

第一节　通用维修工具

一、验电笔

验电器也称验电笔（图19-1），俗称电笔，它是用来检测导线、电器和电气设备的金属外壳是否带电的一种电工工具。

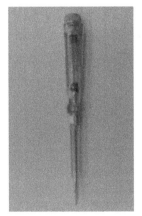

图 19-1　常用验电笔

验电器根据外形的不同，可分为钢笔式和螺丝刀式两种；根据测量电压的不同，可分为低压验电器和高压验电器，低压验电器也称验电笔，其测量范围在 50～250V 之间。

使用方法及注意事项：使用验电笔时，以中指和拇指持验电笔笔身，食指接触笔尾金属体或笔挂。当带电体与接地之间电位差大于60V时，氖泡产生辉光，证明有电。人手接验电笔部位一定要在验电笔的金属笔盖或者笔挂，绝不能接触验电笔的笔尖金属体，以免发生触电。

二、螺丝刀与扳手

（一）螺丝刀

1. 使用方法

螺丝刀的使用方法如图19-2所示。

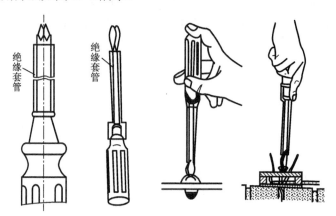

图19-2　螺丝刀的使用方法

2. 使用安全注意事项

（1）带电作业时，手不可触及螺丝刀的金属杆，以免发生触电事故。

（2）作为电工，不应使用金属杆直通握柄顶部的螺丝刀。

（3）为防止金属杆触到人体或邻近带电体，金属杆应套上绝缘管。

（二）活动扳手

1. 使用方法

活动扳手的使用方法如图19-3所示。

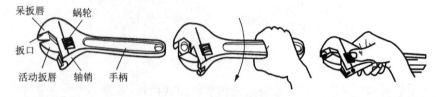

图19-3　活动扳手的使用方法

2. 使用注意事项

（1）活动扳手不可反用，以免损坏活动扳唇。
（2）不可用加力杆接长手柄加大扳拧力矩。
（3）不得当作撬棒和手锤使用。

三、钢丝钳、尖嘴钳、斜口钳、剥线钳、压接钳

（一）钢丝钳

1. 使用方法

钢丝钳的使用方法如图 19-4 所示。

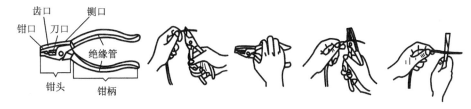

图 19-4　钢丝钳使用方法

2. 使用注意事项

使用前，检查钢丝钳绝缘是否良好，避免带电作业时造成触电事故。

在带电剪切导线时，不得用刀口同时剪切不同电位的两根线（如相线与零线、相线与相线等），以免发生短路事故。

（二）尖嘴钳

尖嘴钳（图 19-5）头部很尖，适用于狭小的空间操作。钳柄有铁柄和绝缘柄两种。绝缘柄主要用于切断和弯曲细小的导线、金属丝，夹持小螺钉、垫圈及导线等元件，还能将导线端头弯曲成所需的形状。

（三）斜口钳

斜口钳钳柄有铁柄、管柄和绝缘柄三种。电工用带绝缘柄的斜口钳，如图 19-6 所示。

图 19-5　尖嘴钳　　　　　图 19-6　带绝缘柄的斜口钳

主要用途：主要用于剪断较粗的电线、金属丝及导线电缆。

（四）剥线钳

剥线钳是剥削小直径导线绝缘层的专用工具，如图 19-7 所示。

图 19-7　剥线钳

使用方法：使用时，将要剥削的绝缘层长度用标尺定好后，即可把导线放入相应的刃口中（比导线直径稍大），用手将手柄握紧，导线的绝缘层即被割破。

（五）压接钳

压接钳是连接导线与线鼻子的常用工具。采用压接的电连接施工方便，接触电阻比较小，牢固可靠。根据压接导线和压接套管的截面积不同，来选择不同规格的压接钳。压接钳的外形结构如图 19-8 所示。

图 19-8　压线钳

四、电烙铁

电烙铁的结构、分类及使用方法如图 19-9、图 19-10 所示。

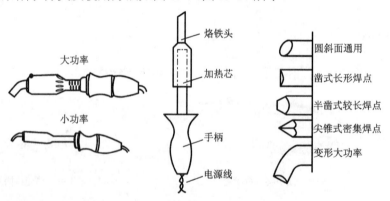

图 19-9　电烙铁的结构、分类

图 19-10 电烙铁的握法

使用注意事项：

(1) 使用前应检查电源线是否良好，有无熔痕。

(2) 焊接电子类元件（特别是集成块）时，应采用防漏电等安全措施。

(3) 当焊接头因氧化而不"吃锡"时，不可硬烧。

(4) 当焊接头上锡较多、不便焊接时，不可甩锡、不可敲击。

(5) 焊接较小元件时，时间不宜过长，以免因温度过高而损坏元件或绝缘。

(6) 焊接完毕，应拔去电源插头，将电烙铁置于金属支架上，防止烫伤或火灾事故的发生。

五、扭力扳手

（一）用途

扭力扳手又称为扭矩扳手（图 19-11），是一种测量扭力值的工具。当达到预设值时，扭力扳手能把负荷在扳手另一头的力值，通过自身的内部机构表现出来。

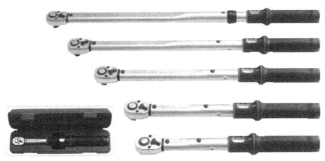

图 19-11 扭力扳手

（二）使用方法

(1) 在使用扭力扳手时，先将受力棘爪连接好辅助配件，确保连接无问题。

(2) 在加固扭力之前，拧动扭矩扳手手柄，按照标尺设定好需要加固的扭力值，并锁好紧锁装置，然后调整方向转换钮到加力的方向。

(3) 当拧紧螺纹紧固件时，手要把握住把手的有效范围，沿垂直于管身方向慢慢加力，当实际扭矩达到设定值时，扳手发出"咔嗒"报警响声，此时应立即停止扳动。

(4)为了使测量结果准确,使用扭力扳手时,应施加一个稳定力。

(三)使用注意事项

(1)扭力扳手是精密机械仪器,操作时应小心谨慎,不可突然施加作用力,否则会导致测量不准,甚至内部机构失灵。

(2)不能把扭力扳手当铁锤进行敲击,使用时应轻拿轻放,不可乱丢。

(3)出现故障时不能随意拆卸,需送计量部门进行维修和校准,以确保其功能满足要求。

(4)扭力扳手不能超量程工作,当达到设定值和听到"咔嗒"报警响声后,应停止加力。

(5)不可用异物堵塞、粘接、固定扭矩调节套筒或把手。

(6)在使用扭力扳手前,应确认扭矩值设置是否正确,特别注意的是扭力扳手上往往会有多个扭力单位,要正确选择扭力单位。

(7)需要定期将扭力扳手送计量部门进行校准。

第二节 常用仪器、仪表

一、红外线测温仪

红外线测温仪(图19-12)由光学系统、光电探测器、信号放大器及信号处理、显示输出等部分组成。光学系统汇聚其视场内的目标红外线辐射能量,红外线辐射能量聚焦在光电探测器上并转变为相应的电信号,该信号再经换算转变为被测目标的温度值。

使用方法:红外线测温仪会在按下扳机或按下黄色键时打开,若连续8s内没有检测到温度变化,则红外线测温仪会自动关闭。测量温度时,将红外线测温仪瞄准目标,按下扳机并保持不动,松开扳机以保持温度读数。

二、蓄电池内阻测试仪

(一)用途

蓄电池内阻测试仪是电源屏电池检修所用仪器(图19-13)。

(二)测量方法

(1)首先将仪器和测试架放置在水平的工作台上。

(2）将测试接线端子插入仪器面板的插座上。

(3）将仪器电源线插入 220V/50Hz 的电源插座上。

(4）把电池的正极和负极分别用正极测试针与负极测试针顶住，使电池的中心与测试针的中心保持一致，且电池与测试针正负极完全接触。

(5）打开仪器的电源开关，显示屏读数会跳动数次，约 100ms 后，其读数会自动稳定下来。

(6）根据所测电池内阻值按切换键，选择适当的量程（若量程太大或太小，其读数都会不准确），记下其准确的读数。

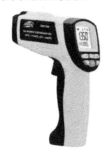

图 19-12　红外线测温仪

图 19-13　蓄电池内阻测试仪

（三）仪表维护

蓄电池内阻测试仪在使用一定时间后，要送到专门的仪表检修单位进行校验、检修，以保证数据准确。为了避免蓄电池内阻测试仪或被测电池受到损坏，应遵守以下注意事项：

(1）使用前，先检查仪器的外壳是否断裂或缺少配件。

(2）检查测试针是否导通，如果测试针有损坏或断线现象，请更换后，再使用。

(3）两个测试针不得接触，以防短路。

(4）切勿在爆炸性的气体、蒸汽、酸性环境或灰尘附近使用蓄电池内阻测试仪。

(5）测量时，电池的内阻和电压必须在仪器所能测量的范围之内，否则读数不准；超过额定电压会烧坏仪器。

(6）通过测量已知电阻的方式，确认仪器是否正常工作。如果仪器工作不正常，按照仪器说明书指定的方法进行校验，如仍有疑问，应将仪器送去维修。

(7）把连线端子插入仪器端口以前，应先将仪器的电源关闭。

三、万用表

（一）用途

万用表是信号设备维护检修及故障排查中最常用的仪表，它可以测量电路中的电压、导体的电阻值，有些万用表还可以测量频率、电容、电感、三极管的放大倍数 β、温度等。根据这些测量值，可以方便判断电路特性、故障位置、元件质量。

万用表可以分为机械指针式万用表（图19-14）和数字式万用表。

（二）万用表的基本工作原理

万用表的基本工作原理是利用一只灵敏的磁电式直流电流表（微安表）做表头，当微小电流通过表头，就会有电流指示。因为表头不能通过大电流，所以，必须在表头上并联与串联一些电阻进行分流或降压，从而测出电路中的电流、电压和电阻。下面以图示的方式对万用表的工作原理加以介绍。

图19-14 机械指针式万用表

1. 测直流电流原理

如图19-15a)所示，在表头上并联一个适当的电阻（称为分流电阻）进行分流，就可以扩展电流量程。改变分流电阻的阻值，就可改变电流测量范围。

2. 测直流电压原理

如图19-15b)所示，在表头上串联一个适当的电阻（称倍增电阻）进行降压，就可以扩展电压量程。改变倍增电阻的阻值，就能改变电压的测量范围。

3. 测交流电压原理

如图19-15c)所示，因为表头是直流表，所以测量交流电压时，需加装一个并串式半波整流器，将交流进行整流，变成直流后再通过表头，这样就可以根据直流电的大小来测量交流电压。扩展交流电压量程的方法与直流电压量程相似。

4. 测电阻原理

如图19-15d)所示，在表头上并联和串联适当的电阻，同时串接一节电池，使电流通过被测电阻，根据电流值，就可测量出电阻值。改变分流电阻的阻值，就可改变电阻的量程。

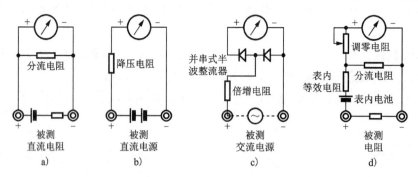

图19-15 万用表的基本工作原理

（三）机械指针式万用表的使用与原理

万用表能测量电流、电压、电阻，有的还可以测量三极管的放大倍数、频率、电容、逻辑电位、分贝值等。万用表有很多种，现在最流行的有机械指针式的和数字式的万用表，它们各有优点。对于万用表初学者，建议使用机械指针式万用表，因为它对我们熟悉一些电子知识原理很有帮助。下面介绍机械指针式万用表的原理和使用方法。

以 105 型机械指针式万用表为例，万用表的表盘如图 19-14 所示。通过转换开关的旋钮，来改变测量项目和测量量程。机械调零旋钮用来保持指针在静止时处在左零位。"Ω"调零旋钮是用来测量电阻时使指针对准右零位，以保证测量数值准确。

万用表的测量范围如下：

直流电压分 5 挡，即 0～6V、0～30V、0～150V、0～300V、0～600V。

交流电压分 5 挡，即 0～6V、0～30V、0～150V、0～300V、0～600V。

直流电流分 3 挡，即 0～3mA、0～30mA、0～300mA。

电阻分 5 挡，即 R×1、R×10、R×100、R×1k、R×10k。

1. 测量电阻

先将表棒搭在一起形成短路，使指针向右偏转，随即调整"Ω"调零旋钮，使指针恰好指到 0。然后将两根表棒分别接触被测电阻（或电路）两端，读出指针在欧姆刻度线（第一条线）上的读数，再乘以该挡标的数字，就是所测电阻的阻值。例如，用 R×100 挡测量电阻，指针指在 80，则测得的电阻值为 80Ω×100=8000Ω。由于"Ω"刻度线左部读数较密，难以读准，所以测量时应选择适当的欧姆挡，使指针在刻度线的中部或右部，这样读数比较清楚准确。每次换挡，都应重新将两根表棒短接，重新调整指针到零位，才能测量准确。

2. 测量直流电压

首先估计一下被测电压值，然后将转换开关拨至适当的 V 量程，将正表棒接被测电压"+"端，负表棒接被测量电压"-"端。然后根据该挡量程数字与标直流符号"DC-"刻度线（第二条线）上的指针所指数字，读出被测电压值。如用 V300 伏挡测量，可以直接读出 0～300 的指示数值；如用 V30 伏挡测量，只需将刻度线上 300 这个数字去掉一个"0"，看成是 30，再依次把 200、100 等数字看成是 20、10，即可直接读出指针指示数值。例如，用 V6 伏挡测量直流电压，指针指在 15，则所测得电压为 1.5V。

3. 测量直流电流

先估计一下被测电流值，然后将转换开关拨至合适的 mA 量程，再把万用表串接在电路中。同时观察标有直流符号"DC"的刻度线，如电流量程选在 3mA 挡，这时，应把表面刻度线上 300 的数字，去掉两个"0"，看成 3，又依次把 200、100 看成是 2、1，这样就可以读出被测电流数值。例如，用直流 3mA 挡测量直流电流，指针在 100，则电流为 1mA。

4. 测量交流电压

测交流电压的方法与测量直流电压相似，所不同的是因交流电没有正、负极之分，所以测量交流电压时，表棒也就不需分"正、负"。读数方法与上述的测量直流电压的读法一样，只是数字应看标有交流符号"AC"的刻度线上的指针位置。

5. 万用表的使用注意事项

万用表是比较精密的仪器,如果使用不当,不仅造成测量不准确,而且极易造成仪表损坏。使用万用表时应注意如下事项:

(1)测量电流与电压不能旋错挡位。如果误将电阻挡或电流挡去测电压,就极易烧坏万用表。万用表不用时,最好将挡位旋至交流电压最高挡,避免因使用不当而损坏。

(2)测量直流电压和直流电流时,注意"+""-"极性,不要接错。如发现指针开始反转,应立即调换表棒,以免损坏指针及表头。

(3)如果被测电压值或电流值未知,应先用最高挡,而后再选用合适的挡位来测试,以免表针偏转过度而损坏表头。所选用的挡位越靠近被测值,测量的数值就越准确。

(4)测量电阻时,不要用手触及元件的裸体两端(或两支表棒的金属部分),以免人体电阻与被测电阻并联,使测量结果不准确。

(5)测量电阻时,如将两支表棒搭接短路,调"零欧姆"旋钮至最大,指针仍然达不到0点,这种现象通常是由于表内电池电压不足造成的,应换上新电池,方能准确测量。

(6)万用表不用时,不要旋在电阻挡,因为万用表内有电池,如不小心,易使两根表棒相碰短路,不仅耗费电池电量,严重时甚至会损坏表头。

四、兆欧表使用

兆欧表(图 19-16)是专门用来检测电气设备、供电线路的绝缘电阻的一种便携式仪表。电气设备绝缘性能,关系到电气设备的正常运行和操作人员的人身安全。为了防止由于绝缘材料发热、受潮、污染、老化等原因所造成的兆欧表损坏,且便于检查修复后的设备绝缘性能,均需要经常测量其绝缘电阻。

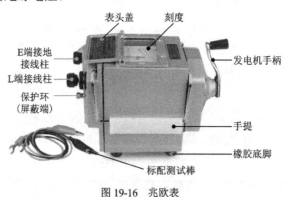

图 19-16 兆欧表

(一)兆欧表的接线

(1)兆欧表有三个接线端钮,分别为 L(线路)、E(接地)和 G(屏蔽)。

(2)当测量电力设备对地的绝缘电阻时,应将 L 接到被测设备上,E 可靠接地即可。

(二)兆欧表的检测

(1)开路试验。在兆欧表未接通被测电阻之前,摇动手柄使发电机达到120r/min的额定转速,观察指针是否指在标度尺"∞"的位置。

(2)短路试验。将端钮L和E短接,缓慢摇动手柄,观察指针是否指在标度尺的"0"位置。

(三)兆欧表使用注意事项

(1)观测被测设备和线路是否在停电的状态下进行测量,并且兆欧表与被测设备间的连接导线不能用双股绝缘线或绞线,应用单股线分开单独连接(图19-17)。

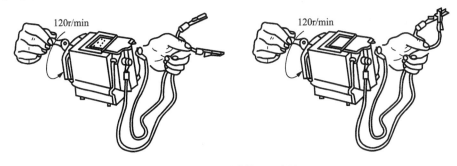

图19-17 兆欧表检测示意图

(2)将被测设备与兆欧表正确接线,摇动手柄时应由慢渐快至额定转速120r/min。

(3)正确读取被测绝缘电阻值。同时,还应记录测量时的温度、湿度、被测设备的状况等,以便于分析测量结果。

(4)兆欧表未停止转动之前或被测设备未放电之前,严禁用手触及兆欧表,防止人身触电。

五、钳形电流表

使用钳形电流表可直接测量交流电路的电流,不需断开电路。

钳形电流表外形结构如图19-18所示。测量部分主要由一台电磁式电流表和穿心式电流互感器组成。穿心式电流互感器铁芯做成活动开口,呈钳形。

(一)工作原理

当被测载流导线中有交变电流通过时,交流电流的磁通在互感器副绕组中感应出电流,该电流被电流表转化成数字信号,在钳表的表盘上可读出被测电流值。

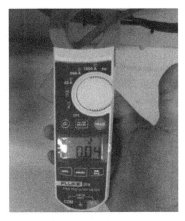

图19-18 钳形电流表

（二）使用方法及注意事项

测量前，应检查读数是否为零，否则应进行调整。

测量时，量程选择旋钮应置于适当位置，将被测导线置于钳口内中心位置，以减少测量误差。

如果被测电路电流太小，可将被测载流导线在钳口部分的铁芯上缠绕几圈再测量，然后将读数除以穿入钳口内导线的根数即为实际电流值。

钳形电流表只能测量单一线路的电流，测量三相电流时要分别进行测量。

使用钳形电流表测量时，要注意与带电体保持足够的安全距离，避免发生触电事故。

钳形电流表用完后，应关闭电源，放置在通风阴凉处。

六、示波器

示波器是一种用途十分广泛的电子测量仪器，它能把肉眼看不见的电信号变换成看得见的图像，便于人们研究各种电现象的变化过程。示波器面板如图19-19所示。

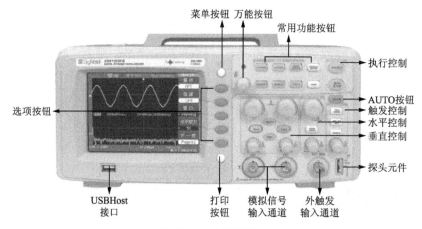

图 19-19 示波器面板

示波器利用狭窄、由高速电子组成的电子束，打在涂有荧光物质的屏面上，以产生细小的光点。在被测信号的作用下，电子束就好像一支笔的笔尖，可以在屏面上描绘出被测信号瞬时值的变化曲线。利用示波器可观察各种不同信号幅度随时间变化的波形曲线，还可以用它测试不同参数，如电压、电流、频率、相位差、调幅度等。

（一）工作原理

示波器工作原理如图19-20所示。

1. 显示电路

显示电路包括示波管及控制电路两个部分。示波管是一种特殊的电子管，是示波器一个重要组成部分。示波管由电子枪、偏转系统和荧光屏 3 个部分组成。

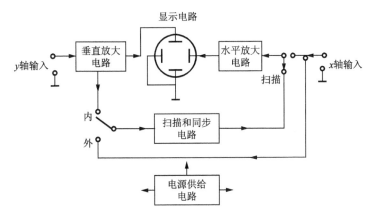

图 19-20　示波器原理示意图

2. 垂直（y 轴）放大电路

由于示波管的偏转灵敏度甚低，例如常用的 13SJ38J 型示波管，其垂直偏转灵敏度为 0.86mm/V（约 12V 电压产生 1cm 的偏转量），所以一般的被测信号电压都要先经过垂直放大电路的放大，再加到示波管的垂直偏转板上，以得到垂直方向的适当大小的图形。

3. 水平（x 轴）放大电路

由于示波管水平方向的偏转灵敏度也很低，所以接入示波管水平偏转板的电压（锯齿波电压或其他电压）也要先经过水平放大电路的放大后，再加到示波管的水平偏转板上，以得到水平方向适当大小的图形。

4. 扫描与同步电路

扫描电路产生一个锯齿波电压。该锯齿波电压的频率能在一定的范围内连续可调。锯齿波电压的作用是使示波管阴极发出的电子束在荧光屏上形成周期性、与时间成正比的水平位移，即形成时间基线。这样，才能把加在垂直方向的被测信号按时间的变化波形展现在荧光屏上。

5. 电源供给电路

电源供给电路作用：供给垂直与水平放大电路、扫描与同步电路，以及示波管与控制电路所需的负高压、灯丝电压等。

（二）操作注意事项

（1）触发方式需选择"自动"（在 Trigger 菜单中）。

（2）耦合方式应根据输入信号来选择是"交流"还是"直流"（在 ch1 或 ch2 菜单中）。

（3）若波形不能调出，可按下"自动设置"钮，示波器将各按钮设置为默认值。

（4）信号不能稳定下来时，需调节：

①若外加信号从 ch1 输入，在 Trigger 菜单中就选择"信源"为"ch1"。

②若外加信号从 ch2 输入,在 Trigger 菜单中就选择"信源"为"ch2"。
③如果是双通道输入,可任选其中之一。
④信源调整好以后,再调节"触发电平",让波形稳定下来。
(5)探头倍率应选 1×。
(6)注意屏幕上方和下方的所有文字与数字的信息量。

(三)测量直流信号步骤

(1)打开电源,按任意键,退出自检画面。
(2)示波器的输入端 ch1 加上信号线,与直流稳压电源相连接(示波器的输入端 ch1 的地线接直流稳压电源地线)。
(3)按下 Auto 自动设置钮。
(4)按下 Utility 钮,选取语言为中文(简)。
(5)按下 Acquire 钮,选取获取方式为平均值,平均次数为 128。
(6)按下 ch1 菜单,耦合方式选接地,调节位置旋钮,将接地线调到适当位置。调整伏/格为 5.00V/格(明显标出),探头 1×,反相关闭。
(7)再将耦合方式选直流,屏幕上的线将上跳 2 格(需将地线明显标出)。

(四)测量交流信号步骤

(1)打开电源,按任意键退出自检画面。
(2)示波器的输入端 ch1 加上信号线(示波器的输入端 ch1 的地线接信号地线)。
(3)按下自动设置钮按下 ch1 菜单,耦合方式选交流,调整伏/格为 2.00V/格(明显标出),探头 1×,反相关闭。
(4)按下 Trigger 菜单,信源选 ch1。
(5)调节触发电平,可使波形稳定下来。
(6)按下 Measure 钮,可测量信号的频率、周期、峰-峰值等。
(7)信源选 ch1,类型依次调整为周期、频率、峰-峰值等。
(8)按下 Cursor 钮,可用光标测量信号的电压、周期。
类型选电压,移动位置旋钮,将光标 1 放在波形的上端,光标 2 放在波形的下端,圈出增量数,再将类型改为时间。移动位置旋钮,将光标 1 放在波形的左端,光标 2 放在波形的右端,圈出增量数。

第二十章 实操平台搭建

> **岗位应知应会**
>
> 1. 了解城市轨道交通低压配电系统设备运行及控制方式。
> 2. 了解低压配电设备是如何运行的。
>
> **重难点**
>
> 重点：设备电源线路的连接方法。
> 难点：设备运行控制线路的搭建方法。

第一节 实操平台介绍

"TH-WD-1 型维修电工电气控制实训考核装置"（图 20-1）是按照劳动和社会保障部颁发的《工人技术等级标准》和《职业技能鉴定规定》规范的要求而设计的，它适用于"初级维修

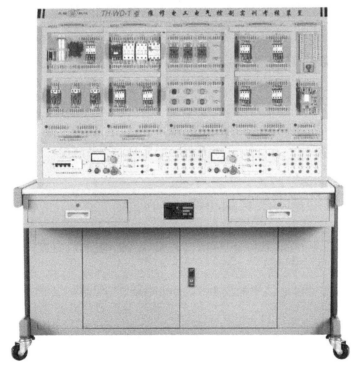

图 20-1　TH-WD-1 型维修电工电气控制实训考核装置

电工"和"中级维修电工"教材列出的电气控制线路的实际操作,有利于提高学员的实际操作技能。该实训装置不仅可供学生进行实际操作,而且也是初级、中级维修电工技能考核的理想设备。

一、装置特点

(1)电气控制线路元器件都装在作为挂板的安装板上,操作方便、更换便捷,便于扩展功能或开发新实训;操作内容的选择具有典型性和实用性。

(2)操作台只需三相四线的交流电源即可投入使用。

(3)技能培训用的控制线路和经特殊设计的小电机,可模拟工厂中各类的电气拖动系统,并可满足维修电工的安装、调试、故障分析及排除的要求。

(4)装置设有电压型和电流性漏电保护器,可确保操作者的人身安全。

(5)所有元器件都通过导线引到接线端子上,接线时只需在端子上进行接线,有利于保护元器件。

(6)装置的设计为双组型,控制屏提供两组独立电源,互不干扰,可供两名学员同时进行实训操作。

二、技术性能

(1)输入电源:三相四线(或三相五线),380V,误差 ±10%,50Hz。

(2)工作环境:温度 -10～+40℃,相对湿度≤85%(25℃),海拔≤4000m。

(3)装置容量:≤1.5kV·A。

(4)质量:100kg。

(5)外形尺寸:1605mm×805mm×1630mm。

(6)漏电保护动作电流:≤30mA;漏电保护动作时间:≤0.1s。

三、实训装置的基本配置及功能

实训台设有两组电源,通过启、停按钮控制电源的输出,并设有急停按钮。电源输出设有短路保护装置。

(1)交流电源:实训台提供线电压380V和相电压220V两种电源,还设有多个单相、三相电源插座。

(2)整流二极管:提供整流4个1N5408型二极管,用于能耗制动电路。

(3)各种规格的电阻:提供3个75Ω/75W功率电阻,用于降压启动电路;提供1个10Ω/25W功率电阻,用于能耗制动电路。

(4)实训桌:实训桌为铁质、双层、亚光密纹喷塑结构,桌面为防火、防水、耐磨高密度板,结构坚固,桌子左右各设有一个抽屉。

第二节 实操项目

一、实训项目

(1)三相异步电动机直接启动控制电路。
(2)三相异步电动机点动控制电路。
(3)三相异步电动机自锁控制电路。
(4)三相异步电动机按钮连锁正反转控制电路。
(5)三相异步电动机接触器连锁正反转控制电路。
(6)三相异步电动机双重连锁正反转控制电路。
(7)两台三相异步电动机顺序启动、顺序停转控制电路。
(8)三相异步电动机的两地控制电路。
(9)接触器控制的Y—△控制。
(10)时间继电器控制的Y—△控制。
(11)三相异步电动机单向启动反接制动控制电路。
(12)三相异步电动机无变压器半波整流单向启动能耗制动控制电路。
(13)三相异步电动机有变压器全波整流单向启动能耗制动控制电路。
(14)三相异步电动机正反转启动能耗制动控制电路。
(15)单相笼型电动机电容启动控制电路。
(16)双速交流异步电动机手动变速控制电路。
(17)双速交流异步电动机自动变速控制电路。
(18)断电延时直流能耗制动的Y—△启动控制电路。
(19)通电延时带直流能耗制动的Y—△启动控制电路。
(20)三相异步电动机双重连锁正反转能耗制动控制电路。
(21)三相异步电动机双重连锁正反转启动反接制动控制电路。

二、实训模块

实训模块如表20-1所示。

实 训 模 块 表 20-1

序号	挂箱编号	实训模块名称	数量	备注
1	WD021	维修电工实训考核组件（一）	1件	提供电容器2个、交流电磁阀1个、交流接触器1个、热继电器3个
2	WD022	维修电工实训考核组件（二）	1件	提供空气开关1个、3P熔断器2个、交流接触器3个
3	WD023	维修电工实训考核组件（三）	1件	提供通电延时时间继电器2个、断电延时时间继电器1个、行程开关4个、各种颜色的按钮6个
4	WD024	维修电工实训考核组件（四）	1件	提供交流接触器4个
5	WD000	网孔实操板	1块	通过搭配元器件，学员可自行在网孔板上固定、安装、布局、走线和调试，培养学员的动手能力和操作技能。该网孔板还可作为实训项目的扩展模块
6	DJ19	单相电容启动电动机	1台	交流220V
7	WDJ26	三相鼠笼异步电动机	1台	交流380V/△
8	WDJ24-1	三相鼠笼异步电动机	1台	交流380V/Y（带速度继电器）
9	WDJ22	三相双速异步电动机	1台	交流380V/YY/△

第二十一章　低压配电设备部分故障分析及处理

> **岗位应知应会**
>
> 1. 了解城市轨道交通低压配电系统设备典型的故障处理方法。
> 2. 能够对典型故障进行分析,并及时处理。
>
> **重难点**
>
> 重点：EPS 不能正常投入时的应急处理。
> 难点：双电源切换装置的故障排除方法。

第一节　EPS 不能正常投入故障

一、故障现象

车站应急电源柜在环调工作站显示市电状态故障报警,EPS 不能正常投入使用。

二、原因分析

（1）交流输入开关总容量小,而负载过大,经过对本站故障台账的查看发现,在此之前未对 3 个疏散指示送电,也出现过跳闸现象,所以将 40A 的交流输入开关更换为 63A。

（2）3 个疏散指示灯电源线破皮导致线路接地,造成跳闸,通过对线路绝缘处理后恢复正常。

由上可以看出,前期出现跳闸是由于开关容量小、长时间工作,造成开关内部触点过载跳闸。而此次故障主要原因为线路绝缘破损造成经常跳闸,更换开关及对线路进行绝缘处理后,设备恢复正常。

三、故障处理

EPS 给负载提供三路电源,分别为交流输入主用、交流输入备用、电池供电。现场查看 EPS 柜交流输入 40A/3P 开关跳闸和站台三个疏散指示灯的 16A/1P 开关跳闸,导致部分应急照明及疏散指示失电。用万用表测量其他回路正常后,将交流输入开关合闸,先恢复其他回路供电（有故障的回路断电），停运后对3个疏散指示灯的开关进行更换，由16A更换成6A进行观察，发现交流输入开关40A/3P再次跳闸。

对车站外围线路进行了整体排查，发现接有3个疏散指示回路的电线接头处有破皮，对破皮处进行绝缘处理，同时将交流输入开关调整为63A/3P后，设备恢复正常。

第二节　车站AFC配电箱双电源不能自动互投故障

一、故障现象

通信电源室内WAT-AFC型配电箱双电源控制器面板市电运行指示灯不亮，自动售检票设备市电断电，设备由不间断电源（蓄电池）逆变供电。

二、原因分析

本次故障内在原因为双电源装置操作机构内部线路板质量存在问题；外在原因为当晚供电有0.4kV开关柜Ⅰ、Ⅱ段倒闸，倒闸切换时冲击电流较大，影响设备正常使用寿命。

经进一步分析，故障原因主要为以下几点：
（1）双电源本体中有一批整流桥线路板不合格，耐压不足；
（2）设备出厂时，有部分双电源本体与控制器之间线路接线错误，导致短路、控制器烧毁。

三、故障处理

经检查，配电箱两路市电进线供电正常，双电源输出无电压，初步判断为双电源装置控制器故障或双电源操作机构内部线路板故障。在排除末端AFC设备无异常后，本着"先通后复"原则，双电源装置通过手动操作恢复一路市电供电，AFC设备恢复市电工作。晚上停运后，更换双电源装置的线路板（图21-1、图21-2），线路板更换后，设备恢复正常。

图21-1　更换前的线路板　　图21-2　更换后的线路板

第三节　车站 EPS 双电源装置输出缺相故障

一、故障现象

车站 EPS 应急柜故障指示灯亮,模块显示市电故障,蓄电池通过逆变器对外供电。

二、原因分析

停运后对 EPS 双电源装置的主电源 C 相灭弧罩拆除观察,发现动触头与主电 C 相静触头之间无拉弧、烧损、杂物等异常情况,触头表面光滑(图 21-3)。现场进行了 5 次主、备电源切换测试,在备用电切换至主用供电时,其中有 3 次三相均能正常接触,输出端电压正常,设备正常工作;另外 2 次 C 相看似接触但输出端无电压,判断为触头接触不良。更换双电源切换装置后,设备恢复正常。

三、故障处理

对 EPS 柜进行检测,市电主、备用进线均供电正常。当开关在主用供电时,输出端 A 相、B 相电压正常,输出端 C 相无电压,设备自身检测到市电缺相后由逆变器逆变,电池供电(如图 21-4 所示,此输出端相对于双路互投装置来说为输出端,相对于 EPS 应急柜来说为交流输入端,设备检测不到交流输入,就发生逆变供电)。当开关在备电供电时,输出端三相电压均正常。本着"先通后复"原则,采取临时处理措施,将市电主用断电,切换至市电备用供电。

图 21-3　EPS 双电源装置触头

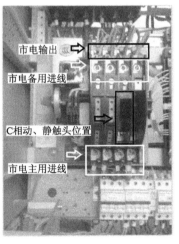
图 21-4　EPS 双电源装置输入、输出

附录一　通风空调检修工考核大纲

序号	分类	编号	考核内容	掌握程度	考核形式
1	基础知识篇	1.1	通风空调系统概述	了解	笔试
		1.2	通风空调系统要求、设计原则、噪声标准	了解	笔试
		1.3	通风空调系统组成及功能	了解	笔试
		1.4	通风空调系统的制式	熟悉	笔试
		1.5	通风空调系统的发展趋势	了解	笔试
		2.1	区间隧道通风系统组成及工作原理	精通	笔试
		2.2	车站隧道通风系统组成及工作原理	精通	笔试
		2.3	车站通风空调系统组成及工作原理	精通	笔试
		2.4	车站防排烟系统组成及工作原理	精通	笔试
		2.5	车站空调水系统组成及工作原理	精通	笔试
2	实务篇	3.1	通风空调系统设备巡检	掌握	笔试
		3.2	通风空调设备检修管理	掌握	笔试
		3.3	通风空调设备检修作业流程	掌握	笔试+实操
		3.4	通风空调系统设备维护	精通	笔试+实操
		4	通风空调设备常见故障及处理方法	掌握	笔试
		5.1	常用维修工具	熟悉	笔试
		5.2	专用维修工具	熟悉	笔试
		6.1	镀锌铁皮风管制作	了解	笔试
		6.2	风管严密度试验平台搭建	了解	笔试
		7	通风空调设备典型故障	熟悉	笔试

附录二 给排水检修工考核大纲

序号	分类	编号	考核内容	掌握程度	考核形式
1	基础知识篇	8.1	给排水系统概述	了解	笔试
		8.2	城市轨道交通给排水系统主要技术标准	了解	笔试
		8.3	城市轨道交通给排水系统功能及其实现	了解	笔试
		8.4	城市轨道交通给排水系统的发展趋势	熟悉	笔试
		9.1	控制设备	精通	笔试
		9.2	水泵设备	精通	笔试
		9.3	管道设备	精通	笔试
		9.4	阀门设备	精通	笔试
		9.5	室外给排水设备	精通	笔试
		9.6	保温设备	精通	笔试
2	实务篇	10.1	超声波液位计调试	掌握	笔试
		10.2	机械密封安装与拆卸	掌握	笔试
		10.3	管道加工与安装	掌握	笔试
		10.4	阀门拆卸与组装	掌握	笔试
		10.5	给排水系统检修内容	精通	笔试+实操
		11.1	常用维修工具	精通	笔试+实操
		11.2	专用维修工具	精通	笔试+实操
		12.1	超声波液位仪介绍	熟悉	笔试
		12.2	超声波液位仪实操项目	熟悉	笔试
		13.1	水泵常见故障与分析	熟悉	笔试
		13.2	管道常见故障与分析	熟悉	笔试
		13.3	密闭污水提升装置常见故障与分析	熟悉	笔试

附录三 低压配电检修工考核大纲

序号	分类	编号	考核内容	掌握程度	考核形式
1	原理篇	15.1	低压配电系统概述	了解	笔试
		15.2	城市轨道交通低压配电系统主要技术标准	了解	笔试
		15.3	城市轨道交通低压配电系统功能及其实现	了解	笔试
		15.4	我国城市轨道交通低压配电技术的特点及发展趋势	了解	笔试
		15.5	城市轨道交通低压配电系统的节能技术与保护	了解	笔试
		16.1	环控电控柜设备	熟悉	笔试
		16.2	EPS 应急电源设备	熟悉	笔试
		16.3	车站低压配电系统设备	了解	笔试
		16.4	车站低压照明设备	了解	笔试
2	实务篇	17.1	低压配电设备巡检流程及方法	熟悉	笔试
		17.2	环控电控柜设备维护	熟悉	笔试
		17.3	EPS 应急电源设备维护	熟悉	笔试
		17.4	动力、照明配电箱设备维护	熟悉	笔试
		18.1	低压配电常见设备故障及处理方法	掌握	笔试
		18.2	低压配电非常见设备故障及处理方法	了解	笔试
		19.1	通用维修工器具	掌握	笔试
		19.2	常用仪器、仪表	掌握	实操
		20.1	三相异步电动机自锁控制电路	熟悉	实操
		20.2	三相异步电动机按钮连锁正反转控制电路	熟悉	笔试
		20.3	三相异步电动机的两地控制电路	熟悉	实操
		21.1	EPS 不能正常投入故障分析	掌握	笔试+实操
		21.2	车辆段库顶灯不亮故障分析	了解	笔试
		21.3	车站 AFC 配电箱双电源不能自动互投故障分析	掌握	笔试+实操
		21.4	车站 EPS 双电源装置输出缺相故障分析	熟悉	笔试

参 考 文 献

[1] 田娟荣.通风与空调工程[M].北京:机械工业出版社,2010.
[2] 何宗华,汪松滋,何其光.城市轨道交通车站机电设备运行与维修[M].北京:中国建筑工业出版社,2004.
[3] 周顺华.城市轨道交通设备系统[M].北京:人民交通出版社,2009.
[4] 姜文源.建筑给排水技术现状及发展趋向(Ⅰ)[J].给水排水,1997(08).